접경지역 평화지대론

장 용 운(張龍雲) 저

연경문화사

| 목 차 |

DMZ 접경지역

|목 차|

"역사는 역사에 뒤쳐지는 자에게 벌을 내린다." 이는 미하일 고르바쵸프가 내뱉은 말이다. 반세기의 냉전을 마감하는 역사의 흐름은 거스를 수 없는 물결이 되어 21세기의 강을 따라 흘러가고 있으며 냉전시대의 삶의 패러다임은 이제 지구 주변 어느 곳에도 존재하지 않는다. 모두가 그대로는 존재할 수 없기 때문에 변화를 받아들인 결과다. 그러나 지구상에 유일하게 냉전 당시의 모습을 유지하며 살아가고 있는 곳이 바로 우리가 살고 있는 이 곳 한반도다.

한반도의 허리를 가로지르고 있는 비무장지대는 아직도 남북분단의 장벽으로 남아있고 비무장지대를 중심으로 한 남북한의 접경지대에는 수많은 병력이 대치하고 있다. 지대내 곳곳에는 수많은 초소와 진지, 지뢰와 철조망 등 각종 군사시설물이 설치되어 있으며, 민통선 이북의 민간통제구역은 민간인의 출입이 엄격히 통제되고, 지대내 기름진 옥토와 소중한 자원들은 잡초에 묻혀 잠자고 있다.

그러나 이러한 상태는 지금과 같은 남북한간의 상호불신과 한반도 평화에 대한 남북상호간의 입장과 견해상의 차이를 극복하지 않고는 근본적으로 변화되기 어려울 것이다. 역사적 경험을 통하여 보더라도 적대적 분단국의 상호신뢰구축과 평화정착은 그렇게 쉽게 이루어지는 것이 아니며 수많은 우여곡절을 겪으며 끈질기게 노력할 때 이룩되어질 수 있는 것이다.

지금은 어렵고 요원해 보이는 문제도 우선 가능한 것부터 하나씩
찾아서 꾸준히 노력해 나간다면 언젠가는 이룩될 수 있다는 확신을
갖고 임해야 하는 것이다.

지난 2000년 6월 남북정상회담 이후 우리는 남북관계 발전에 커
다란 기대를 걸었고 일부에서는 이제 반세기에 걸친 남북대결상태
가 종식되고 우리가 그렇게 애타게 희구해 오던 평화적 통일마저
멀지 않았다고 생각하였다. 그러나 지금도 남북한간의 군사적 대치
상태는 극복되지 못하고 있고 반세기에 걸친 길고 긴 대결과 상호
불신은 너무나 그 골이 깊게 침윤되어 있다.

비록 한반도 평화체제의 구축과 평화적 통일이 우리의 간절한 바
람이지만 상처받고 얼룩진 분단의 역사를 현실로 받아들어야 하며
이러한 관점에서 남북한 관계를 바라보아야 하는 것이다. 또한 장
기간에 걸친 남북의 대립과 갈등을 감안할 때, 남북관계개선의 유
일한 길은 현 단계에서 남북의 지속적인 교류와 협력을 통하여 서
로의 이질감을 해소하고 민족의 동질성을 회복함은 물론 공동의 이
익을 발견하고 이를 통하여 공존과 공영의 길을 발견하는 것이다.
결국 남북관계의 발전은 시간을 두고 끈기있게 점진적으로 추진해
나가야 하는 것이다.

그러나 지금까지 우리 정부가 줄기차게 추진해오던 남북한 교류
협력사업의 진전을 살펴보면, 그러한 남북화해교류를 시도하는 자
체만으로는 긴장이 완화되지 않을 뿐만 아니라 사업 그 자체도 한
계를 갖는 것이다. 이제는 군사적으로 예민한 사안에 대해서도 조
심스럽게 접근해 나갈 필요가 있으며 뿐만 아니라 경의선 철도와
도로의 연결, 금강산 관광 사업 등 접경지역의 평화적 이용에 관한
사업도 공동의 이익추구라는 관점에서 지속적으로 추진해 나가야
할 것이다.

　이러한 측면에서 남북한 접경지역의 평화적 이용과 군사적 신뢰
구축은 우리가 남북관계 발전을 위하여 실질적으로 추진해야 할 현
실적 과제들이다.

　이 책의 중심 내용은 한반도 평화체제 구축의 가능성을 남북한
접경지역의 평화적 이용과 군사적 신뢰구축을 통하여 모색해 보고
자 하는 것이며, 국제적 사례의 분석을 통하여 그 교훈과 시사점을
도출하고 한반도에 적용가능한 모델을 모색해 보고자 하는 것이다.

　그 동안 바쁘신 가운데도 온갖 정성을 다하여 이 책이 이러한 멋
진 모습으로 세상에 나올 수 있도록 애써주신 연경문화사 이정수
사장님의 변함없는 관심과 후의에 감사드리며, 최근 한국의 대학사
회에 안보문제와 관련한 이론과 실천의 종합적인 학문분야로 등장
하고 있는 「군사학」의 발전과 후진양성에 본인이 참여할 수 있도
록 남다른 관심과 배려를 보내 주신 경남대학교 박재규 총장님과
함택영 교수님 그리고 군의 대선배로서 격의없는 사랑과 격려를 베
풀어 주신 포항의 영일기업 정봉화 회장님께 머리숙여 감사를 드
립니다.

　　　　　　　　　　　　　　　　　　　　월영대에서
　　　　　　　　　　　　　　　　　　　　장용운 씀

제 **1** 장

서 론

한반도의 중앙을 동서로 가로지르는 폭 4㎞ 길이 248㎞의 비무
장지대는 동서냉전의 산물이자 남북한 대결의 상징으로 지난 반세
기 동안 존재해 왔으며, 비무장지대를 중심으로 한 접경지역은 지
금도 남북한 군사력이 집중배치되어 세계 역사상 그 사례를 찾아보
기 힘든 밀접한 군사력 대결의 현장이 되고 있다. 비무장지대를 중
심으로 한 이곳 접경지역은 역사적으로 볼 때 한반도 통일의 중심
지였으며, 지금은 남북교류의 중심지대, 한반도 통일의 진원지로
그 중요성이 부각되고 있다. 그러나 지금 이곳의 값진 자연과 비옥
한 토지는 극심한 군사적 통제와 행정적 규제로 개발의 혜택에서
소외되고 있고 지역내 주민들은 저개발의 고통과 생활상의 불편을
감수하며 살아오고 있다.

그러나 지난 세기의 냉전시대를 마감하고 탈냉전의 새로운 국제
질서를 맞이하고 있는 지금 우리는 이곳에서부터 냉전적 남북대결
의 마감하고, 공존과 공영의 기반을 조성해야 한다. 진정한 의미에
서 한반도 평화를 건설하기 위해서는 반세기에 걸친 군사적 대결과
대치상태를 극복하고, 단절된 도로 철도 등, 남북의 연결망을 복구
하며, 그 동안 남북의 단절상태에서 기형화된 정치, 경제, 사회, 문
화적 모든 영역을 복원함으로써 남북한 접경지역을 한민족 공존과
공영을 위한 삶의 중심지로, 그리고 평화와 통일을 위한 진원지로
만들어야 하는 것이다. 그러나 접경지역의 평화적 이용은 남북한간
의 군사적 신뢰가 조성되지 않고는 불가능한 것이다. 그것은 군사
적 신뢰구축으로 남북한 접경지역에 상호공동이익을 추구할 수 있
는 공간을 마련하고 평화적 이용의 분위기가 조성되어야만 하기 때
문이다.

접경지역의 평화적 이용 방안을 강구함에 있어서는 지금 중무장
되어 있는 비무장지대를 말 그대로 비무장화시키는 방안이 우선적

으로 검토되어야 하며 이를 위해서는 지금까지 역사적으로 분쟁 당사자들이 비무장 완충지대를 설치, 운용하여 상호간에 군사적 신뢰를 구축한 국제적 사례를 주목할 필요가 있다. 이집트-이스라엘간의 시나이 협정 사례와 이스라엘-요르단 평화협정 사례, 중국-인도 접경지역 군사신뢰구축 사례는 남북한 접경지역의 군사신뢰구축 방안을 마련함에 있어서 우리에게 많은 관점과 교훈을 주고 있으며, 또한 예멘통일과정에서의 접경지역 공동개발 사례와 서독의 접경지역 지원정책과 독일 통일과정에서의 접경지역 정책은 접경지역의 평화적 이용과 관련하여 우리에게 중요한 시사점과 교훈을 주고 있다.

이러한 측면에서 본 저서는 남북한 접경지역의 평화적 이용과 군사적 신뢰구축에 관한 국제적 사례를 분석하고, 한반도에 적용가능한 모델을 모색해 보고자 하였다. 이를 위해서 우선 접경지역의 군사·지리적 현황을 살펴보고, 접경지역의 평화적 이용과 군사적 신뢰구축이 왜 필요한가를 살펴보았으며, 인접 적대국간의 군사적 신뢰구축과 접경지역의 평화적 이용에 관한 사례를 분석하여 그러한 사례들의 특이점과 교훈을 도출하여 그것이 한반도에 어떻게 적용될 수 있는가를 살펴보았다.

남북한 접경지역의 평화적 이용 및 군사적 신뢰구축과 관련된 지금까지의 국내 연구진들에 의한 연구는 대부분이 비무장지대의 평화적 이용과 남북한간 신뢰구축에 관한 정책과제의 연구 또는 단편적 정책 아이디어를 제시하는 연구수준에서 벗어나지 못하고 있다고 본다. 다행히 최근에 이르러 연구의 관심이 남북한 비무장지대의 평화적 이용과 신뢰구축, 한반도 평화체제 구축을 위한 군사적 신뢰구축, 남북한 접경지역 개발 등, 연구의 범위가 확대되어 가고 있는 것은 매우 고무적이고 바람직한 것이라고 본다.

　　그러나 국내학자들에 의한 이러한 연구들은 접경지역의 평화적 이용과 군사적 신뢰구축에 관한 필요성과 상호관련성을 인정하고 있으면서도 역사적 경험의 국제적 사례 분석을 통한 한반도 적용 모델을 모색해 보려는 적극적인 시도나 노력이 아직도 발견되지 않고 있다. 이에 본 저서는 접경지역의 평화적 이용 및 군사적 신뢰구축에 대한 국제적 사례를 분석하고 그러한 과정을 통하여 한반도 적용 모델을 모색해 보고자 하였다.

제 **2** 장

남북한 접경지역의 현황 및 이론적 고찰

1 남북한 접경지역 군사·지리적 현황

1. 접경지역의 개념과 범위

'접경'이라 함은 두 지역의 경계와 맞닿음, 또는 그 맞닿는 경계를 말한다. '접경지역'은 두 지역의 경계가 맞닿은 지역으로, 국가간에 있어서 국경선에 인접한 지역을 일컫는 것이다.[1] 그러나 이러한 접경지역의 일반적인 의미가 실제로 적용되는데 있어서는 개념상의 의미나 그것이 적용되는 범위에 상당한 차이를 보이고 있다.

2000년 1월 21일 법률 제 6185호로 신규 제정된 「접경지역지원법」에 의하면 "접경지역이라 함은 군사시설보호법 제 2조 제 3호의 규정에 의한 민간인 통제선[2](이하 '민통선'이라고 한다) 이남의 시·군의 관할구역에 속하는 지역으로서 민통선으로부터 거리 및

---

1) 접경지역의 영문 표기는 Border Areas 혹은 Border Regions, 독문 표기는 Zonenrandgebiet가 보편적으로 사용되고 있다.

2) 민간인 통제선은 군사시설 보호구역에 설정하되 군사분계선 남방 15㎞ 범위 안에서 설정할 수 있다. 국방부, 「군사시설보호법」 (개정 2003.5.15 법률 제 06870호), 제 4조 3항.

지리적 여건, 개발정도 등을 기준으로 하여 대통령령이 정하는 지역과 해상의 북방한계선 이남 지역 중 대통령령이 정하는 지역"을 접경지역으로 본다고 규정하고 있다. 이 법률의 규정에 의하면, 접경지역은 기본적으로 '민통선 이남'지역으로 한정하고 있으며 민통선 이북지역에 대해서는 집단취락지역 등 대통령령이 정하는 특정지역으로 한정하고 있다. 그러나 실제 그 적용범위를 설정하는 데 있어서 내용상 애매하며, 너무 많은 부분을 하위 법령에 위임하고 있는 문제점이 있다.

구서독의 경우 접경지역지원법의 적용범위를 살펴보면 다소 구체적이다. 구서독 브란트 정부는 지난 1971년 8월 5일 접경지역지원법을 통과시켜 접경지역 지원에 대한 법적 근거를 마련하였다. 구서독 정부는 독일 통일정책적 견지에서 향후 동서독 통일이 이루어질 경우 이들 지역의 중요성을 인식하는 한편, 분단으로 인한 고통을 가장 많이 받는 주민들에 대한 전국민적 연대의 표현으로 이들 지역에 대해 경제·사회·문화적인 차원에서 국가적인 지원을 해주기로 결정하고 이 법을 통과시켰다. 구서독의 접경지역지원법은 제 9조에서 이 법에 따른 접경지역(Zonenrandgebiet)을 대체로 내륙간 국경, 체코와의 국경, 그리고 북동 해안선을 따라 구서독 지역 쪽으로 약 40㎞ 범위에 드는 지역을 포함시키고 있다.[3]

군사시설보호법의 적용측면에서 본 접경지역의 범위를 살펴보면, 1972년 12월 26일 제정된 「군사시설보호법」은 국방상 중요한 군사시설을 보호하고 군 작전의 원활한 수행을 위하여 필요한 사항을

---

3) 이들 접경지역의 총면적은 서독 전체 면적의 20%에 해당하며, 주민 수는 1987년 기준 약 700만 명으로 서독 전체인구의 12%에 해당하는 규모였다. 홍준형 "구서독 접경지역지원법 사례와 시사점", 「접경지역지원법 제정방안에 관한 세미나 자료집」 (경기개발연구원, 1998), pp. 58~60 참조.

규정함으로써 국가안전보장에 기여함을 목적으로 하고 있다.[4] 국방
부는 同法에 의하여 군사분계선 남방 25㎞ 범위 안의 '군사분계선
인접지역'을 '통제보호구역'과 '제한보호구역'으로 구분하여 관리하
고 있으며, 군사분계선의 남방 15㎞ 범위 안에서 민통선을 설정하
여 민간인의 출입을 통제하고 있다.[5]

  국내법상으로 뿐만 아니라 구서독의 접경지역지원법이 지향하고
있는 접경지역의 범위는 '분단으로 인한 고통을 가장 많이 받고 있
는 자국의 특정한 국경 인접지역'으로 한정하고 있다. 그러나 본
저서에서 다루고 있는 접경지역의 범위는 남한측 접경지역에 국한
하지 않고 비무장지대와 북한측 접경지대를 포함하는 남북한의 접
경지역을 의미한다. 이곳은 지금도 대부분 지역이 군사적 통제 아
래에 있는 군사분계선 남방 25㎞안의 남한측 접경지대, DMZ, 그
리고 군사분계선 북방 25㎞안에 있는 북한측 접경지대가 포함된
다. 이렇게 볼 때, 남북한의 접경지역은 폭 50㎞ 길이 248㎞의 지
역으로 총면적 12,400㎢ (약 38억평)에 해당하는 광대한 지역에
해당한다.

---

4) 「군사시설보호법」,제 1조.

5) 통제보호구역은 고도의 군사활동 보장이 요구되는 민통선 이북의 대부분 지역
  에 해당되며 제한보호구역은 군 작전에 원활한 수행을 위해서 필요한 민통선
  이남의 주요지역이 지정된다. 국방부 장관은 합참의장의 건의에 따라 군사시설
  보호구역 또는 민통선을 설정하거나 변경할 수 있으며, 이를 설정, 변경한 때
  에는 지체없이 관계 행정기관의 장에게 통보하여야 한다. 「군사시설보호법」,
  제 4조 참조.

2. 비무장지대 (DMZ)

한반도의 중앙을 가로지르는 비무장지대는 1953년 7월 27일 '국제연합군 최고사령관을 일방으로 하고, 조선인민군 최고사령관 및 중국 인민지원군 사령원을 다른 일방으로 하는 한국 군사정전에 관한 협정' 제1조에 근거하여 설치되었다. 이 협정에 따라 쌍방은 군사분계선을 확정하고 각기 2km씩 후퇴함으로써 군사적 완충지대로서의 비무장지대가 설치되었으며 당시에 설치되었던 비무장지대가 오늘날까지 유지되어 오고 있다.

비무장지대의 설치는 군사적 측면에서 '완충지대화를 통한 적대행위의 재발 방지'에 목적이 있다고 볼 수 있다. 이를 두가지 측면으로 나누어 살펴보면, 첫째, 군사적 완충지대화를 통한 직접적인 충돌을 방지하는 것이며, 둘째, 상호감시체제하의 격리공간을 둠으로써 기습의도를 억제하려는 데 있다. 이를 위하여 비무장지대는 ① 비무장화, ② 일정한 완충적 공간의 존재, ③ 군사력의 분리 또는 군대의 격리 배치, ④ 감시기구의 설치를 추진하며, 정치적 측면에서 신뢰구축조치의 성격을 지닌다고 볼 수 있다.[6]

비무장지대 내에서의 쌍방의 의무는 적대행위 금지, 비무장지대의 비무장, 비무장지대의 출입금지, 관리와 감시 등이 포함된다. 그

---

6) 비무장지대는 무력충돌을 공간적으로 통제하는 방법으로 비무장화(Demilitar-ization) 또는 공간적 군축(Space Disarmament)이라고도 한다. 즉 이는 원래 적대적인 당사자들간에 완충지대를 둠으로써 돌발적인 무력충돌을 방지하기 위해서 설정된 것이다. 그래서 이 지역은 정전협정상 무장이 되어서는 안되는 '비무장화'되어야 하는 지역이다. 그러나 우리의 비무장지대의 현실은 그렇지 못하다. 최초 그것이 누구의 책임이든 비무장지대의 원형은 이미 심하게 훼손되었고 비무장지대가 아닌 중무장지대화되었고 최근 북한은 비무장지대 유지·관리임무 포기선언을 하기에 이르렀다. 김재한 편, 「DMZ Ⅱ」(서울: 소화, 2000), pp. 102~105 참조.

러나 정전협정 체결 이후 북한은 지금까지 크고 작은 총격사고 등 무력적대행위를 끊임없이 자행하여 왔다. 1968년 1월 21일의 청와대 기습 미수사건, 1968년 10월 30일~11월 3일간의 울진·삼척 무장공비침투사건, 1973년 11월부터 계속된 일련의 서해 5도 침범사건, 1974년 8월 15일 대통령저격 미수사건, 1976년 8월 18일의 판문점 도끼만행사건(미류나무 도끼만행사건), 4개의 남침땅굴 굴착 등은 그 대표적인 예들이다. 이러한 북한의 대남 무력도발은 비무장지대 안팎을 불문하고 자행되어 왔다.[7]

비무장지대의 비무장화와 출입금지 의무를 살펴보면, 비무장지대의 비무장화와 관련하여 비무장지대를 완충지대로 함으로써 적대행위의 재발을 방지하기 위한 '비무장지대의 비무장화'를 위한 조치가 정전협정 제 2조에 명시되어 있다. 그러나 북한은 1970년 초부터 비무장지대를 침범하여 북방한계선 이남에 철책선을 구축하였고 남한도 북한의 대남침투에 대비하는 차원에서 철책선을 구축함으로써 오늘날 비무장지대는 군사분계선을 중심으로 쌍방 2㎞씩 이격되는 폭 4㎞의 원형을 거의 상실하였다. 비무장지대 내에는 쌍방이 추진 배치한 각종 전투진지와 군사시설물, 화기들로 인하여 더 이상 현실적인 비무장지대가 아니라 중무장지대화되어 있다.[8]

---

7) 합참 정보참모본부가 1999년 8월 집계한 통계에 의하면 1953년 7월~1999년 6월간의 기간 중 북한측이 정전협정을 위반한 건수는 모두 430,822건이라고 한다. 이 위반 건수를 유형별로 세분하면 공중위반 건수는 102건, 해상위반 건수는 108건, 그리고 지상위반 건수는 430,612건이라고 한다. 이 중에는 비무장지대 내에서 우리측을 향한 총격을 포함한 도발행위가 상당수 포함되어 있는데, 이와 같은 적대행위는 정전협정 제 1조 6항에 규정된 적대행위 금지의무의 위반이라 하겠다. 한반도의 기타 지역에서 북한이 행한 적대행위는 정전협정 제 12항에 명시된 바와 같이 한반도 내에서 적대행위의 완전정지 보장의무 위반이라고 볼 수 있다. 제성호, 「한반도 평화체제의 모색」(서울: 지평서원, 2000), p. 90.

비무장지대의 출입금지와 관련하여 정전협정은 군사분계선 통과와 비무장지대 내 출입에 관하여 엄격하게 규정하고 있다. 군사분계선 통과에 관하여는 제 1조 7항에서 "군사정전위의 특정한 허가 없이는 어떠한 군인이나 私民이나 군사분계선을 통과함을 허가하지 않는다"고 명시하고 있으며, 비무장지대 내 출입에 관하여는 "비무장지대 내의 어떠한 군인이나 私民이나 그가 들어가려고 요구하는 지역의 사령관의 특정한 허가 없이는 어느 일방의 군사통제 하에 있는 지역에도 들어감을 허가하지 않는다."고 동조 8항에 명시하고 있다. 그러나 이러한 규정도 쌍방 간에 제대로 준수되지 않은 것으로 나타나고 있다.[9]

비무장지대의 관리와 감시와 관련해서는 정전협정의 이행 · 준수 및 비무장지대 유지를 위한 국제기관과 남북한 군사적 감시기관이 설치되었다. 전자의 국제기관은 군사정전위원회 (Military Armistice Commission)와 공동감시소조, 중립국감독위원회와 중립국시찰소조가 있으며, 후자의 남북한 기관은 남북한 각자가 운영하는 민정경찰을 말한다. 군사정전위원회의 전반적 임무는 정전협정의

---

8) 일찍부터 북한은 비무장지대 북방한계선을 초과하여 군사분계선 직후방에 이르는 지역까지 다수의 중화기 진지를 구축하고 무장전투병력을 배치하여 왔다. 그 결과 북한은 현재 각종 진지 66개소(박격포진지 28개소, 대공포진지 25개소, 야포진지 4개소, 대전차포진지 9개소), 4개의 갱도(땅굴), 29.4km의 지뢰지대, 383개소의 감시소(Guard Post : GP) 및 관측소(Observation Post : OP), 방송시설, 철책선, 막사 등의 시설을 설치 · 운영하고 있다. 이러한 행동은 정전협정 제 13항에 구체적으로 명시되어 있는 비무장화 의무, 즉 비무장지대로부터 군사인원, 무기, 장비, 물자의 철수 및 철거의무의 중대한 위반이라 할 수 있다. 한편 우리측도 북한측의 강화된 기습공격능력에 대응하기 위한 방어목적에서 비무장지대 내 주요지점에 제한된 수의 GP 및 OP를 설치 · 운영하고 있다. 이는 수적으로 볼 때 북한측의 약 3분의 1 수준에 지나지 않는다. 위의 책, p. 87.

9) 위의 책, p. 81.

실시를 감독하며 정전협정에 대한 위반사건을 협의·처리하는 것
이다.[10] 군사정전위원회와 함께 정전협정의 양대 기구중의 하나인
중립국감독위원회의 주요 임무는 한국 경외로부터 증원되는 군사인
원과 작전물자의 반입에 대한 감독과 시찰, 비무장지대 이외의 지
역에서 발생한 정전협정 위반사항에 대한 감시와 시찰이다.[11]

---

10) 군사정전위원회는 10명의 고급장교로 구성하되, 그 중 5명은 국제연합군 총사
령관이 임명하고, 5명은 조선인민군 최고사령관과 중국인민지원군 사령원이
공동으로 임명하며 군사정전위원회는 처음에는 10개의 공동감시소조를 두어
그 협조를 받도록 하였다. 공동감시소조의 임무는 군사정전위원회가 정전협정
중의 비무장지대 및 한강 하구에 관한 각 규정의 집행을 감독함을 협조하는 것
이다. 군사정전위의 운영은 본회의와 이를 실무적으로 지원하기 위한 회의로
나누어지며 본회의는 주요한 정전협정 위반사항을 협의·처리하기 위해 소집
한다. 군사정전위원회 본회의는 북한측이 군사정전위원회 유엔군 사령부측 수
석대표의 한국군 장성 임명 (1991년 3월 25일)을 이유로 제 460차 군사정전위
원회 본회의 소집에 불응함으로써 중단되었다. 1994년 4월 28일 북한이 군사
정전위원회에서 철수하고, 1994년 12월 15일 중국측 대표단도 철수함으로써
군사정전위원회는 반쪽의 기구로 전락하여 사실상 정전협정의 이행·실천기구
로서의 기능이 정지되었다. 제성호, 「한반도 비무장지대론」 (서울: 서울프레
스, 1997), pp. 57~59 참조.

11) 중립국 감독위원회는 4명의 고급장교로 구성하되 그 중의 2명은 국제연합군
총사령관이 지명한 중립국 즉, 스웨덴 및 스위스가 이를 임명하며, 그 중의 2
명은 조선인민군 최고사령관과 중국인민지원군 사령원이 공동으로 지명한 중
립국 즉, 폴란드 및 체코슬로바키아가 이를 임명하고. 중립국 시찰소조는
1953년 8월 19일 조직되어 활동을 개시하였다. 그러나 북한은 공산측 중립국
감독위원회 체코슬로바키아, 폴란드 요원들과 결탁하여 남한 내에서 간첩행위
를 하였으며, 북한지역 내 중립국감독위원회 스위스·스웨덴 요원들의 활동을
봉쇄한 가운데 중립국 시찰소조가 주재하지 않는 출입항을 통해 중국과 소련
으로부터 각종 무기와 장비들을 반입하였다. 이와 같이 공산측이 정전협정의
주요항목을 위반하게 되자 중립국 시찰소조 운영의 불필요성이 제기되었다.
1955년 4월 13일 제 189차 중립국감독위원회 회의에서 스웨덴 대표는 중립국
시찰소조의 철수를 제의하였으며, 군사정전위원회 유엔군 측은 1956년 5월 31
일 제 70차 군사정전위원회 본회의에서 중립국시찰소조의 활동중지를 선언하
였다. 이에 1956년 6월 9일 중립국 시찰소조는 활동을 중지하고 쌍방 군사통

비무장지대 관리의 현실태를 살펴보면, 「한국정전협정」(1953. 7. 27)에 의하여 탄생한 한반도의 비무장지대는 쌍방 간의 자의적 위반행위로 그 원형이 심하게 훼손되어 있을 뿐만 아니라, 정전협상 시 쌍방이 본래 의도했던 비무장화된 완충지대의 모습을 찾아볼 수 없고 쌍방 간에 철저히 무장된 각종 진지와 시설로 중무장되어 버렸다. 비무장지대는 정전협정 내에 협정위반사건의 억제와 시정을 위한 강제규정 및 그 방법이 제도화되어 있지 않았기 때문에 정전협정 위반사건이 빈발하는 원인이 되었고, 정전협정 내에는 이 협정의 위반여부를 객관적으로 판정할 제도적 장치가 마련되어 있지 않았기 때문에 양측의 상이한 주장 속에서 수많은 설전만 오가고 말았던 것이다. 더욱이 정전협정에는 일반적인 비무장 의무를 규정할 뿐, 비무장지대 내에서 시설 설치를 금지하는 구체적인 규정마저 두지 않았기 때문에 더욱 그러하게 되었다.[12]

제지역 내 5개 출입항에서 판문점으로 철수하였다. 그러나 중립국감독위원회는 중립국감시소조의 활동중지 이후에도 정전협정 기구중의 하나로 활동을 계속하면서 매주 화요일 오전 11시에 판문점 중립국감독위원회 회의실에서 정례적으로 회의를 개최하여 왔다. 그런데 1985년 동구 공산권의 개혁과 개방 이후부터 북한과 중립국감독위원회 사이에 불협화음이 나타나기 시작하였고 북한은 중립국감독위원회 무용론을 주장하기에 이르렀으며 1991년에는 중립국감독위원회에 대해 공식활동 중단을 통보하는 등 적대적인 태도를 갖게 됨으로써 체코슬로바키아와 폴란드 대표단은 1993년과 1995년에 결국 철수하게 되었다. 지금 중립국감독위원회는 군사정전위원회가 사실상 마비된 상태에서 기능을 못하고 있다. 위의 책, pp. 59~61 참조.

12) 1953년 7월부터 1999년 6월까지 북한이 범했다고 유엔사측이 주장하는 정전협정 위반건수는 총 430,822건에 달하나, 북한측이 인정한 위반건수는 단 3건에 불과하며, 이 기간 중에 유엔사측은 우리측이 실제로 위반한 건수는 16건에 불과하다고 보고 있으나 북한측은 유엔사측이 835,938건이나 위반하였다고 강변하고 있는 실정이다. 제성호, 「한반도 평화체제 모색」, pp. 103~106 참조.

〈표 2-1〉 DMZ 내의 군사시설 구축 및 장비 배치 현황

구분	GP	OP	방송시설	철책선	지원시설	박격포	고사포	대전차포	기타
북한	158	124	117	260km	3,362동	234	92	28	316
남한	87	13	107	290km	1,209동	-	-	-	-

· 출처 : 남만권 · 김명진 · 문광건, 「시나이 협정 검증체제 연구 : 검증 테크닉의 한반도 적용 가능성 및 문제점」 (서울: 한국국방연구원, 1995), p. 183-82

　더구나 북한은 1996년 4월 4일 군사분계선과 비무장지대 유지·관리 임무를 포기하겠다는 폭탄적인 선언을 하기에 이르렀다. 이 선언을 한 다음날부터 사흘 동안은 기관총으로 무장한 200여명의 인원을 판문점 공동경비구역에 투입하여 박격포 진지와 교통호를 구축하는 등 노골적인 무력시위를 하기에 이르렀다. 북한의 이러한 행동은 정전협정을 사실상 파기하겠다는 정책선언으로 보아야 할 것이다. 그러나 이것은 그들이 비무장지대에서의 긴장조성을 통해 정전협정이라는 낡은 문서에 의해서는 한반도 평화가 유지·보장될 수 없다는 그들의 상투적인 선전을 합리화하고, 이를 대미 평화협정 체결을 위한 명분 축적으로 활용하자는 속셈으로 분석되고 있다.[13]

　비무장지대의 지형 및 자연생태계를 살펴보면 비무장지대의 서쪽은 대체로 평탄한 지역으로 평야와 구릉지대로 구성되어 있으며, 임진강과 한탄강을 끼고 비옥한 평야지대가 포함되어 있다. 이에 비해 동쪽은 산악지대로서 자연경관이 훌륭하고 태백산맥의 동사면은 급경사를 이루며 동해로 이어진다.[14] 이러한 비무장지대는 한국전쟁이 끝난 무렵 서로가 한치의 땅이라도 더 차지하기 위하여 치열하게 피의 공방전을 벌였던 곳이다. 그 당시 인위적으로 철저히

13) 위의 책, pp. 87~89 참조.

14) 제성호, 「한반도 비무장지대론」, pp. 63~67 참조.

파괴되고 훼손되었던 생태계가 자생적으로 복원되어 지금은 세계적
으로 손꼽힐 만한 다양한 특성을 지닌 생태계로 변모하였고 도시화
와 산업화에 따른 환경손상과 오염으로부터 격리된 유일한 국토가
되었다.

서부 비무장지대는 임진강 하구에서부터 시작하여 문산, 적성,
백학 북쪽에 펼쳐지는 비무장지대로서 임진강 유역의 저지대와 구
릉, 그리고 해발 100m 내외의 야산으로 형성되어 있다. 이 지역은
서울에서 북쪽으로 약 50㎞ 거리에 위치하는 경기북부의 비옥한 전
답지역이었으나 지금은 살벌한 철조망과 지뢰밭 속에서 온갖 동식
물이 자연스럽게 서식하고 있다. 중부 비무장지대는 철원 북방의
비무장지대로서 서쪽의 평야지대와 동쪽의 산악지형이 만나는 곳이
며 철원평야의 일부가 포함되어 있다. 한국전쟁 전에는 많은 사람
들이 농사를 지으며 풍요롭게 살던 곳이었으나 한국전쟁기간 중의
치열한 전투로 인하여 모든 것이 철저히 파괴되어 전쟁의 상처가
한동안 남아있던 곳이다. 그러나 반세기의 세월이 지나는 동안 이
곳의 자연생태계도 다시 복원되었고 다양한 식물이 천이현상을 보
여주고 있다. 특히 철원평야 지역은 유명한 철새의 도래지로서 해
마다 다양한 종류의 철새들이 찾아 들고 있다.[15] 중동부 및 동부 비
무장지대는 대부분 해발 600m~900m 이상의 산악지형으로 형성
되어 있다.

비무장지대의 지뢰지대는 접경지역에 있어서 매우 중요한 문제이
다. 현재 한반도 비무장지대 주변에 매설된 각종 대인 및 대전차지

---

15) 철원평야에는 1991년의 조사 결과 농경지에서는 15종, 산악지에서는 12종 등
   모두 24종의 조류가 확인되었다. 문석기, "DMZ 개관: 한반도 비무장지대의
   현황과 과제", 「한반도 비무장지대의 환경보전과 개발에 관한 국제 심포지움
   자료집」 (한국조경학회, 1996), p. 14.

뢰의 수를 정확히 밝힐 수는 없지만, 1999년 9월 28일 국방부가 국
회에 제출한 국감자료에 의하면 군사분계선에서 민통선 북방 주요
방어지역에 대전차 및 대인지뢰 105만 여개가 매설되어 있다고 밝
혔다. 더구나 북한지역의 지뢰지대에 대해서는 알려진 것이 거의
없지만 수많은 고성능지뢰가 군사분계선 전면을 봉쇄하고 있을 것
이라는 추측은 가능하다.[16] 이렇게 볼 때 비무장지대 전체에 매설된
지뢰는 100만개가 훨씬 넘을 것이라는 판단은 틀리지 않을 것이다.
이들 지뢰 가운데 M-14대인지뢰(일명 '발목지뢰')는 금속탐지기나
레이더 등으로도 발견하기 어려운 지뢰로서 가장 피해가 우려되는
지뢰다. 특히 한국전쟁 중에 매설했던 지뢰는 전쟁기간 중에 무차
별적으로 살포하였던 관계로 그 위치와 살포내용을 알 수 없어 더
욱 위험을 가중시키고 있다.

3. 남한측 접경지대

남한측 접경지대는 비무장지대 이남지역으로서 군사분계선 남방
25km 범위 안의 지역이다. 남한측 접경지대 내에는 군사분계선 남
방 15km 범위 안에 민간인 통제선(民統線)이 설정되어 민간인 출입
이 통제되고 있고, 군사분계선 인접지역, 즉 군사분계선 남방 25km
내에는 군사시설보호구역이 설정되어 군사시설 보호와 군 작전수행

---

16) 前 조선노동당 간부였던 김정민 씨의 증언에 의하면 현재 북한지역에 매설된
    대인지뢰는 총 750 여만개 정도로 추산되며 년간 대인·대전차 지뢰 매설량이
    총 5만 5천개를 능가하는데 비해 수십년전 매설된 노후지뢰들에 대한 해체는
    거의 전무하다는데 심각한 문제점이 있다. 향후 우리 민족은 북한지역에만 매
    설된 대인 지뢰를 해체하는데 수십년이 걸릴 수 있다는 타산이다. 김정민, "북
    한에 존재하는 대인지뢰밭과 그 실태", 「북한」, 통권 제 331호 (1999. 7월호),
    p. 151.

을 위하는 명목하에 각종 개발행위가 통제·제한되고 있다.

민통선(Civilian Control Line)은 1954년 2월, 미 육군 제8군사령관의 직권으로 설정되었다.[17] 휴전 후 미 육군은 비무장지대 남방한계선으로부터 5~20㎞ 밖에 민간인의 농업활동을 규제하는 귀농선(歸農線)을 설정하고, 민간인 출입을 금지시켰다. 그 후 한국군이 휴전선 방어임무를 인수하고 1958년 6월 군사작전 및 보안상 지장이 없는 범위 안에서 출입영농과 입주영농이 허가되었고, 귀농선은 민간인 통제선(민통선)으로 명칭이 바뀌었다. 민통선 통제권이 한국군에 이양된 이후에는 국토이용의 제고와 북한의 선전촌에 대응하기 위하여 자립안정촌과 재건촌, 통일촌 등을 건설하였고 지대내 주민이 거주하지 않는 지역에도 출입영농이 허용되고 있다. 그러나 80년대 중반 이후, 주민들의 출입절차 간소화, 시설규제 완화 등의 요구에 따라 민통선을 북상시켜 설정하였다.

가. 군사시설보호구역

국방부는 중요한 군사시설을 보호하고 군 작전의 원활한 수행을 위하여 필요한 사항을 규정함으로써 국가안전보장에 기여함을 목적으로 하는 군사시설보호법을 1972년 12월 26일 제정, 공포하였다. 이 법은 그 후 5차에 걸쳐 개정되었고 현재 시행중인 군사시설보호

---

17) 민통선 설치 및 과정을 보면, 한국동란 중 한국군의 작전지휘권은 유엔군 사령관에 위임되었고 휴전 후 유엔군 사령관은 직권으로 민간인의 출입통제가 요구되는 지역을 보유하기 위하여 「미8군 CXGC-P370. 42호」에 의거, 1954년 2월 3일에 이 선을 설정하여 민북지역내의 통제권과 행정권을 행사하였다. 이후 상황의 안정에 따라 유엔군 사령관은 「미8군 AG-348. 4호」에 의거, 1954년 5월 11일에 한국 동란 전에는 북한에 속했으나 휴전 후 수복된 수복지구에 대한 행정권을 한국군에 이양하였다. 김영봉, 「접경지역의 효율적 관리 방안」(서울: 국토개발연구원, 1997), p. 34.

법은 2003년 5월 15일 개정된 것이다. 군사시설보호구역이란 군사
시설을 보호하고 군 작전의 원활한 수행을 위하여 국방부장관이 군
사시설보호법 제 4조의 규정에 의하여 설정된 구역이다.[18]

　군사분계선 인접지역에서의 군사시설보호구역은 군사분계선 남
방 25㎞ 범위 안에서 통제보호구역과 제한보호구역으로 구분하여
설정한다. 통제보호구역은 민통선 이북지역, 제한보호구역은 민통
선 이남지역에 설정함을 원칙으로 하되 민통선 이북지역이라도 통
일정책의 추진을 위하여 필요한 지역, 취락지역, 안보관광시설지역
등으로서 대통령령이 정하는 기준에 해당하는 지역은 이를 제한보
호구역으로 설정할 수 있으며, 민통선 이남지역에 위치하더라도 중
요한 군사시설이 있는 지역은 당해 군사시설의 최외곽 경계선으로
부터 500m를 초과하지 아니하는 범위 안에서 이를 통제보호구역으
로 설정할 수 있다.[19] 통제보호구역을 출입하고자 하는 자는 관할부
대장 또는 주둔지부대장의 허가를 받아야 하며 통제보호구역 안에
서는 주택 또는 기타 구조물의 신축 또는 증축이 원칙적으로 금지
된다.[20]

---

18) 군사시설보호구역은 통제보호구역과 제한보호구역으로 구분하여 설정한다. 통
　제보호구역은 고도의 군사활동보장이 요구되는 군사분계선에 인접한 지역과
　기타 중요한 군사시설의 기능보전이 요구되는 구역이며, 제한보호구역은 군
　작전의 원활한 수행을 위하여 필요한 지역과 기타 군사시설의 보호 또는 지역
　주민의 안전이 요구되는 구역이다. 국방부장관은 합동참모의장의 건의에 따라
　보호구역을 설정하거나 이를 변경할 수 있다. 「군사시설보호법」, 제 3조 및 제
　4조 참조.

19) 군사분계선 인접지역 이외의 지역, 다시 말하면 군사분계선으로부터 25㎞ 이
　남의 후방지역도 군사시설 최외곽 경계선으로부터 1㎞ 이내에서 보호구역을
　설정할 수 있다. 이 경우 통제보호구역은 당해 군사시설의 최외곽 경계선으로
　부터 500m를 초과할 수 없다. 「군사시설보호법」, 제 4조 2항.

20) 「군사시설보호법」, 제 7조 및 제 8조 3항 참조.

〈표 2-2〉 군사시설보호구역의 지정현황

구 분	군용지	군사시설보호구역			총 계
		통제보호구역	제한보호구역	소 계	
면적(㎢)	1,397.2	1,754.5	4,098.2 (3,669.7)	5,852.7 (5424.2)	7,249.9 (6,821.5)
전 국토대비(%)	1.4	1.8	4.1 (3.7)	5.9 (5.5)	7.3 (6.9)
개발여부	개발불가		개발제한		

· 출처: 이 자료는 1996년도 한국국방연구원 자료로서 현재까지 공식자료로 사용되고 있다. ( )속은 2002년 12월 현재 국방부 비공식 자료에 의한 것이다.

1995년 12월 말 현재 군사시설이 설치되어 있는 토지와 군이 사용·관리하고 있는 토지, 즉 군용지는 1,397.2㎢로서 전 국토의 1.4%에 이르며, 여기에다 전 국토의 5.9%에 상당하는 군사시설보호구역까지를 고려할 때 우리는 안보를 위하여 많은 국토를 사용·통제하고 있는 것이 현실이다. 표 〈2-2〉에서 보듯이 군사시설용지와 군사시설보호구역 중 통제보호구역을 포함한 개발금지 면적은 3,151.7㎢로서 전 국토의 3.2%에 해당하며, 개발이 제한되고 있는 제한보호구역은 전 국토의 4.1%인 4,098.2㎢에 이르는 규모이다.[21]

군사시설보호구역 설정의 가장 큰 문제점은 접경지역의 대부분 지역이 군사시설보호법의 통제 아래 놓이게 됨으로써 저개발의 고통을 이 지역 주민들이 지속적으로 감내해야 하는 데 있다. 이러한 현상은 결과적으로 국방 서비스의 혜택은 전 국민이 골고루 나누어 가지면서도 국방 서비스를 위한 국민적 고통을 일부지역 주민이 대부분을 짊어지고 고통을 감내하며 살아야 하는 데 문제가 있

---

21) 1996년 한국국방연구원에서 조사한 위의 통계자료에서 보듯이 우리 국토중의 7.3%에 해당하는 7,249.9㎢가 군에 의하여 사용·통제되거나 민간에 의한 사용이 제한되고 있다. 이는 충청북도(7,436.03㎢) 상당하는 면적이다.

는 것이다. 우리와 유사하게 분단의 경험을 겪어오다 통일을 이룩
한 구서독은 이러한 불균형을 다소라도 시정하기 위하여 통일 이
전부터 '접경지역지원법'을 제정하여 시행하였다.[22] 우리도 지난
2000년 1월 21일 접경지역지원법을 제정하여 남북의 분단으로 낙
후된 접경지역의 경제발전 및 주민복지 향상을 지원하고 자연환경
을 체계적으로 보전·관리하며, 평화통일의 기반을 조성하기 위한
필요한 사항을 규정하고 있으나 이에 대한 시행은 아직 두고 보아
야 할 것이다.

나. 지형 및 지리적 특성

남한측 접경지대 내에는 민통선이 군사분계선 남방 15㎞ 범위 안
에 설정되어 있다. 민통선 이북지역은 민간인 통제구역으로 동해안
에서 서해안까지 248㎞의 군사분계선을 따라 5㎞ 이상 너비의 띠
형태를 이루고 있다. 서쪽은 임진강과 한탄강을 낀 평야지대를 포
함하고 있으며 동쪽은 해발 1,000m 내외의 고산과 산악분지로 형
성되어 있다. 민통선 이북 지역은 군사 목적상 민간인 통제구역으
로 민간인 출입이 엄격히 통제되고 있다. 민통선 이남 지역은 민북
지역처럼 통제가 엄격하기는 않지만, 역시 군사시설보호구역인 관
계로 각종 지역개발행위가 제한되어 산업의 입지 여건이 매우 열악

---

22) 동독과 관계개선을 적극적으로 추진하던 서독 브란트 정부는 1971년 8월 5일
'전 국민적인 연대의 표현으로' 접경지역지원법을 통과시켜 이 지역에 대한 법
적인 기초를 마련하였으며, 이를 통하여 접경지역의 생활 및 취업여건이 서독
내의 다른 지역과 동등한 수준을 유지할 수 있도록 지원하였다. 이 법의 시행
으로 동독 및 체코의 국경으로부터 40㎞ 이내의 지역에 있는 인구 또는 면적
이 50% 이상 포함되는 시·군의 주민들이 혜택을 받게 되었다. 홍준형, "구서
독 접경지역지원법 사례와 시사점", 「경기북부 접경지역 발전전략 수립을 위한
공청회 자료」 (경기개발연구원, 1999), pp. 58~59 참조.

하다. 반면 이 지역에는 소비성향의 서비스업을 주축으로 하는 군사 배후도시적 성격을 가지는 중소도시가 곳곳에 발달해 있다.

임진강 연안의 서부지역은 해발 100m 내외의 구릉을 이루고 있다. 임진강 중·하류는 구릉지가 더욱 낮아져 저지대는 하천에 의한 충적토가 퇴적되어 매우 비옥하다. 임진강 하구에서 내륙지역으로 이어지는 민통선 이북의 경기도 파주시 장단일대는 전쟁 전에는 주로 논과 밭에 집중적으로 농사를 지어온 지역이였으나, 지금은 민간인 통제구역으로 묶여 있으며 일부지역을 제외하고는 자연상태로 방치되어 아직도 대부분의 산과 들에는 나무와 잡초가 무성하게 자라고 각종 식물의 천이형상을 보여주고 있다. 그러나 김포, 파주, 문산 등의 민통선 이남 지역은 수도권과 가장 인접한 접경지역으로서 타 지역에 비하여 도시화 지역이 많이 포함되어 있다.[23]

중부지역은 동쪽의 산악지대와 서쪽의 평야지대가 만나는 곳으로 연천군·철원군에 해당하는 지역이다. 철원, 연천, 전곡 등지의 용암대지는 하천 연변에 절애를 형성하고 있으며, 현무암이 표면에서 풍화된 토양이 비옥하여 곡창지대를 이루고 있다.[24] 지대 내에 펼쳐진 철원평야는 중부의 비옥한 곡창지대로서 뿐만 아니라 수많은 철새의 도래지로서 유명하다.

중동부 지역은 강원도 화천, 양구, 인제 일원으로 중부와 동부 사이에 위치한다. 중동부 지역은 험준한 산악지대로서 전체적으로 볼 때, 해발 1,000m 내외의 높은 고지를 이루고 있다. 이 지역에는 한

---

23) 특히 일산 신도시 지역이 팽창함에 따라 최근에는 파주시 일원은 교하, 금촌 일대를 중심으로 대규모 택지가 들어서고 있어 도시화 지역으로의 모습이 곳곳에 나타나고 있다. 또한 김포, 강화 일원 역시 인천광역시의 팽창과 함께 이 지역의 대부분이 도시화 영향권에 들어서고 있는 중이다.

24) 제성호, 「한반도 비무장지대론」, p. 65.

국전쟁 중에 치열한 전투가 계속되었던 유서깊은 펀치볼(Punch Bowl)이 위치하고 있다. 펀치볼 지역은 자연생태계가 잘 보존되어 있어 생물학적 연구의 최적지일 뿐 아니라, 자연보호구역으로서도 가치있는 지역으로 평가되고 있다.

동부지역은 군사분계선 동쪽 끝에 위치한 곳으로 가장 높고도 아름다운 산으로 산림이 우거져 일대 장관을 이루고 있다. 향로봉 산악지역은 동서의 분수령이며 칠절봉 – 향로봉 – 건봉산으로 이어지는 지형이 험준하여 자연 그대로 보존되고 있다. 특히 이 지역은 최근 금강산 관광사업과 관련하여 많은 관심을 불러일으키고 있다. 이곳의 수려한 산세와 계곡, 그리고 해변은 전국 어디에서도 찾아볼 수 없는 천혜의 관광지로서 조건을 구비하고 있다. 최근 금강산 남북 공동개발과 관련하여 강원도 차원에서 뿐만 아니라 중앙정부 차원에서 많은 사회간접자본(SOC)의 투자가 이루어지고 있으며 국민적인 관광 휴양지로서 그 모습을 갖추어 가고 있다.

민통선 북방지역의 자연생태계는 식물지리학적으로 볼 때, 생태적으로 남쪽과 연결된 온대 중부림과 북쪽과 연결되는 온대 북부림이 만나는 곳이다. 따라서 이 곳은 남북방 식물이 다양하게 공존하는 지역이 되고 있으며, 이에 따라 동물 서식상과 곤충상이 다양하고 그 밀도도 높아 과거 풍부한 생물종 다양성(Biodiversity)을 보여왔던 지역이다. 이 곳 민북지역은 군인, 마을주민, 출입영농자, 안보관광객을 제외하고는 출입이 엄격히 제한되기 때문에 환경보전 상태가 비교적 양호하다. 그렇게 된 이유는 우선 상주인구가 적고 각종 환경오염이 거의 없음으로 인해 많은 동식물이 이 곳을 피난처로 삼을 수 있기 때문이다. 이러한 이유로 이 지역은 오랜 기간의 식물생태적 천이과정을 살펴볼 수 있는 곳으로 학술적 가치가 중시되고 있다.[25]

또한 민통선 이북지역은 군사작전용으로 설치된 지뢰지대 뿐만 아니라 과거 한국전쟁 당시에 무차별적으로 살포되었던 지뢰, 그리고 비무장지대 내에서 장마와 홍수로 흘러 내려온 행방을 알 수 없는 지뢰들로 인하여 해마다 많은 인명피해를 내고 있는 실정이다. 비무장지대는 물론이고 민통선 이북의 접경지대를 평화적으로 이용하려 할 때, 이 지역 일대의 미확인 지뢰지대는 반드시 안전문제가 사전에 확인되어야 할 것이다. 특히 전방지역에 산재한 상당한 넓이의 미확인 지뢰지대는 군사적으로 아무 가치나 의미도 없을 뿐만 아니라, 이 지역에 살고 있는 민간인과 이 지역에 근무하는 우리의 장병들이 해마다 안전사고를 당하여 생명을 잃거나 부상을 입게 하는 해악의 근원이 되기도 한다는 점에서 조속히 청소되어야 할 것이다.

다. 접경지역지원법

우리와 유사하게 분단의 경험을 겪다가 통일에 성공한 독일은 통일되기 오래 전부터 접경지역의 사회·경제적 피해를 보상하기 위한 시책을 펼쳐 왔으며, 1971년에 와서는 접경지역에 살 수 밖에 없음으로 해서 분단으로 인한 고통을 가장 많이 받는 주민들에 대해 '전 국민적인 연대의 표현'으로 접경지역지원법을 제정하였다. 우리

---

25) 최근에는 이러한 생태계의 보고, 민북지역도 그대로 방치한다면 생태계 파괴가 늘어갈 수 있다는 판단 아래 환경부와 민간환경단체들은 남한측만이라도 보전가치가 높은 일부지역을 자연생태계 보전지역으로 설정하려는 움직임을 보이고 있다. 철원평야의 철새 도래지, 양구의 두타연, 건봉산의 원시림, 대암산의 용늪 주변 등이 일차적으로 거론되고 있으며, 김포와 강화, 대성동과 판문점 일원, 화진포 일원 등지도 자연보호지구 설정이 필요하다고 제안되고 있다. 제29차 세계지리학대회 조직위원회, 「한국지리」 (서울: 교학사, 2001), pp. 242~243.

의 접경지역 주민들도 지금까지 군사시설 보호구역의 설정에 따른 각종의 재산상의 피해와 경제적 불이익을 감수하며 살아오고 있는 실정이며, 2000년 1월 21일 접경지역지원법이 제정되었던 것은 매우 다행스러운 일이다. 접경지역지원법은 제1조에서 "이 법은 남북의 분단으로 낙후된 접경지역의 경제발전 및 주민 복지향상을 지원하고, 자연환경을 체계적으로 보전·관리하며, 평화통일의 기반을 조성하기 위하여 필요한 사항을 규정함을 목적으로 한다"고 명시하고 있다.[26]

4. 북한측 접경지대

본 연구에서 북한측 접경지대는 그 지역적 범위를 남한측 접경지대의 범위와 동일하게 잡았다. 즉 군사분계선으로부터 북방 25 ㎞ 범위 안의 지역으로 비무장지대 밖의 지역이다. 지대 내에는 남한측의 '민간인 통제선'에 해당하는 '여행금지구역'이 북방한계선으로부터 20㎞선에 설치되어 주민의 출입을 통제하고 있는 것

---

26) 접경지역 지원의 주무장관인 행정자치부 장관은 관계 중앙행정기관의 장과 협의를 거쳐 종합계획을 수립하며, 수립된 종합계획은 접경지역 정책심의위원회의 심의를 거쳐 대통령의 승인을 얻어 확정토록 하고 있다. 또한 시·도지사가 사업계획을 수립 시 관할 시장·군수의 의견을 청취하도록 하였으며 특별한 사유가 없는 한 이를 반영하도록 규정하고 있다. 사업시행자가 사업의 승인을 얻은 경우에는 산림법, 농지법, 하천법, 수도법, 도로법, 관광진흥법, 택지개발촉진법, 농어촌정비법, 토지구획정리사업법, 도시계획법 등 21개 관련법의 승인을 받은 것으로 본다고 규정하고 있고, 접경지역에서 회사를 설립하거나 공장을 신축·증축 또는 이전하는 자에 대하여는 조세감면 등 세제상의 지원을 받을 수 있도록 하고 있다. 이외에도 보조금 지급, 사회간접자본의 우선적 지원, 민자유치사업의 지원, 자연환경보전대책의 지원, 교육·문화·관광시설에 대한 지원 등 각종 지원과 혜택을 부여하도록 하고 있다. 「접경지역지원법」, 제 6조~17조 참조.

이 우리와 흡사하며 이 지역은 북한의 전방사단이 배치되어 있는 최전방지역에 해당한다.

북한측은 1948년 9월 9일, 북한정부 수립 이후 그들 나름대로의 지방행정조직을 정비하여 왔으며 오늘날 북한은 1특별시(평양), 2직할시(개성, 남포), 9도(함북, 함남, 양강, 자강, 평북, 평남, 황북, 황남, 강원) 체계를 갖추고 있다.[27] 비무장지대 북방의 북한측 접경지대는 그 지형이나 지세가 남한측과 비슷하다. 서쪽은 개성직할시와 황해북도의 일부가 포함되어 있으며, 예성강, 한강하구, 임진강을 낀 저지대 및 평야, 구릉으로 되어 있고, 동쪽은 강원도에 포함되어 있으며 주로 산악지대로 되어 있다.

북한측 서부 접경지대는 북한의 행정구역상 개성직할시가 대부분 차지하고 있으며 황해북도 토산군의 일부가 포함된다. 예성강, 한강, 임진강으로 둘러싸인 개성직할시는 고려의 수도로서 약 500년간 한반도를 다스렸던 역사적 古都가 앉아 있는 곳이다. 좌측은 예성강 연변의 재연평야, 우측은 임진강 유역의 비옥한 토지를 끼고 있는 이 곳은 예부터 쌀, 사과 등 농산물이 많이 나고 있으며 개성인삼의 산지로서 유명한 곳이다. 최근 남북경협을 위한 제1의 후보지로 개발되고 있는 개성은 과거 경의선과 1번 국도가 지나는 요지로서 지금도 철도 및 고속도로가 발달하여 평양과 쉽게 연결된다.[28] 남한의 수도인 서울과 지근 거리에 있으면서 수도권 북방지역과 연접해 있는 이곳은 비록 아직은 군사적으로 민감한 지역이지만, 언젠가 평화의 지대로 전환시킬 수만 있다면 남북공동의 이익을 형성하는 데 핵심적인 장소가 될 수 있을 것이다.

---

27) 임덕순, 「우리 국토전체와 각 지역(Ⅱ)」(서울: 법문사, 1996), p. 177.

28) 위의 책, pp. 181~183 참조.

　북한측 중부 접경지대는 현재 북한의 행정구역상 강원도 철원군, 평강군 일원, 그리고 황해북도의 토산군 일부가 포함된다. 이 지역은 철원평야 북부와 평강고원 일대가 포함된 한반도 중앙의 비옥한 평야지대로서[29] 과거 태봉국의 궁예가 도읍을 건설했던 역사적인 곳[30]이기도 하다. 지대 내 중앙에 위치하고 있는 철원군은 임진강 중류 좌안에 위치하고 있는 교통 및 군사상 요지로서 한국전쟁 당시 백마고지와 철의 삼각지대(철원-평강-김화)로 유명한 곳이기도 하다. 철원군의 동부지역인 평강군은 추가령지구대와 철원·평강고원에 자리잡고 있는 군사 및 교통의 중심지로 철원과 김화 사이에 위치하며 비무장지대와 인접한 내륙고원이다. 지대 내 하천망은 임진강과 한탄강의 지류들로 이루어져 있으며 길이가 5㎞ 이상 되는 하천만도 18개나 된다. 지대 내에는 농경지에 관개용수를 공급하기 위해 축조한 강원도 내에서 가장 큰 인공호수 봉래호[31]를 비롯한 17개의 저수지가 자리잡고 있다.

　북한측 중동부 접경지대는 북한의 행정구역상 김화군과 창도군 지역이다. 김화군은 강원도 지역의 군사분계선상에서 가장 중앙에 위치하고 있는 군으로 군 면적의 90%가 해발 600~900m의 준산악지형으로 형성되어 있다. 서부 평강군과의 경계에는 광주산맥이

---

29) 강원도 원산에서 시작하여 남대천 골짜기를 따라 세포를 지나 철원에 이르는 추가령지구대는 남한과 북한을 양분하는 구조선으로 일명 '원산-철원 지구대'라고도 부른다. 이 추가령지구대에서 남쪽 절반을 평강-철원고원(평강, 철원 현무암 지대)이 차지하고 있으며 평균 해발고도 320m, 면적 600㎢이다.

30) 궁예의 태봉국 도읍지였던 궁궐터는 비무장지대 내 군사분계선에 걸쳐 있다.

31) 군사분계선 북방 약 10㎞ 지역에 위치한 봉래호는 임진강 지류인 역곡천 상류를 막아 건설한 관개용 저수지로 강원도에서 제일 큰 인공호이며 면적 4.78㎢, 둘레 14.6㎞, 길이 5.1㎞, 너비 6㎞로 평강 및 철원군의 관개용수 보장에서 중요한 의의를 지닌다.

서남 방향으로 뻗어 있고 남부에는 한탄천, 남대천, 금성천, 북한강 등이 관류하고 있다. 김화군의 남서부에 있는 오성산은 광주산맥의 중앙에 자리잡고 있으며 산의 높이는 1,062m로 전략상 중요한 고지로 요새화되어 있다. 김화군 우측의 창도군은 남한의 양구군과 접하고 있는 군으로, 서쪽에는 굴파령산맥이 솟아 김화군과 경계를 이루고 있고 남쪽에는 어운산(1,278m)이 위치하며 지대에서 가장 높은 고지다. 지대 내 하천은 북에서 남으로 북한강 본류와 금강천이 관류하고 길이 5㎞ 이상 되는 하천만도 19개나 된다.

북한측 동부 접경지대는 금강군과 고성군이다. 금강군은 세계적인 명승지 금강산[32]의 서부지역에 위치한 군으로 동쪽은 태백산맥, 서쪽은 먹포령산맥, 남쪽은 매봉산맥이 남북으로 뻗어 있으며 주요 고지군으로는 금강산(1,038m), 월출봉(1,571m), 차일봉(1,529m) 등 1,000m 이상의 고봉과 능선이 산재해 있다. 금강군 우측에는 고성군이 동해와 연하여 있다. 고성군은 태백산맥의 동부에 위치하고 금강산의 대부분을 차지하며 긴 해안선을 끼고 있다. 특히 외금강과 해금강을 끼고 있어 금강산의 절경을 한눈에 볼 수 있는 곳이다. 한편 고성군은 산지가 많은 군이지만 남강과 그 지류들이 흐르고 있고 동해안 쪽의 남강벌 일대에 평야가 비교적 넓게 발달되어 있다.

---

32) 금강산은 태백산맥의 북쪽에 위치해 있는 세계적인 명산으로 강원도 고성군과 금강군에 속하며 동서의 길이 40㎞, 남북의 길이 60㎞이다. 금강산 주변에는 최고봉인 비로봉(1,638m)을 위시하여 옥녀봉, 영랑봉, 일출봉, 월출봉, 차일봉 등 1만 2천 봉이 솟아 있으며, 산줄기와 연봉들 사이에는 많은 골짜기들이 주옥같이 아름답고 절묘한 경관을 이루고 있으며, 지역을 분류하여 외금강, 내금강, 해금강으로 구분하고 있다.

5. 동·서 연해수역

1953년 7월 27일 정전협정 체결 당시 유엔군사령부는 당시의 군
사접촉선을 지상에서는 군사분계선으로 확정하였으나, 해상은 그
당시 북한전체의 해역을 사실상 통제하고 있었기 때문에 접촉선을
기준으로 하기 곤란했다. 연해수역 협상과정에서 UN군측은 당시
국제적 관행에 따라 3해리를 주장했고, UN군측의 해상봉쇄를 우려
한 공산군측은 12해리를 주장하여 합의를 이루지 못했다. 결국 해
상경계선은 확정하지 못한 채 정전협정 제 2조 13항 ㄴ목에 합의하
였다.[33] 이런 상황에서 UN군측은 1953년 8월 30일 한국 해군 및
공군의 초계활동을 한정하여 해상에서 남북한 불필요한 분쟁소지를
없애기 위해 동해에서는 지상군사분계선의 연장선을, 서해에서는
당시 영해기준 3해리 및 서해 5도와 북한 옹진반도의 중간선을 기
준하여 북방한계선을 설정하였고 이를 북한측에 통보하였다.[34]

이후 북한은 간헐적으로 북방한계선을 침범하였으나, 20년간 북
방한계선에 대하여 이의를 제기하지 않다가, 1973년 10월과 11월
두 달 사이에 43회 (63여척)에 걸쳐 침범한 후, 1973년 12월 1일 제

---

33) 「국방소식」, 1999. 10. p. 21. 정전협정 제 2조 13항 ㄴ목 ; 본 정접협정이 효
    력을 발생한 후 10일 이내의 상대방의 후방과 연해도서 및 해면으로부터 그들
    의 모든 군사역량, 보급물자 및 장비를 철거한다.…상기한 연해도서라는 용어
    는 본 정전협정이 효력을 발생할 때에 비록 일방이 점령하고 있더라도 1950년
    6월 24일에 상대방이 통제하고 있던 도서를 말하는 것이다. 단, 황해도와 경
    기도의 도계선 북쪽과 서쪽에 있는 모든 도서 중에서 백령도, 대청도, 소청도,
    연평도 및 우도의 도서군들을 국제연합군 총사령관의 군사통제 하에 남겨두는
    것을 제외한 모든 도서는 조선인민군 총사령관과 중국인민지원군 사령관의 군
    사통제 하에 둔다. 한국 서해안에 있어서 상기 경계선 이남에 있는 모든 도서
    들은 국제연합군 총사령관의 군사통제하에 둔다.

34) 「국방소식」, 1999. 9. p. 21.

346차 군사정전위원회에서 서해 5개 도서군은 UN군측 관할이나 황해도-경기도 도계선 연장선 이북해역은 북한의 영해이기에 서해 5도를 출입시 사전승인과 임검(臨檢)을 받아야 한다고 주장하였다. 그 이후 북한은 북방한계선을 무력화시키고 저강도 분쟁을 통해 정치·군사적 목적달성을 위해 간헐적으로 침범하다가 1996년부터 침범이 급증하였다. 특히, 1998년에 들어서는 북한 해군이 30여 차례 북방한계선을 침범해왔다.[35]

그러나 북한이 한국이 제시하고 있는 북방한계선을 묵시적으로 인정하고 있다는 사례는 많이 있다. ① 1953년 UN사에서 북방한계선 설정을 통보할 때 북한이 이의를 제기하지 않았다는 점, ② 1959년 조선 중앙연감에서 북방한계선을 군사분계선으로 표기한 점, ③ 1963년 우리 함정에 의해 격침된 북한 간첩선 위치가 북방한계선 북쪽이라고 주장한 점, ④ 1984년 수해물자 수송시 양측이 상봉점을 북방한계선상으로 합의한 점, ⑤ ICAO (International Civil Aviation Organization)에 의해 남북한 비행식별구역 경계를 북방한계선으로 함으로써 국제법적으로 인정된 점, ⑥ 1991년 12월 13일 합의(1992년 2월 19일 발효)된 남북기본합의서 제 11조에서 "남과 북의 불가침 경계선과 구역은 1953년 7월 27일자 군사정전에 관한 협정에 규정된 군사분계선과 지금까지 쌍방이 관할하여온 구역으로 한다"는 내용, ⑦ 1992년 9월 17일 발효된 남북불가침 부속합의서 제 10조에서 "남과 북의 해상불가침 경계선은 앞으로 계속 합의한다. 해상불가침구역은 해상불가침 경계선이 확정될 때까지 쌍방이 지금까지 관할하여온 구역으로 한다."는 내용 등이다.[36]

---

35) 「국방소식」, 1999. 10, p. 22.; 김태준, "연평해전의 전술적, 전략적 그리고 정치적 의미와 가치에 관한 연구", 「해양전략」, 제 107호, p. 43.

36) 「국방소식」, 1999. 10, pp. 22~23 참조.

한편, 한국군은 합참예규로 완충구역을 운용하고 있다. 완충구역은 북한 함정이 북방한계선 월선시 긴장완화와 우발적 군사충돌 방지를 위한 신축적인 대응을 위해 북방한계선 남쪽지역에 폭 1 ~ 15 ㎞에 작전개념상 만든 해역이다. 북한 함정의 북방한계선 침범시 교전규칙 (ROE : Rules of Engagement)은 유엔사 정전규칙을 준수하고 한국측의 관활권을 계속 관장하며 북한 침범 전력보다 우세한 공·지·해 합동전력을 배치하여 대응하도록 하고 선제사격은 금지시켜 왔으나, 2002년 6월 29일 북한의 서해도발 이후 합참은 교전규칙을 수정하여 북한함정이 북방한계선(NLL)을 침범할 경우 경고사격을 할 수 있도록 하였다.[37]

---

37) 2002년 6월 29일 북한의 서해도발 이전까지는 북한 선박이 북방한계선(NLL)을 침범하더라도 합참작전예규는 경고방송 → 시위기동 → 차단기동 → 경고사격 → 조준사격(격파)등 5단계를 밟도록 되어 있었으나 이것은 북한의 기습사격에 매우 취약하다는 지적에 따라 2002년 7월 2일부터 시행되는 개정된 작전지침은 경고방송과 차단기동 단계를 생략하고 시위기동 후에도 북한함정이 퇴각하지 않을 경우 곧바로 경고사격을 실시하고 격파사격을 할 수 있도록 하였다. 「국방일보」, 2002년 7월 3일자, 1면.

2 접경지역의 이론적 고찰

1. 접경지역의 평화적 이용

가. 평화의 개념

일반적으로 평화는 자명한 것으로 받아들어지거나 또는 너무 다의적으로 규정되기 때문에 일정하게 그 의미를 정의내리기 힘들다.[38] 평화에 대한 개념 또한 추상적 규범적 논리나 전쟁과 반대되는 이분법적 논리에 따라 규정되는 경향이 일반적이다. 그것은 평화란 개념의 추상성이나 규범성, 그리고 역사적으로 평화에 대한 가장 큰 적이 전쟁이었다는 측면에서 지극히 당연한 것인지도 모른다. 또 한가지 주목되는 것은 평화의 개념이 일반적으로 전쟁의 반대개념으로 많이 사용되고 왔으며, 역사적으로 전쟁이 거의 국가단위로 이루어졌다는 점을 감안할 때 전쟁과 평화의 문제가 주로 국가간의 관계에서 조명되어온 경향이다. 특히 17세기 전반기에 근

---

38) Kenneth Boulding, *Stable Peace* (Austin & London: University of Texas Press, 1978), pp. 6~10.

대국가가 탄생하면서 이러한 근대적 의미의 평화개념은 국제정치적 차원에서 더욱 부각되었다.[39]

그러나 2차대전 이후 탈제국주의, 탈식민화, 산업화 추세와 인권, 평등, 민주적 시민사회 등의 서구 현대성의 세계적 확산으로 평화의 개념이 확대되었다. 또한 평화의 반대개념도 국가간의 전쟁뿐만 아니라 국가내의 사회관계와 국경을 초월하는 사회관계에서 발생하는 유무형의 모든 사회경제적 폭력까지 포함하기에 이르렀다. 이에 따르면 평화(Peace)는 개인, 사회, 국가, 세계를 막론하고 어떤 종류의 갈등도 없는 상태를 의미하는 것이 된다.[40] 이것은 평화의 규정이 단순히 전쟁과 같은 군사적 영역에만 머무를 수 없다는 의미를 함축한다.

1960년대 들어 세계질서가 점차 냉전상태를 탈피하는 추세와 더불어 평화의 개념도 좀 더 적극적인 의미로 규정되었다. 이의 대표적인 실례가 요한 갈퉁 (Johan Galtung)에 의한 개념 규정이었다. 즉 그는 평화의 개념을 '소극적 평화'(Negative Peace)와 '적극적 평화'(Positive Peace)로 구분하고 전쟁의 회피만을 의미한 전자의 개념만으로는 평화의 개념을 충분히 설명할 수 없다는 입장을 취했다. 왜냐하면 단순히 전쟁과 같은 직접적인 폭력적 갈등관계가 없다는 것만으로 사회적, 정치적 실체들 간의 관계가 진정으로 평화로운 상태에 있다고 볼 수 없기 때문이다.

갈퉁은 평화란 인간의 능력을 개발시킬 수 있고, 나아가 인간관계에서 조화를 이루면서 모든 갈등과 분쟁을 힘(무력)에 의해서가 아니라 토론과 타협을 통해 해결할 수 있는 어떤 인간공동체를 형

---

39) 김학성, 「한반도 평화체제에 대한 이론적 접근」 (서울: 통일연구원, 2000), p. 8.

40) 위의 책, p. 8.

성하는 과정으로 이해되어야 한다는 입장을 취했다.[41] 평화는 그와 같은 인간 공동체를 형성하는 과정으로 규정할 때, 그것은 그 자체가 목적이라기보다는 인간이 공동체 생활을 통해서 자유, 평등, 안전 및 행복 등과 같은 기본가치들을 실현시키는데 필요한 수단이라고 볼 수 있다. 이와 같이 적극적인 의미로 평화를 정의하려고 할 때, 그에 대한 분석차원이 종래와 같이 주권국가들 간의 관계에만 한정되는 것이 아니라 이것을 포함해서 한 국가의 사회적, 정치경제적 조건들까지 포괄하는 광범위한 영역으로 확대되어야 한다는 점이 함축되고 있다. 다시 말하면, 평화에 대한 사회학적 개념 규정의 필요성이 대두된 것이라고 볼 수 있다.

1970년대 들어 평화의 의미를 구조적 측면에서 규정하려는 시도가 나타났다. 이것 역시 적극적 의미로서 평화개념을 규정하는 갈퉁에 의해 제기되었다. 그에 의하면, 평화는 기초체제의 유지나 현상유지의 고착화 등으로 개념화하려는 것은 불충분하며, 보다 더 그 의미가 파악되어야 한다는 것이다. 갈퉁은 그러한 요소들을 구조적 폭력이라는 개념을 설정하여 설명하려고 했다.[42] 평화는 단순히 폭력의 부재로서 충분히 유지되는 것이 아니라 구조적 폭력의 제거를 통해 비로소 그 진정한 의미를 실현시킬 수 있다는 것이다. 갈퉁에 의하면, 구조적 폭력은 부정의한 사회적 조건 속에서 발생하며 그에 의해 인간은 그 잠재력을 실현시킬 수 있는 기회를 박탈

---

41) Johan Galtung, "Peace Research: Past Experience and Future Perspective," J. Galtung, *Peace and Social Structure Essays in Peace Research*, Vol. 1 (Atlantic Highland: Humanities Press, 1975/1980), pp. 244~262.

42) 요한 갈퉁의 구조적 폭력의 개념에 관해서는 신정현, "구조폭력과 평화연구: 요한 갈퉁의 개념화를 중심으로", 이호재 (편), 「한반도 평화론」 (서울: 법문사, 1989), pp. 169~183 참조.

당하게 된다. 따라서 그와 같은 구조적 폭력은 잘못된 구조자체를
변경시킴으로써 축소시킬 수 있거나 혹은 그 근원을 제거시켜 나갈
수 있게 된다는 것이다.

평화적 의미가 시대적 상황에 따라 비교적 보편적으로 규정될 수
있지만, 지정학적, 역사적, 문화적 상황에 따라 특수하게 규정될 수
도 있다. 한반도의 평화를 논의할 때 한반도라는 특수한 지역적 조
건이나 남북한 분단이라는 역사적, 민족적 상황들을 고려해서 그
의미가 보다 더 구체적으로 다음과 같이 검토될 수 있을 것이다. 첫
째로 한반도 평화는 안정된 평화이어야 한다.[43] 한반도의 경우
1953년 휴전이 성립된 이후 남북한이 유지해 온 정전체제는 불안정
한 평화의 개념 속에 포함된다. 휴전이래 남북한은 비무장지대를
사이에 두고 군사적 근접대치와 고도의 긴장상태를 지속해오고 있
다. 휴전은 그 자체가 전쟁의 종결이 아니라 전쟁의 중지상태에 불
과한 것으로 언제나 다시 전쟁으로 진전될 수 있는 잠재력을 안고
있는 것이다. 따라서 남북한 관계에서의 안정된 평화란 현재 정전
체제에서 상호신뢰와 효율적인 군비통제 그리고 공존과 협력을 기
반으로 한 평화체제로 발전시키는 것을 뜻한다고 볼 수 있다. 그리
고 그러한 평화는 군사적 수단에 의해서만이 아니라 정치적, 사회
경제적, 국제환경적 제 수단을 통해 구축해 나가야 하는 것이다.

다음으로 한반도 평화는 동태적인 평화이어야 한다. 이것은 한반
도에서 실현되어야 할 평화가 단순히 일정한 상태의 지속, 즉 현상
유지나 힘의 균형관계가 아니라 다른 목적을 달성하기 위한 변화하
고 움직이는 창조적 과정을 포함한 평화이어야 한다는 것을 말한
다. 한반도의 평화는 궁극적으로 남북한 통일국가의 형성을 위한
수단인 동시에 과정이며 그 자체로 목적이 될 수 없다. 그러나 평화

---

43) 신정현, 「한반도 군비통제」 (서울: 예진, 1990), pp. 144~146 참조.

가 통일을 목표로 하는 과정이라고 할 때 그러한 과정에는 상호신
뢰구축 조치들을 비롯해서 군축에 이르기까지, 연합이나 연방, 통
일국가를 실현하는 복잡한 단계나 구체적 조치들까지 그러한 평화
개념속에 포함될 수 있다.[44]

나. 평화적 이용의 의미

'평화적 이용'이란, 평화적 방법에 의한, 그리고 평화적 목적을 위
한 이용으로, '非 평화상태'의 현실을 극복하고 그것을 위하여 노력
하는 것이다. '접경지역의 평화적 이용'이란 접경지역을 평화적 방
법으로, 평화를 목적으로 이용하는 것이며, 남북한 접경지역의 평
화적 이용은 현재의 군사적 대치와 긴장상태를 극복하고 한반도에
진정한 평화를 이룩하기 위하여 노력하는 데 진정한 가치가 있는
것이다 '남북한 접경지역의 평화적 이용'이란 반세기에 걸친 상호불
신의 장벽을 제거하고 (또는 제거하기 위하여) 현재의 남북한 간 접
경지역에서의 군사적 대치상태를 극복할 뿐만 아니라 접경지역의
자원을 공동개발하여 상호공동이익과 공영을 위한 원천으로 삼고자
하는 것이다.

반세기 동안 접경지역은 남북한간의 군사적 대결의 첨단 지역으
로 존재하면서 한반도 중부지역의 기름진 토지와 값진 자연자원들
이 군사적 통제 속에 유휴화되었던 곳이다. 뿐만 아니라 남북의 군
사적 대치상태와 교류의 단절은 한반도의 남북을 연결하던 도로와
철도, 전기, 통신 등 전반적인 남북연결망을 단절시켜 한반도의 유
기적 삶을 모든 영역에서 불구화시켰고,[45] 남북의 정치는 물론이거

---

44) 위의 책, p. 146~147 참조.
45) 접경지역의 남북연계 주요 교통망

니와 경제, 사회, 문화적 모든 영역의 발전을 기형화시켰던 것이다. 따라서 이제 우리는 접경지역의 평화적 이용을 통하여 반세기에 걸친 군사적 대결과 대치상태를 극복하고 단절된 남북의 연결망을 복구할 뿐만 아니라 그 동안 남북의 단절 상태에서 기형화된 정치, 경제, 사회, 문화적 모든 영역을 복원하는데 관심을 가져야 한다. 접경지역을 한민족의 공존과 공영을 위한 터전으로 그리고 평화와 통일을 위한 진원지로 만들고자 하는 우리의 이상이 바로 접경지역 평화적 이용에 담겨있어야 하는 것이다.

현실적으로 볼 때, 접경지역의 평화적 이용은 남북한의 불신의 장벽이 제거되고 정치, 군사, 경제, 사회적 전반적인 신뢰관계가 어느 정도 조성되지 않고는 그 한계를 극복할 수 없다는 것이 일반적인 인식이다. 그러나 위대한 평화나 통일의 달성은 이러한 장벽과 한계를 극복할 수 있는 진정한 용기를 가진 민족에게만 주어질 수 있는 고귀한 선물이라는 것을 이집트, 이스라엘, 요르단, 예멘, 서독 등이 걸어갔던 역사적 선례를 통하여 배워야 할 것이다. 접경지역의 평화적 이용은 한반도 평화와 통일을 위한 남북한 양측의 공동이익의 영역을 접경지역에서 발견하고 그 것의 개발을 위하여 현

구분	노 선	단절 구간
도로	국도 1호: 목포~신의주	문산~판문점~개성 (약 19km)
	국도 3호: 남해~초산	신탄리~비무장지대~평강 (약 22km)
	국도 5호: 마산~중강진	김화~비무장지대~평강 (약 22km)
	국도 7호: 부산~온성	고성~비무장지대~북고성 (약 17km)
	국도 31호: 부산~신고산	양구~비무장지대~금강산
	국도 43호: 발안~고성	김화~비무장지대~북고성
철도	경의선: 서울~의주	문산~판문점~개성(문산에서 북한의 봉동까지 19.3km 단절)
	경원선: 서울~원산	신탄리~비무장지대~평강 (약 31km 단절)
	동해북부선: 양양~원산	양양~원산 (약 208km 단절)
	금강산선: 철원~내강리	철원~내강리

· 자료 : 문석기, "DMZ 개관: 한반도 비무장지대의 현황과 과제", 「한반도 비무장지대의 환경보전과 개발에 관한 국제 심포지움」 (한국조경학회, 1996), pp. 7~8.

실적 장벽을 극복하기 위하여 남북이 공동으로 노력하는데 진정한 가치가 있을 뿐만 아니라 남북한 군사적 신뢰구축의 길로 나아갈 수 있는 계기를 마련하고자 하는 실용적인 입장에 보다 큰 의미를 부여할 수 있을 것이다.

다. 평화적 이용의 필요성

21세기는 우리에게 냉전적 남북대결의 마감과 공존과 공영의 기회를 안겨주고 있다. 남북한 접경지역은 한반도 허리부분에 해당하는 남북연결의 중심지로 이곳의 개발 잠재력은 한민족의 미래에 무한한 가치와 비전을 제시할 수 있는 곳이다. 따라서 우리는 이 곳 접경지역을 더 이상 분단과 군사적 대결의 상징적 장소, 버려진 불모의 땅으로 남겨두어서는 안될 것이며[46] 오히려 이곳 접경지역의 평화적 이용을 통하여 남북한 신뢰구축과 평화통일의 기반을 조성하는 지혜를 발휘해야 할 것이다. 접경지역의 평화적 이용은 이러한 측면에서 남북한 양측에게 매우 소중한 상호공동이익의 영역을 제시하고 있다. 또한 남북한 접경지역의 평화적 이용은 한민족의 공동이익 실현이라는 명분이나 비전 뿐만 아니라 한민족의 삶에 대하여 다음과 같이 실질적 영향을 미칠 수 있다는 것이다.

우선, 국토의 효율적 이용이라는 측면에서 그동안 단절되었던 남북 연결망을 회복하고 한반도의 경제적 잠재력을 관광, 농업, 공업, 상업 전분야에서 확대할 수 있다는 것이다. 또한, 접경지역의 평화적 이용이 본격화될 경우 (혹은 접경지역의 평화적 이용을 위해서) 접경지역을 중심으로 밀집배치되어 있는 군사력을 후방으로 후진배

---

46) 비무장지대 (DMZ)와 인접한 접경지역은 군사적 통제 뿐만 아니라 많은 지역에 지뢰지대 및 미확인 지뢰지대가 산재되어 있어 경제적 용도로서의 사용이 반세기 동안 극도로 제한되어 왔다.

치하고, 완충지대를 확장해야 할 것이므로 이것은 군사적 신뢰구축의 획기적 진전을 의미하는 것이다. 뿐만 아니라, 접경지역을 중심으로 남북 연결망이 회복되고, 이곳이 남북교류와 협력의 거점으로 부상되면서 이 지역을 남북한 평화정착과 통합의 시험장소로 활용할 수 있다는 것이다.[47] 이렇게 볼 때, 비무장지대를 포함하는 접경지역은 더 이상 지금과 같은 중무장 상태의 군사적 대치상태로 남아있어서는 안되며 접경지역의 평화적 이용의 과정에서 비무장중립지대, 병력배치제한지대 등 남북한 신뢰구축조치를 실현하고 남북 연결망의 연결, 경제적 잠재력의 개발을 통하여 접경지역을 남북한 상호공동이익을 추구하는 공존과 공영의 장소로 변화시켜야 할 필요성이 있는 것이다.

2. 군사적 신뢰구축

1953년 7월 28일 조인된 휴전협정은 한반도에서의 분쟁을 완전히 종식시킨 것이 아니라 단지 분쟁의 양상을 군사적 무력충돌에서 전면적인 체제경쟁의 양상으로 변모시켰으며, 그러한 남북한간의 전면적인 경쟁상태는 반세기 동안 155마일 휴전선을 중심으로 고밀도의 군사적 대치상태를 유지한 채 제로섬 게임(Zero-Sum Game)의 형태로 발전하였다. 지난 반세기 동안 남북이 이러한 군사적 대치상태에서 서로가 감내해 온 고통과 희생을 생각할 때 하루 빨리 남북한 간의 정치·군사적 관계를 안정시키고 상호교류와 협력을 증대시켜 한반도 평화와 공영의 기반을 확대해 나가는 것이 우리들의 공통된 바램이지만, 아직도 남북한간에 진정한 의미에서의 화해와 협력은 이루어지지 못하고 있고 기본적인 신뢰조치도 이루어지

---

47) 제성호, 「한반도 비무장지대론」, pp. 78~82 참조.

지 못하고 있다.

가. 신뢰구축의 개념과 성격

신뢰구축 (Confidence – Building Measures ; CBMs)은 과거 군비통제의 일부로 간주되어 '운용적 군비통제'를 신뢰구축으로 이해하는 것이 상례였으나[48] 유럽 상호균형감축회의 (MBFR)에서 신뢰구축개념이 제기된 이래, 1975년 헬싱키 구주안보협력회의에서 군비통제나 군축과 별개의 개념으로 구분되기 시작하였다.[49] 군비통제나 군축이 군사력을 중심으로 한 '하드웨어' 개념이라면 군사적 신뢰구축은 화해, 조정을 통해 하드웨어 부분의 합의를 도출하는 '소프트웨어'에 해당된다. 신뢰구축(혹은 신뢰조성)은 "분쟁 당사국들간에 정치·군사적 긴장을 완화하고 일련의 실질적 수단을 통해

---

48) 군비통제 (Arms Control)란 군비경쟁에 대한 상대적인 개념으로 군비경쟁을 중지 또는 안정화시키는 각종 노력을 뜻한다. 군비축소란 이미 건설된 군사력, 즉 보유하고 있는 무기나 병력의 질적·양적 감축을 의미한다. 송대성, 「한반도 군비통제」 (서울: 신태양사, 1966) pp. 25~26 참조.
   브룸필드 교수는 "군비통제는 통제와 제한의 의미를 내포하고 있으며, 상대방으로 하여금 상대적인 반응을 유도해 내는 행위를 의미한다"라고 말한다. Lincoln p. Bloomfield, "Arms Control," in Walter R. Fisher and Richard Dean Burns (eds.), *Armament and Disarmament: The Continuing Dispute* (Belmont, CA.: Wadsworth Publishing Company, 1962), p. 259. 통일연구원 선임연구위원 박영규 박사는, 군비통제란 어떻게 하면 전쟁도발 유혹이나 오판 또는 전쟁도발 기도를 막을 수 있을까 하는 측면 (운용적 군비통제)과 어떻게 하면 전쟁도발 능력을 감소 또는 제거할 수 있을까 하는 측면 (구조적 군비통제)을 동시에 포함하는 포괄적 개념으로 신뢰구축, 군비제한, 군축, 군비해제 등을 포함하는 광의적 개념으로 취급하고 있다. 박영규, 「한반도 군비통제의 재조명: 문제점과 개선방향」 (서울: 통일연구원, 2000), p. 9.

49) 함택영, "남북한 군사적 신뢰구축과 군축", 백영철 편, 「분단을 넘어 통일을 향해」 (서울: 건국대학교, 2000), pp. 140~142 참조.

상호신뢰를 조성하는 노력" 으로 정의할 수 있으며, 군사적 신뢰구
축은 분쟁당사국들이 서로 침략, 특히 기습공격을 하지 않을 것을
보장하는 다짐, 즉 재보장(Reassurance)을 실현시키기 위해 당사
국간 기만의 의도가 없음을 입증하는 투명성(Transparency), 전쟁
이나 위기발발의 예측성(Predictability)등 분쟁당사국간 신빙성 있
는 의사소통을 실현목표로 삼는다.[50]

나. 남북한 신뢰구축의 방향

남북한은 1992년 2월 19일부터 발효된 남북사이의 화해와 불가
침 및 교류·협력에 관한 합의서와 남북불가침의 이행과 준수를 위
한 부속합의서에서 일련의 군사적 신뢰조치 도입에 합의한 바 있으
나 그에 대한 실행은 유보되고 있는 실정이다. 남북한의 신뢰구축
의 진척은 새로운 신뢰조치를 도입하는 것보다는 앞에서 이미 합의
된 사항은 먼저 성실히 이행하는 것과 이러한 신뢰조치를 보다 확
장하는 데 중점을 두어야 할 것이다.

남북사이의 화해와 불가침 및 교류·협력에 관한 합의서 (약칭
'기본합의서')에는 제 1장 제 1조에, 남과 북은 서로 상대방의 체제
를 인정하고 존중한다. 제 2장 9조에, 남과 북은 상대방에 대하여

---

50) 독일 하이델베르크(Heidelberg) 대학의 한스 군터 브라우흐 (Hans Gunter
Brauch)교수는 '신뢰구축(Confidence-Building Measures; CBM)이란 용어
가 국제무대에서 처음 사용된 것은 1975년 구주안보협력회의 최종결의문
(The Final Act of Conference on Security and Cooperation in Europe ;
CSCE) 에서라고 주장하면서 이러한 신뢰구축의 핵심적인 세가지 내용은 ①
공개성 (Openness) ② 투명성 (Transparency) ③ 예측성(Predictability)이라
고 말하고 있다. Hans Gunter Brauch, "Confidence-Building and
Disarmament-Supporting Measures" in William Epstein and Bernard T.
Feld (eds.), *New Directions in Disarmament* (New York: Praeger
Publishers, 1981), p. 145, 송대성, 「한반도 군비통제」, p. 50에서 재인용.

무력을 사용하지 않으며 상대방을 무력으로 침략하지 아니한다. 제 10조에, 남과 북은 의견대립과 분쟁문제들을 대화와 협상을 통하여 평화적으로 해결한다는 남북관계의 기본적인 방향을 설정하고 있다.

남북한 신뢰구축에 관한 보다 구체적인 내용으로는 제 2장 12조에서 남북은 불가침의 이행과 보장을 위하여 이 합의서 발효 후 3개월 안에 남북 군사공동위원회를 구성·운영하며 동 위원회에서는 대규모 부대이동과 군사연습의 통보 및 통제, 비무장지대의 평화적 이용, 군 인사교류 및 정보교환, 대량살상무기와 공격능력의 제거를 위한 단계적 군축실현, 검증문제 등 군사적 신뢰조성과 군축을 실현하기 위한 문제를 협의·추진한다고 명시하였고, 제 13조에서 남과 북은 우발적인 무력충돌과 그 확대를 방지하기 위하여 쌍방 군사당국 사이에 직통전화를 설치·운용한다고 명시하고 있다.

또한 기본합의서의 '제 1장 남북화해'의 이행과 준수를 위한 부속합의서에서 상호체제 인정 및 존중, 내부문제 불간섭, 상호비방·중상중지, 파괴·전복행위금지, 정전상태에서 평화상태로의 전환, 국제무대에서의 협력 등에 관하여 합의하였고, 기본합의서의 '제 2장 남북불가침'의 이행과 준수를 위한 부속합의서에서 무력 불사용, 분쟁의 평화적 해결 및 우발적 무력충돌방지, 불가침 경계선 및 구역, 군사직통전화의 설치·운영, 협의·이행기구 설치에 관하여도 합의한 바 있다. 그러나 기본합의서 및 부속합의서에 포함된 신뢰조치들 중 핫라인(Hot-Line) 설치를 제외한 기타 신뢰조치들은 성격상 매우 원칙적이고 선언적인 것들이며 이들 신뢰조치들은 향후 도입·이행될 후속 신뢰조치의 기초가 될 수 있는 것들이다. 따라서 앞으로 우리에게 필요한 것은 이러한 선언적이고 기초적인 신뢰조치의 내용을 보다 구체화하고 발전시키는 것이다.[51]

다. 남북한 군사신뢰조치의 필요성

남북한 신뢰구축조치는 반세기에 걸친 남북대결 구도와 군사적 대치상태를 완화시키고 한반도의 군사적 안정과 남북교류와 협력의 기반을 조성하기 위하여 반드시 필요하며, 이러한 목표에 접근하기 위해서는 상호 기습공격 방지, 우발적 무력충돌 방지, 위기확산 통제조치, 군비제한 및 감축조치 등의 세부적 목표를 달성할 수 있는 구체적 조치가 이루어져야 한다.[52]

한반도 평화를 위한 남북교류와 협력, 접경지역의 평화적 이용 어느 것도 남북한 군사신뢰조치가 뒷받침되지 않고는 기본적인 한계를 갖는 것이다. 기습공격 방지를 위해서는 인원 및 장비의 배치제한, 그리고 상호 정찰 및 감시조치가 이루어져야 할 것이며, 우발적 무력충돌을 방지하기 위해서는 군사훈련 및 이동, 연습 등에 대한 상호통보조치, 민감지역에서의 위협적 군사행동에 대한 제한조치가 필요하다. 위기확산통제조치를 위해서는 핫라인, 위기관리센터의 운영 등 통신조치가 필요하고, 군비제한, 감축을 위해서는 상호 군사력구조, 국방비, 방위산업 및 군사력 배치 등에 관한 정보조치와 상호사찰 및 검증조치가 뒤따라야 할 것이다.

---

51) 곽태환 외, 「한반도 평화체제의 모색」 (서울: 경남대학교 극동문제연구소, 1997), p. 105.

52) 기습공격의 가능성을 감소시키거나 배제하기 위하여서는 배치제한조치와 감시・검증조치가 제도화되어야 한다. 우발적 무력충돌을 예방하기 위하여서는 민감한 지역에서 특정한 군사활동을 제한시킴과 동시에 통보조치를 도입하여야 할 것이며, 위기의 확산 방지・관리를 위하여서는 핫라인을 설치하고 공동위기관리기구를 구축하는 것이 필요할 것이다. 또한, 군비제한 및 감축을 이행하기 위하여서는 정보교환 및 감시・검증조치가 도입되어져야 한다. 위의 책, p. 107.

〈표 2-3〉 군사적 신뢰구축의 구분

목 표	조 치
기습공격 방 지	– 물리적 제한조치 · 인원제한(상한선) · 인원 및 장비의 배치제한 – 정찰 및 감시조치 · 참관 / 감시 · 감시 및 정찰에 대한 불개입
우 발 적 무력충돌 방 지	– 통보조치 · 군사훈련, 군사이동, 군사연습 – 제한조치 · 민감지역에서의 위협적 군사행동 금지
위기확산 통제조치	– 통신조치 · 핫라인 · 위기관리센터
군비제한 및 감축조치	– 정보조치 · 군사력 구조, 국방비, 방위산업 및 군사력 배치에 관한 정보교환 – 사찰 및 검증조치

　　남북한간의 군사적 신뢰구축을 위해서는 반세기에 걸친 남북대결 구도와 군사적 대치상태를 완화하는 것이 남북관계의 우선적 과제 다. 지금까지 남북이 서로의 존재를 부정해 온 제로섬 게임 (Zero-Sum Game)의 대결 구도를 극복하고 상호체제의 인정과 공존공영 을 추구하는 근본적인 자세변화 없이는 진정한 남북관계의 개선은 요원하기 때문이다. 따라서 남북한 양측은 그 동안 누적되어온 상 호불신의 장벽을 제거하고 상호간에 신뢰를 조성하여야 한다. 이집 트나 이스라엘이 수십년간 누적되어 온 불신의 장벽을 제거하고 시 나이 협정에 성공, 군사적 신뢰를 구축함으로써 드디어 시나이 반 도와 양국간의 평화를 이룩할 수 있었던 것은 지금 우리에게 커다 란 교훈이 될 수 있다.[53]

특히 수도 서울이 비무장지대로부터 45㎞ 밖에 떨어져 있지 않는 한국으로서는 가장 관심이 있는 분야는 기습공격방지조치라고 할 수 있다. 한국은 북한군의 공격형 무기 전진배치와 기동성에 의존한 기습공격 가능성에 대하여 항상 우려해왔다. 북한은 평양 – 원산선 이남지역에 60개 이상의 여단급 이상 혹은 9개 군단을 전진배치시켜 놓고 있으며 이러한 전력배치구도는 추가적인 전쟁준비 없이도 기습공격을 가능케 하고 있다.[54] 따라서 비무장완충지대와 병력배치제한지대의 설치, 장거리 화력의 후방이격배치, 효과적인 감시 및 검증체계를 통하여 상호 기습공격의 억제, 우발적인 전쟁발발 가능성 감소, 조기경보를 위한 시간확보 등을 위한 일련의 조치를 제도화시킴으로써 시나이 반도의 평화를 이룩한 시나이 경험의 한반도 적용가능성을 우리는 신중히 검토해 보아야 할 것이다.

한반도 평화는 장기간에 걸친 남북대결구도와 군사적 대치상태를 완화시킴은 물론 한반도의 군사적 안정을 이룩함으로써 비로소 안정적인 측면으로 진입할 수 있는 것이다. 또한 한반도의 군사적 안정은 그동안 남북한이 지속하여온 출혈적 군비경쟁에서 벗어나 군

---

53) 1973년 10월 4차 중동전쟁이후 당시 이집트와 이스라엘은 미국의 적극적인 중재로 1973년 11월에 「6개항의 협정 (The Six-Point Agreement)」를 체결함으로써 양측간에 공식적인 휴전에 합의하였으며 미 국무장관 「키신저」의 제안과 유엔의 협조아래 25년만에 처음으로 구체적인 협상을 시작하였다. 협상 결과 이집트와 이스라엘 양국은 시나이에 배치된 군사력을 분리 내지 이격 배치하는 데 합의하였으며 1974년 1월 18일 제 1차 시나이 협정을 체결하는데 성공하였다. 제 1차 시나이 협정의 성실한 이행으로 양국간 군사력이 성공적으로 분리되고 양측간에 신뢰가 조성되자 1975년 제 2차 시나이 협정을 거쳐 1979년 3월 26일 이집트와 이스라엘은 30년간 지속된 분쟁의 종식을 위해 평화조약을 체결함으로써 양국은 평화를 달성할 수 있었다. 제성호, "비무장지대와 군사적 신뢰구축: 시나이 I 과 II를 중심으로", 「국제법학회논총」, 제 41권 2호 (1996), pp. 217~233 참조.

54) 곽태환 외, 「한반도 평화체제의 모색」 p. 107.

비통제나 군축의 기반을 조성할 수 있는 군사적 신뢰조치를 통하여 달성될 수 있을 것이다. 실제로 남북한간의 군비제한 및 감축, 우발적 무력충돌 방지 등을 위한 군비통제협상이 진전되지 못하고 있는 가장 큰 이유가 바로 남북한간의 전반적인 차원에서 신뢰구축이 이루어지지 못하고 있기 때문이며, 그것의 보다 근본적인 이유는 '방안의 빈곤'때문이 아니라 실천하려는 '정치적 의지의 빈곤'에 기인하고 있는 것이다.[55] 따라서 남북한 지도부의 정치적 의지와 더불어 정치·군사적인 신뢰구축이 한반도의 군사적 안정기반 조성에 필수적인 것으로 보아야 한다.

그런데 신뢰구축에 관한 역사적 경험에 비춰 볼 때 유럽이나 미·소 양국의 경우에는 정치적 화해와 신뢰구축이 군사적 신뢰구축을 선도하는 것이라고 나타났다.[56] 그러나 시나이 협정의 경우에서는 이집트와 이스라엘간의 군사적 신뢰조치가 양국간에 전반적인 신뢰 관계를 구축하는데 결정적인 역할을 하였다고 볼 수 있다.[57] 이것은 정치적 신뢰구축후 군사적 신뢰구축이라는 단계적 발전이 순리적이기는 하지만, 때로는 인접하고 있는 분쟁 당사국간에는 군사적 신뢰구축을 통하여 양국간에 전반적인 평화관계를 구축할 수

---

55) 남북한간의 군비통제협상이 진전되지 못하고 있는 것은 다음과 같은 이유 때문인 것으로 분석된다. 첫째, 남북한간에 전반적인 차원에서의 신뢰구축이 이루어지지 못하고 있다. 둘째, 남북한간 군비통제에 대해 상이한 목표인식과 접근방식이 장애요인으로 작용하고 있다. 셋째, 남북한간의 군사적 비대칭성이 제약요인이 되고 있다. 넷째, 남북한간 주한미군의 주둔에 대한 심각한 입장대립이다. 다섯째, 한국 정부의 군비통제정책상의 문제로서 남북한 군비통제와 국제 및 지역차원 군비통제와의 연계가 결여되어 있다는 것이다. 박영규, "한반도 군비통제의 재조명: 문제점과 개선방향", pp. 7~9 참조.

56) 곽태환 외, 「한반도 평화체제의 모색」 p. 99.

57) 제성호, "비무장지대의 군사적 신뢰구축: 시나이I과 II를 중심으로", pp. 217~226 참조.

도 있다는 것을 의미한다. 이러한 측면에서 볼 때, 남북한 군사신뢰
조치가 한반도의 군사적 안정기반 조성에 필수적이라고 보아야 할
것이다.

접경지역에 있어서의 공동관광개발이나 공동농업개발, 대규모 합
작공단설치, 도로 및 철도 연결 등의 주요 남북협력사업의 경우에
비추어 보아도 남북한간의 군사적 신뢰구축에 따른 남북한간의 군
사적 대치상태를 완화하지 않고서는 불가능한 것이 사실이다. 접경
지역에 있어서의 남북한 군사신뢰조치가 반드시 필요할 뿐만 아니
라, 역으로 접경지역의 공동개발을 통하여 남북한간에 상호공동이
익을 개발함으로써 접경지역의 군사적 대치상태를 완화시키는 군사
적 신뢰를 촉진시킬 수 있다는 측면에서 접경지역의 평화적 이용과
남북한 군사적 신뢰조치는 밀접한 상호관련성을 갖는다고 볼 수 있
다.[58]

남북한간의 진정한 의미에서의 화해와 협력 그리고 공존과 공영
의 문제는 아직까지 미해결의 과제로 남아있다. 그것은 다른 의미
로 표현하자면 아직도 남북한간에는 기본적인 신뢰조치에 대한 노
력이 필요한 시기이며 남북한 양측이 현실적으로 선택할 수 밖에
없는 상호체제의 인정과, 공존과 공영을 위하여 진지한 대화를 가
져야 한다는 것이다. 지금도 남북한간에 군사적 신뢰조치의 필요성
은 누구나 인정하고 있지만 그것이 왜? 무엇을 위하여 그것이 정말
필요한가에 대하여 살펴보고, 우리의 입장을 다시 한번 정리하여
볼 필요가 있는 것은 그 만큼 그것이 우리에게 중요하기 때문이다.

---

58) 남북예멘은 접경지역의 유전을 공동개발하기 위하여 수십년에 걸친 군사적 갈
   등과 대결상태를 중지하고 접경지역의 비무장지대화와 석유의 공동개발을 추
   진하였으며 이러한 과정을 통하여 통일을 달성하였다. 김국신, 「예멘 통합사
   례연구」 (서울: 민족통일연구원, 1993), pp. 81~83 참조.

남북한의 군사적 신뢰구축은 한반도의 진정한 평화를 위하여 반드시 넘어야 할 과정이며 진실로 우리의 온갖 지혜와 열정을 쏟아야 하는, 필요한 과제임을 재인식해 볼 가치가 있기 때문이다.

라. 접경지역의 평화적 이용과 군사적 신뢰구축의 상호관련성

일반적으로 어떠한 사물들이나 사안들이 상호 밀접한 상호관련성을 갖고 있을 때 우리는 흔히 '수레의 두 바퀴와 같은 관계'로 비유하기도 한다. 이러한 측면에서 볼 때 평화적 이용과 군사적 신뢰구축조치는 이러한 관계에 있다고 설명할 수 있을까? 남북한 접경지역의 평화적 이용과 군사적 신뢰구축조치의 상호관계는 서로간에 상당한 상호관련성을 갖고 있다고 볼 수 있다면 그것은 남북한 접경지역의 독특한 상황과 정치, 경제, 군사 전략적 가치 속에서 그 해답을 찾을 수 있을 것이다.

첫째, 접경지역은 그 독특한 군사적 대치상황과 남북의 공동이익과 공존공영을 추구할 수 있는 잠재적 가치의 내재성이라는 측면에서 접경지역의 평화적 이용과 군사력 신뢰구축조치는 밀접한 상호관련성을 갖고 있는 것이다. 남북의 공동이익과 공존공영의 상호확신이 없이는 군사적 대치상황은 풀어가기 힘들 것이며, 군사적 대치상황의 완화와 조치가 없이는 접경지역의 평화적 이용은 불가능하기 때문이다.

둘째, 접경지역의 정치, 경제, 군사 전략적 가치의 측면에서 접경지역은 너무나 중요한 곳이기 때문에 전면적 대결이 아니면 공존과 공영 이외의 선택은 서로간에 의미가 없는 것이다. 결론적으로 서로간에 결코 일방적으로 양보할 수 없는 매우 중요한 지역이다. 따라서 남북한의 접경지역에 대한 어떠한 정책적 선택도 상호간에 정

치, 경제, 군사 전략적 이익을 추구할 수 있어야 가능하다는 것이
다.[59] 이러한 측면에서 접경지역의 평화적 이용은 남북한 양측의 전
면적 대결의 포기와 신뢰구축에 대한 상호인식의 접근, 그리고 공
존과 공영에 대한 인식의 접근을 의미하는 것이다.

셋째, 접경지역의 평화적 이용과 군사적 신뢰구축조치는 상호간
에 상승작용의 기능을 기대할 수 있는 것이다. 접경지역의 평화적
이용을 통하여 남북한 상호 공동이익을 제시함으로써, 현재 답보상
태에 있는 남북한 군사신뢰구축의 진전에 동력을 제공할 수 있을
것이며, 군사적 신뢰구축의 진전과 더불어 접경지역의 평화적 이용
도 보다 더 진전할 수 있을 것이다. 말하자면 접경지역의 평화적 이
용과 군사적 신뢰구축은 수레의 두 바퀴와 같이 상호 상승작용을
하게 되는 것이다.

---

59) 최초의 '개성공업지구 개발사업'이 진척됨에 따라 판문점에서 개성 사이의 평
   야지대와 주변 산지에 배치되어 있던 북한군 지상군 전력이 대대적으로 이동
   하고 있음이 국방부 및 합참 관계자들을 통해 확인되고 있다. 북한군 6사단,
   64사단, 62포병여단 등이 주둔하고 있던 개성판문점 일대 평야지대에서 개성
   공단 개발사업이 진행됨에 따라 이들 부대가 송악산 이북과 개풍군 일대로 자
   리를 옮겼다는 것이다. 이것은 한마디로 개성은 군사도시로서의 기능을 완전
   히 포기하는 것이다. 개성공단으로 인한 북측 주요전력의 재배치는 향후 이 지
   역의 군사적 긴장을 상당부분 완화시킬 가능성이 있으며 남북의 군사적 신뢰
   구축의 물꼬를 트는 계기가 될 수도 있을 것이다.

제 **3** 장

군사적 신뢰구축 사례

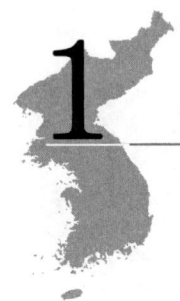

시나이 협정과 군사적 신뢰구축

동서양의 역사 속에 인접세력간 무력충돌을 회피하기 위하여 당사자들간에 비무장지대 또는 중립지대를 설치하거나 전쟁간 또는 전쟁후에 휴전협정 또는 강화조약을 체결하는 과정에서 비무장지대를 설치함으로써 전쟁재발을 방지하거나 완충기능을 수행할 수 있도록 한 사례는 많지만,[1] 접경지역의 평화적 이용과 관련된 군사적

---

1) 비무장지대 또는 중립지대의 대표적 사례로는 ① 1856년 3월 30일 영국, 프랑스, 러시아가 파리회의를 통하여 협정으로 체결한 英·佛을 일방으로 하고 러시아를 다른 일방으로 하는 Aaland도의 비무장화 ② 1907년 8월 31일 영국과 러시아가 체결한 페르시아(이란), 아프가니스탄, 티베트에 관한 영토협정. 이 협정으로 영국과 러시아는 페르시아만의 입구를 포함하는 부분을 중립지대화함으로써 역사적 경쟁자간의 적대원인을 제거하였다. ③ 1917년 12월 15일 독일과 소련간에 체결된 휴전협정은 비무장지대의 휴전실시, 병력이동의 상호금지, 휴전기간 등을 명시한 것 외에도 상호 우호증진을 위해 상호교류센터 설치, 의견 및 신문의 교환 자유, 물품의 교환 및 매매의 자유 등을 보장하였다. ④ 1919년 6월 28일 1차 대전의 결과 체결된 베르사이유 강화 조약은 라인강의 東岸 50㎞ 지대를 비무장화를 규정함으로써 이 지역에서의 요새 설치, 군대주둔, 군대연습 등의 행위를 금지하고 있다. ⑤ 1923년 7월 24일 연합군과 터키군 사이에 체결된 '로잔느 조약'은 터키 영토 내에 두 개의 비무장지대를 설치하였다. 그것은 드레이스 국경으로부터 30㎞에 이르는 지대와 터키 해협 내의 서안지대였다. ⑥ 1947년 대이평화조약 제 40조에 따라 이탈리아·프랑스 국경지대가 비무장화되고 동조약 제 41조에 따라 이탈리아와 유고슬라비아

신뢰구축 사례는 그렇게 흔하지 않다. 이러한 제한된 역사적 사례 속에서도 접경지역의 평화적 이용과 관련하여 우리가 교훈으로 삼을 수 있고, 남북한간의 군사적 신뢰를 구축하고 한반도 평화를 정착시키는 데 있어서 소중한 자료를 찾아낼 수 있는 사례가 있다면, 그것은 1973년 10월 4차 중동전쟁 후 이집트와 이스라엘간 체결된 시나이 협정과 군사적 신뢰구축이 우선적으로 고려될 수 있을 것이다. 이 사례는 비교적 최근의 사례이기도 하지만 한반도의 군사적 긴장완화와 남북한 군사신뢰구축에 시사하는 바가 매우 크기 때문이다.

1. 협정과정과 내용

1973년 10월 이집트군은 지난 「6일 전쟁」[2]시 이스라엘에게 빼앗긴 시나이 반도와 수에즈 운하에 이르는 영토를 되찾기 위하여 기습공격을 실시하였으나 이스라엘군의 극적인 반격으로 결국 실패하고 말았다. 시나이 반도의 전선에서는 이스라엘군과 이집트군이 수에즈 운하를 가운데 두고 서로 대치함으로써 전황은 교착상태에 빠진 채 전쟁은 사실상 종결되었다. 이것이 소위 '10월 전쟁'이라고도 일컬어지는 제4차 중동전쟁이다.[3] 10월 전쟁은 중동에서 평화체제

국경지대가 비무장화된 것 등을 예로 들 수 있다.
이들에 관해서는 제성호, 「한반도 비무장지대론」 (서울: 서울프레스, 1997), pp. 24~30 참조.

2) 「6일 전쟁」은 1967년 아랍과 이스라엘간의 제 3차 중동전쟁으로, 여기서 승리한 이스라엘은 이집트의 시나이 반도로부터 수에즈 운하에 이르는 지역을 점령, 통제하게 되었다. 김희상, 「중동전쟁」 (서울: 전광, 1998), pp. 275~559 참조.

3) 10월 전쟁의 원인은 수십년간 지속된 아랍-이스라엘간의 민족적 갈등과 그 당

구축이라는 차원에서 의미깊은 전쟁이었다. "도대체 전쟁이란 무엇이고, 평화라는 것은 무엇인가?" 하는 근본적인 문제에 대하여 자성적인 생각을 하게 하는 계기를 마련한 전쟁이라고 할 수 있다. 특히 이집트의 대통령 「사다트」(Sadat)는 아랍민족과 이스라엘 민족간의 갈등과 대결을 청산해야 한다는 강한 신념으로 중동의 평화에 적극적인 자세를 가졌고[4] 또한 미국이 아랍–이스라엘간의 분쟁해

시 중동지역에 투영된 미·소 등 강대국들의 복합적인 이해관계가 얽혀 두 당사국간 군사적 긴장관계로 상승작용한데서 발단되었던 것이다. 당시 10월전쟁에서 이집트측은 전쟁초기에 치밀한 전쟁준비와 전술적인 기만에 의해 기습작전을 폈으나, 이스라엘군의 극적 반격작전으로 이집트군의 기습공격을 성공적으로 저지하였으며, 이 때 이집트 군은 제3군(병력 2만명, 전차 300여대)이 수에즈 운하 서부에서 포위당하는 등 전략적 실패를 거듭했다. 결국, 패전을 의식한 이집트측의 요청에 의해 양국은 휴전을 맺게 되었다. 두 당사국간의 휴전 성립과 소련의 영향력 배제에 있어서 당시 미국은 대중동정책의 전기를 마련하였고 닉슨 대통령의 단호한 태도가 결정적인 역할을 하였던 것이다. 비록 당시의 국제정세는 미·소 관계는 데탕트의 시기였으나 미국은 중동에서 평화유지가 자국의 세력증대에 유리하다고 믿고 있었던 것이다. 이러한 미국의 대중동정책이 변화한 저변에는 "중동지역의 평화로 아랍측의 경제발전과 공업화에 주력할 경우 소련제무기 의존도가 약화되는 반면 미국의 자본과 기술지원이 증대될 것"이라는 기대가 작용했다고 볼 수 있다. 남만권·김명진·문광건, "시나이 협정 검증체제 연구", (국방연구원, 1995), p. 34.

4) 1977년 11월 9일 이집트의 사다트 대통령은 이집트 회의에서 다음과 같은 중동 평화를 위한 획기적인 내용의 연설을 함으로써 세상을 놀라게 하였다. "중동의 평화를 위하는 길이라면 나는 지구 끝까지라도 달려 가겠다. …… 우리는 중동평화에 가장 큰 장애요소인 아랍민족과 이스라엘 민족 사이에 깊이 내재되어 있는 심리적인 장벽을 제거해야만 한다. 중동의 평화를 위하여 양측은 우선 서로 양보를 할 줄 알아야 한다." 이러한 사다트 이집트 대통령의 평화체제 구축을 위한 과감한 인식변화와 용기있는 실천력에 대하여 당시 여타 아랍국가들은 맹렬히 비난하였다. 그러나 사다트 대통령은 그들의 비난에도 불구하고 중동의 평화를 위하여 용기있는 행동을 전개하였다. 이러한 사다트의 실천력은 시나이 협정을 성공시켰고 이집트–이스라엘 평화체제를 구축할 수 있었던 것이다. 송대성·이대우, 「평화체제 구축 국제적 경험과 한반도」 (서울: 세종문제연구소, 2000), pp. 33~34 참조.

결에 적극 개입하기 시작함으로써 중동의 평화는 강력한 추진력을 갖게 된 것이다.[5] 당시 아랍-이스라엘간의 수십년 간 지속되어 온 분쟁을 획기적으로 해결하려는 미국의 적극적인 중재로, 1973년 11월 11일 드디어 이집트와 이스라엘은 「6개항의 협정(The Six-Point Agreement)」[6]을 체결하여 양측간에 공식적인 휴전이 성립되었다. 정전협정은 두 적대국 사이의 군사적 관계를 안정시키는 역할을 하였으며, 이러한 군사적 안정을 확실히 보장하기 위해 유엔비상군(United Nations Emergency Force: UNEF-Ⅱ)이 편성 운용되었다.[7]

또한 「헨리 키신저」 미 국무장관은 점령지역으로부터 이스라엘군을 점진적으로 철수시키는 방안을 이스라엘에 제시하고 수용을 촉구하였으며, 이러한 「키신저」의 제안과 유엔의 협조 아래 25년만에 처음으로 대면한 이집트 및 이스라엘 직업장교들은 양쪽 군대의 이

---

5) 10월전쟁의 종전과정과 당시 미국의 키신저 국무장관의 중동평화구축에 대해서는 Henry Kissinger, *Years of Upheaval* (Boston: Little Brown, 1982), 참조.

6) Ruth Lapidoth & Moshe Hirsch, eds., *The Arab-Israel Conflict and Its Resolution: Selected Documents* (London: Martinus Nijhoff Publishers, 1992), p. 148 참조.

7) 1973년 10월 25일 유엔 안보이사회 결의에 의거하여 시나이 반도에 파견된 유엔비상군(UNEF-Ⅱ) 임무는 ① 정전의 감시 ② 1973년 10월 22일의 전선으로부터 이집트 및 이스라엘 군대의 철수 확인 ③ 양국 군대간의 무력충돌 및 전투재개 방지 ④ 카이로-수에즈 공로의 통제 ⑤ 포위된 이집트 제3군에 대한 보급물자가 비전투용인가 여부를 이스라엘과 함께 검증하는 임무 ⑥ 인도적 사업과 관련하여 적십자 국제위원회와의 협력 ⑦ 이집트와 이스라엘간의 군사력 이격협상의 의장직 수행 등이었다. 제성호, "비무장지대와 군사적 신뢰구축: 시나이 협정 I와 II를 중심으로", 「국제법학회 논총」, 제 41권 2호(1996), pp. 219~220 참조.

격에 관해 구체적인 협상을 시작했다. 이것이 일명 「Kilometer 101」 협상이다. 본 협상에서 「키신저」는 '이스라엘군의 광범위한 철수' 대신에 우선 「6일 전쟁」 당시 '정전선으로의 복귀'를 의제에 포함시키도록 「사다트」대통령을 설득함으로써 외교적인 기량을 발휘하였다.[8] 협상 결과 이집트와 이스라엘 양국은 시나이에 배치된 군사력을 분리 내지 이격배치시키기로 합의하고 제1차 시나이 분리협정을 1974년 1월 18일 체결하였다.

가. 시나이 - Ⅰ 협정 (1974 ~ 1976)

제 1차 시나이 분리협정(Agreement on Disengagement of Forces)에 서명함으로써 이집트와 이스라엘은 상호간에 모든 군사적 적대행위를 중지하고 시나이 반도에 배치된 양측 군사력을 협정에 명시한 원칙에 따라 군사력 분리배치를 실시했다. 시나이 - Ⅰ협정의 핵심은 이집트와 이스라엘 군 양측이 유엔비상군의 통제하에 있는 비무장 완충지대로 시나이 주둔군을 이격, 재배치하는데 있었으며 이로써 이집트와 이스라엘간에 ① 기습공격 억제, ② 우발적인 전쟁발발 가능성 감소, ③ 조기경보를 위한 시간 확보 등을 위한 일련의 조치가 제도화되게 되었다. 이러한 목적을 위해 이스라엘 측이 수에즈 운하로부터 약 20㎞ 철수하고, 양측간에 비무장 완충지대와 함께 동 완충지대의 양측에 병력배치제한지대 (Limited Force Zones)를 설치하였다.[9]

구체적으로 말하면 양국은 수에즈 운하 동쪽 18마일 지역을 3등분하여, 가운데 지역을 비무장 완충지대로 하고, 양측에 각각 병력

---

8) 남만권·김명진·문광건, "시나이 협정 검정체제 연구", p. 35.

9) 제성호 "비무장지대와 군사적 신뢰구축: 시나이 협정 Ⅰ과 Ⅱ를 중심으로", p. 219.

〈그림 3 - 1〉 제 1차 시나이 협정에 의한 군사력 분리

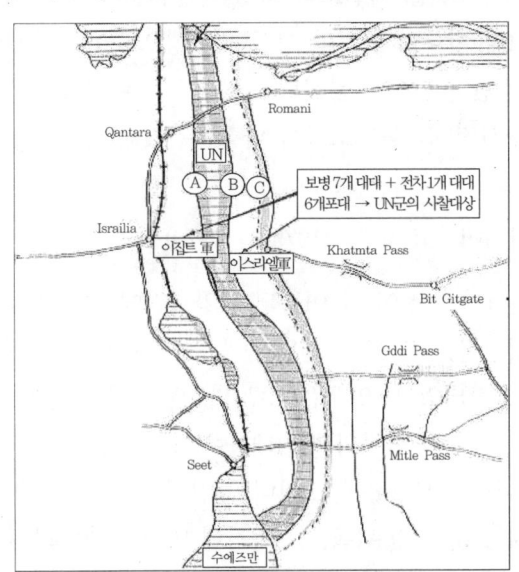

1. 수에즈운하가 평행한 18마일의 운하 동측지역을 3등
   분하여 이집트, UN, 이스라엘군에 6마일 부여

2. 완충지대, 동서 30km 이내 SAM 배치금지
   ·출처: 김희상, 「중동전쟁」 p. 837, 그림 5-16 : 시나이
   분리협정

배치제한지대를 설정하였다. 양측의 병력배치제한지대에는 이집트
와 이스라엘이 동수의 경계병력, 즉 보병 7개 대대, 전차 1개 대대
(30대), 포병 6개 포대 (36문)로 제한하였고, 완충지대로부터 각각
30km이내에는 SAM의 배치를 금지시켰다. 또한 비무장 완충지대에
는 유엔비상군(UNEF-II) 6,000명이 주둔하여 협정의 이행을 감시
하였다. 양측의 병력배치제한지대는 유엔비상군의 사찰대상으로 지
정되었고, 이집트 및 이스라엘 공군은 상대방의 방해없이 각측 병
력배치제한선까지 비행할 수 있도록 하였다. 미국은 항공기를 통한

공중감시로써 유엔을 지원토록 하였다. 이집트와 이스라엘 양측은 이러한 제 1차 시나이 협정의 성실한 이행으로 1974년부터 1976년까지 시나이 반도에서의 군사력을 성공적으로 분리시킬 수 있었고 상호간에 군사적 신뢰를 조성해 나갈 수 있었다.[10]

나. 시나이 - II 협정 (1975 ~ 1979)

제 1차 시나이 협정이 잘 이행되고 양측간에 신뢰가 조성됨에 따라 다시 「키신저」 미 국무장관의 중재로 다시 이집트와 이스라엘간에 교섭이 시작되었고, 양국은 1975년 9월 4일 시나이 - II 협정에 서명하였다.[11] 이 협정의 핵심내용은 ① 시나이 완충지대의 기디(Giddi)와 미트라(Mitla) 통로지대의 감시 ② 이집트 및 이스라엘 양측의 감시소 운영 및 감독, ③ 협정에 명시된 지역의 공중정찰 임무수행 등이었다. 먼저 이스라엘은 이 협정에서 이집트와 이스라엘 양측에 의한 자체검증과 더불어, 미국과 유엔이 제 3자적인 입장에서 공동으로 감시체계를 가동하여 이스라엘에 대해 전술적 경보를 제공하는 것을 보증해 주는 대가로 전략적인 요충지인 「기디」, 「미트라」 통로지대로부터 철수하는 데 동의하였다.[12]

---

10) 위의 책, p. 219.

11) Lapidoth and Hirsch, *op. cit.*, pp. 161~163 참조.

12) 시나이-II 협정 이행을 검증하기 위해 미국은 조기경보체제, 2개의 국가감시소, 항공정찰 등 다중검증체제를 운영 관리할 책임이 부과되었다. 이를 위해 미국은 다양한 탐지능력을 갖고 있는 자동 감지센서들을 시나이 협정의 감시에 사용하였다. 특히 조기 정보체제 운영에는 첨단기술을 사용하여 소요인력을 절감하는 방안을 모색하였고, 이스라엘 및 이집트는 각각 1개소의 국가감시소 (National Surveillance Station: NSS)를 기디(Gidi) 통로의 양단에 설치 운영하였다. 남만권·김명진·문광건, "시나이협정 검증체제연구", pp. 46~58 참조.

또한 이집트와 이스라엘은 1975년 9월 4일에 체결한 제2차 군사력 분리협정에 의거 지상·해상·공중에서의 정전상태를 유지하고, 상대방에 대해 일체의 위협을 가하거나 군사적 대비행위를 하지 않을 것을 약속하는 한편, 완충지대를 중심으로 양측의 군사력을 재배치하였다. 양측은 협정에 정한 원칙에 따라, 약 30 ~ 50km 폭의 완충지대를 중심으로 서쪽으로 약 30km 지역을 이집트측 배치제한지대로, 동쪽으로 약 10 ~ 20km 지역은 이스라엘측 배치제한지대로 각각 설정하였고,[13] 완충지대는 계속해서 유엔비상군이 감시·통제를 담당하도록 하였는 바, 두 당사국의 군사 실무회의에서 마련한 군사력 배치 원칙은 다음과 같다.

〈그림 3 - 2〉 제 2차 시나이 협정 군사력 분리 원칙

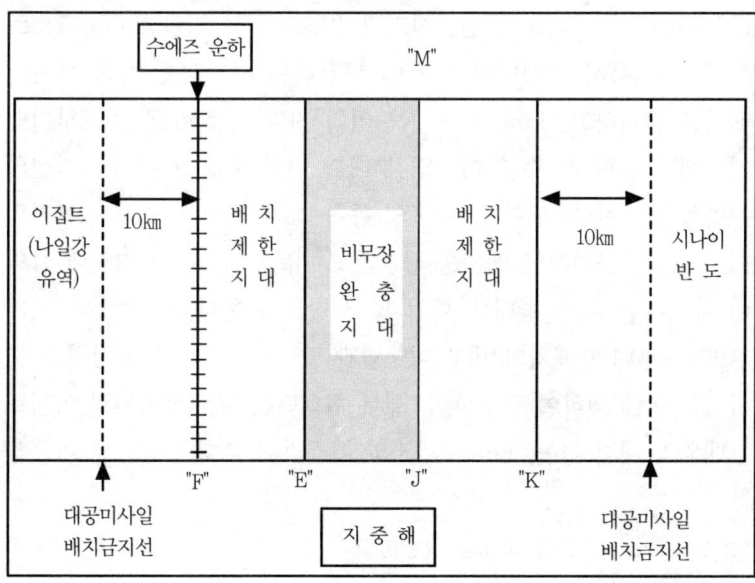

---

13) 제성호, "비무장지대와 군사적 신뢰구축: 시나이협정I와 II를 중심으로", p. 221.

우선, 모든 이스라엘 군은 Line J 및 M으로 지정된 선의 동쪽에 배치하고, 모든 이집트 군은 Line E의 서쪽에 배치하며, Line E와 F로 지정된 두 선사이의 지역과 Line J와 K로 지정된 두 선 사이의 지역에는 무기 및 부대의 배치를 제한한다. Line E와 J로 지정된 두 선 사이의 지역은 비무장 완충지대로 지정하며 이 지대에는 유엔비상군(UNEF)를 배치하고 비무장 완충지대의 운영은 유엔비상군(UNEF)이 수립된 절차에 따라 통제한다. 각 당사국의 항공기는 각 당사국의 전방 Line까지 자유로운 비행이 허락되며, 각 당사국의 정찰기는 합의된 계획표에 따라 Line E ~ J사이의 완충지대 중간선까지 비행이 가능하다. 또한 Line E ~ J사이의 완충지대는 미국의 민간요원에게 위임된 조기경보체제를 설치·운영한다.[14] 부대 및 무기의 배치제한은 8개 보병대대, 전차 75대, 화포 60문 (구경 120mm 이상 박격포 포함, 사거리 12㎞ 이하) 병력 8,000명으로 한정한다. 특히 상대방의 Line에 도달하는 사거리를 가진 무기의 배치를 금지하고, Line J ~ K사이의 지역과 Line F ~ E사이의 지역에는 합의 전 수준 이상의 부대를 위한 축성 또는 군사시설의 구축을 금지한다. 또한 Line K의 동쪽, Line F의 서쪽 10㎞까지의 지역에는 대공미사일 배치를 금지하고, 유엔 비상군이 지역내 합의된 배치제한 유지 상태를 확인 및 사찰토록 한다.[15]

또한, 부대 재배치의 세부 이행결과 및 시간, 기타 조정사항은 군사 실무단에 의하여 결정하며, 실무 협의단은 Line E까지의 이집트 부대의 단계별 이동, Line J까지의 이스라엘 부대의 단계별 이동을

---

14) Lapidoth and Hirsch, *op. cit.*, p. 162.

15) Agreement between Egypt and Israel (concerning the Sinai and the settlement of the dispute) 4 September 1975, Annex to Egypt – Israel Agreement, Article 5: Limitation of Forces and Armanents 참조.

포함한 제반 부대재배치의 단계별 과정을 결정한다. 세부 작업단계
는 군사 실무단에서 의정서 서명후 2주 이내에 개시하고, 개시 후
8주 이내에 수립하며 부대 재배치의 이행은 의정서 서명 후 5개월
이내에 완료한다는 것이다.[16] 이집트와 이스라엘 양측은 이러한 원
칙에 따라 군사력 분리를 실시하고, 유엔 비상군 요원은 배치제한
지대의 군사력 유지상태를 주기적으로 확인·사찰함으로써 1975년
부터 1979년까지의 기간 동안 제 2차 시나이 협정에 의한 군사력
분리가 성공할 수 있었다.

다. 평화 조약의 체결 (1979 ~ 1982)

제 1차 및 제 2차 시나이 협정에 따른 군사적 분리가 성공적으로
이루어지고 시나이 반도의 비무장화와 군사적 신뢰가 조성됨으로써
1979년 3월 26일 이집트와 이스라엘은 30년간 지속된 분쟁의 종식
을 위해 평화조약(Treaty of Peace between the Arab Republic
of Egypt and the State of Israel)을 체결하였다. 평화조약의 주
요내용을 보면 ① 조약의 비준서 교환과 동시에 양 당사국간의 전
쟁상태는 종결되고 평화상태가 형성되며 정상적이고 우호적인 관계
를 수립한다. ② 상호주의를 기초로 한 쌍방 당사국의 최대한의 안
전을 보장하기 위하여 이집트와 이스라엘 영내의 배치제한지대,
UN군 및 감시단 등 합의한 안전보장조치를 실시한다. ③ 군사부속
의정서에 규정된 지역에 UN 파견단 주둔을 합의하며, 양 당사국은
UN 파견단의 철수를 요구하지 않는다. UN 파견단은 안전보장이사
회 5개 상임이사국의 찬성투표에 의해 승인되고 양 당사국이 별도
로 합의하지 않는 한 퇴거할 수 없다는 데 동의한다. ④ 본 조약의

---

16) *Ibid.*, Article 6: Process of Implementations 참조.

이행을 용이하게 하기 위하여 공동위원회가 설치된다는 것이다.[17]

이 평화조약에 의거하여 동 조약이 체결된 날인 1979년 3월 16일에 이집트·이스라엘 평화조약에 대한 제 1부속 의정서 (Annex - I to the Egyptian - Israeli Peace Treaty), 즉 이스라엘의 철수와 안전보장 조치에 관한 의정서가 함께 채택되었다. 본 의정서 I의 제 2조에는 양국군의 최종철수 후 군사력 배치면에서 배치제한 지대인 A지대, B지대, C지대 및 D지대의 4지역을 명시하였으며, A지대에는 이집트군 기계화보병 1개 사단, B지대에는 이집트 4개 국경 경비대대(경무장), C지대에는 유엔평화유지군과 경무장한 이집트 민간경찰, D지대에는 이스라엘의 4개 보병대대와 유엔감시단이 배치될 것을 규정하였다.[18] 또한 동 부속의정서 I의 부록 제 5조에는 중간완충지대(비무장지대에 해당함)를 설치하고, 국경선 통과는 지정된 입국검문소의 통제하에 두도록 하였다.[19]

이와 더불어, 공중 체제는 이집트 및 이스라엘의 전투 및 정찰기의 비행활동은 지대 A와 D에서만 각각 가능하고 각각 배치 주둔이 가능하도록 하였고, 지대 B에는 이집트의 비무장 수송기(8대 이하)만 이착륙 가능하고 이집트 국경수비대는 비무장헬기를 보유가능하도록 하였다. 또한 이집트 민간경찰은 지대 C에서 경찰기능 수행을

---

17) John Norton Moore (ed.), *The Arab - Israeli Conflict, Volume IV: The Difficult Search For Peace 1975 ~ 1988* (Princeton: Princeton Univ. Press, 1991) pp. 347~351.

18) 기계화 보병사단의 주요구성은 다음과 같다. ① 3개 기계화보병여단, ② 1개 기갑여단, ③ 126문 이하의 화포를 장비한 7개 야전포병대대, ④ 개인용 지대공 미사일 및 구경 37mm 이상의 대공포 126문 이하를 장비한 7개 대공포대대, ⑤ 230대 이하의 전차, ⑥ 480대 이하의 각종병력 수송용 장갑차량, ⑦ 합계 2만 2천명 이하의 병력이다. Lapidoth and Hirsch, *op. cit.*, pp. 223~224.

19) *Ibid.*, pp. 224~225.

위해 비무장 헬기를 보유가능토록 하고, 배치제한지대에는 민간 비
행장만 건설 가능토록 하였다. 해군 체제는 이집트 및 이스라엘은
각각 A, D 연안에 해군기지 설치 및 함정 운용이 가능하도록 하였
고, 이집트 해안경비정은 국경수비대 지원을 위해 지대 B 영해에
주둔하고 작전을 할 수 있도록 하였다. 이집트 민간경찰의 경무장
소형 주정은 지대 C 영해내에서 정찰기능을 수행토록 하였으며, 상
대방 함정의 무해통항권 저해금지를 규정화하였다.[20]

〈그림 3 - 3〉 평화조약에 의한 군사력 배치제한

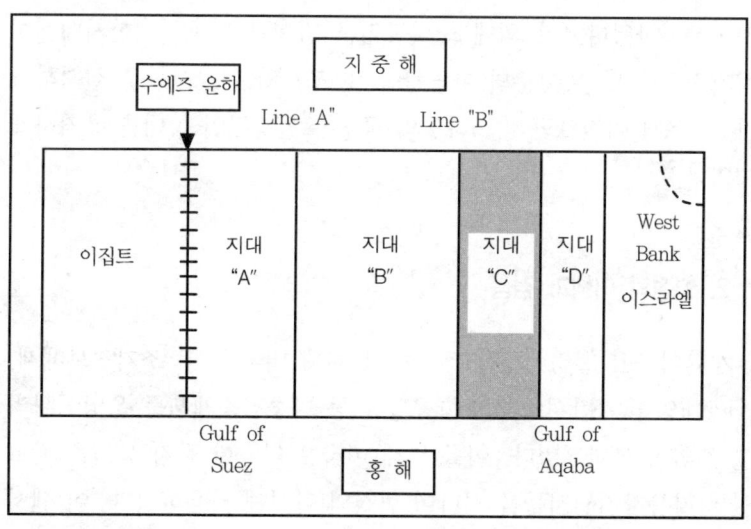

라. 비무장화 감시 및 평화유지 활동

이스라엘군이 동부로의 철수를 완료하고 양국 간의 관계가 증진
되면서 「기디/미트라」 통로지대에 대한 집중적인 감시는 불필요하

---

20) *Ibid.*

게 되었으므로 유엔비상군의 활동은 1980년 1월 종료되고, 그 대신 미국 소속의 시나이 야전단 (SFM)이 이 지역에 대한 감시활동을 승계하여 1980년 2월부터 1982년 4월까지 이스라엘군 활동을 감시하는 임무를 수행하였다. 시나이 야전단의 해체 후에는 다국적군 감시단 (The Multinational Force and Observers: MFO)이 구성되어 시나이 반도에서의 평화유지 및 감시기능을 수행하였고,[21] 이와 함께 군사공동위원회 (A Military Joint Commission)가 설치되었다. 당시 다국적군 감시단은 이집트와 이스라엘에 연락사무소를 설치·운영하였으며 2,500명으로 구성된 다국적군은 관측소를 유지·운영하였다. 이 외에도 다국적군 감시단은 배치제한지대에서 정기적으로 낮은 수준의 항공관측 및 조사와 현장사찰을 실시하였다. 이로서 이집트와 이스라엘의 국경은 안정적인 상태를 유지하게 되었다.[22]

2. 협정의 이행과 검증

시나이 -II 협정이행을 검증하기 위해 미국은 ① 조기경보체제, ② 2개의 국가감시소, ③ 항공정찰 등 다중검증체제를 운영·관리할 책임이 부과되었다. 이를 위해 미국은 다양한 탐지 능력을 갖고 있는 자동감지센서들을 시나이 협정의 감시에 사용하였다. 이 센서들은 지진파, 음향, 적외선, 자기 및 전자기, 압력, 전기 및 응력변

21) 다국적군 감시단(MFO)의 최초구성시 미국은 1개보병대대, 1개 군수지원부대, 1개 민간참관단을 파견하였고 시나이 지원단(Sinai Support Mission: SSM, 75. 11 ~ 82. 9)은 MFO에게 기술 및 조직분야 자문을 제공하였다. 남만권·김명진·문광건, "사나이협정 검증체제연구", p. 39.

22) 제성호, "비무장지대와 군사적 신뢰구축: 시나이협정I와 II를 중심으로", pp. 225~226 참조.

형 등의 탐지원리를 이용한 SSCS(Strain Sensitive Cable Sensor: 응력감응케이블센서), PIRCS(Passive Infra-Red Confirming Scanner: 수동형적외선확인스캐너), DIRID(Directionial Infra-Red Intrusion Detectors: 지향성적외선침입탐지기), MINISID Ⅲ(Miniature Intrusion Seismic Detectors: 소형지진파침입탐지기), AAU (Acoustic Add-On Units: 음향부가장치) 등을 사용하였다.[23] 이러한 감시장비로 설치된 무인 센서지대는 개별적인 센서로부터 무전주파수를 자동적으로 수신하고 해독하여 감시초소에 자료들을 중개하였으며 침입자의 최종식별은 시각보조기구를 사용하여 감시초소에서 수행하였다. 조기경보체제 운영에는 첨단기술을 사용하여 소요 인력을 절감하는 방안을 모색하였다. 여기에는 ① 중앙 탐지 및 식별을 위한 순찰, ② 원격 영상장치에 의한 중앙 탐지 및 식별, ③ 무인센서를 레이더로 대체, ④ 중앙레이더 탐색 및 원격영상화 방법 등이 사용되었다. 이러한 조기경보체제는 1978년경 지상 물체 탐지에는 원격조종 TV카메라로 보강하고 항공기 접근 탐지에는 광학 및 전자광학장비를 갖춘 관망대를 각 감시초소 옥상에 설치하였다.

---

23) SSCS는 수백미터 길이의 소형 동축 케이블로서, 지하에 매설하여 인원/차량의 횡단을 기록하는 보이지 않는 전자장 울타리 역할을 하는 것이며, PIRCS는 탐색지역으로 들어오는 침입자를 탐지하는 것으로 스캐너에 의해 출력된 적외선 사진은 인원과 차량을 식별 및 계수하고 방향과 속도를 감지하는 것이다. DIRID는 침입자와 주위 배경사이의 온도차를 감지하기 위해 설치된 수동형 광학장치로서 침입자의 존재를 확인하고 이동방향을 판독하는 것이며, MINISID Ⅲ는 인원이나 차량 이동시 발생하는 지상진동을 탐지하기 위해 사용되며 모래땅에서는 차량은 500m, 인원은 50m 내에서 탐지 가능하였다. AAU는 MINISID Ⅲ와 연결되어 사용하며 이 장치는 센서지대내에서 음향을 탐지하여 감시초소로 보내는 보조장치로서 MISID가 침입 탐지시 AAU가 동작되어 탐지물을 식별하기 위해 음향을 감시초소 운용요원에게 전달하는 기능을 하였다. 남만권·김명진·문광건, "시나이협정 검증체제연구", pp. 49~50 참조.

〈표3 - 1〉 시나이 협정 내용 및 검증체제 요약

구 분	시나이 - I 협정(74.1~75.9)	시나이 - II 협정(75.9~79.3)
I. 지상감시	- 완전 비무장 완충지대 설정 - 군사력 배치제한지대 설정	- 완전 비무장 완충지대 설정 - 군사력 배치제한지대 설정 - 당사국은 국가 감시소 설치
① 당사자	- UNEF에 연락장교 배치	- 전략적 조기경보 확보 위해 국가감시소 운영
② 제3국		- 완충지대에 UNEF 주둔 - SFM은 국가감시소 운영상태를 감독 - 완충지대내 미국의 조기경보체제 (3개 유인감시초소, 4개 무인센서 지대 운용
II. 공중감시	- 공중 정찰/감시 규정 없음	- 공중 정찰/감시제도 도입
① 당사자	- 완충지대 / 제한구역에서의 공중정찰 규정은 없음, 각자의 최전방까지 비행 허용	- 완충지대 중간까지 합의된 일정에 따라 공중정찰비행 허용
② 제3국	- 협정상 공식적 역할 없음	- 7~10일에 1회 또는 합의일정에 따라 공중정찰비행 허용
III. 협의기구	- 유엔의 중재하에 양 당사국 대표 회합 운영	- 양 당사국간 공동협의단 설치/ 운영

· 출처: 남만권 · 김명진 · 문광건, "시나이협정 검증체제연구", p. 60.

또한 이스라엘 및 이집트는 각각 1개소의 국가감시소(National Surveillance Station: NSS)를 기디(Gidi) 통로의 양단에 설치·운영하였다. 여기에는 250명 이내의 요원이 육안 및 전자감시의 일부를 수행하였다. 한편 미국은 매 7~10일마다 1회씩 혹은 이스라엘·이집트·UNEF의 특별 요청시 항공정찰임무를 수행하여 그 결과를 이집트 및 이스라엘 측에 각각 제공하였으며 이집트-이스라엘 양측은 완충지대의 경계선까지 정찰기를 임의로 비행시켜 항공정찰을 실시하였다. 이 때 양측은 합의된 비행계획에 따라서는 완충지대의 중간선까지도 비행이 허용되었다. 한편 UNEF도 핵심적인 신뢰구축 및 검증의 역할을 수행하였다. 즉 완충지대내에서 UNEF 관리는 모든 검문소 및 관측소에 배치되어 모든 접근로를 통제하였으며, 지대내에서 이동하는 이스라엘-이집트 및 SFM 요원들에 대한 호송을 제공하고 병력·장비의 배치제한지대내에 대한 사찰 임무도 실시하였다.

시나이 검증체제중 조기경보 요소는 1976년 2월부터 1980년 1월까지 4년간 운용되었다. 이 기간중 총 90건의 위규가 보고되었는데, 대부분의 경우 모든 위규가 검증체제의 효율적인 보고 및 자문체제의 도움으로 용이하게 탐지, 확인 및 교정될 수 있는 사소한 사건으로 간주되었다. 이와 같이, 당사국들의 협정위반이 지극히 낮았던 배경에는 바로 검증체제의 성공적인 운용이 작용되었다고 볼 수 있으며, 결국 성공적인 검증체제가 시나이 협정의 완전한 이행을 보장한 것으로 분석되었다. 기타 모호한 상황을 해결하기 위해 구성된 이집트-이스라엘 공동협의단 (Joint Commission)도 시나이의 새로운 안보질서에 대한 신뢰를 크게 제고시키는데 기여하였다.

3. 협정의 성공요인 및 교훈

협정의 성공요인은 정치적인 측면에서 볼 때 이집트와 이스라엘 양측은 1973년 10월 전쟁이후 장기간의 전쟁에서 오는 무위감과 회의 속에서 전쟁의 회피와 평화의 건설을 원하게 되었고 양측의 정치적 지도자들은 전쟁의 지속으로 인한 경제적 부담과 정치적 리더쉽의 손상을 우려하여 중동의 평화를 적극 추진하게 되었을 뿐만 아니라, 미국이라는 강대국이 제 3자적 입장에서 적극 중재에 임하게 됨으로서 시나이 협정이 성공할 수 있었던 것이다. 또한 군사력 분리의 전 과정에서 상호 호혜적인 입장에 임하면서 단계적 접근방법을 선택함으로써 상호신뢰를 점진적으로 증진해 나갈 수 있었던 것이다. 양측은 이러한 협상과정을 통해 비무장 완충지대의 설치와 군사력 배치제한조치가 양국의 안보증진에 유용하다는 것을 인식하게 되었고, 새로운 협정을 통해 계속 보완 발전시켜 나갈 수 있었던 것이다.

또한 협정의 이행과정에서의 감시 및 검증체제의 성공적인 운용이 협정의 주요 성공요인이 되었다고 볼 수 있다. 특히 미국이 협정과정의 이행과정에서 보여주었던 기술적, 재정적 지원은 시나이 협정의 성공에 크게 공헌하였고 감시 및 검증체제 측면에서 시나이 야전단(SFM), 유엔 비상군(UNEF), 이스라엘 및 이집트, 미국의 감시 및 검증기능이 상호 연계방식으로 설계됨으로써 각 감시 검증요소가 규정된 책임과 역할을 효과적으로 수행할 수 있었다. 또한 미국과 같은 제 3자의 역할이 협정의 준수와 위기관리에 효과적이라는 것을 신뢰하였던 점과 양측의 군과 정치지도자들이 제 3자의 검증조치가 국가안보를 훼손할 것으로 믿지 않았던 것도 협정 성공의 주요 요인이었다. 즉 군 지휘관들은 검증체제와 연관된 투명성 조치가 적대국에게 유리한 첩보문제를 야기할 것으로 생각하지 않았으며, 검증체제가 그들의 주권을 손상할 것으로 생각하지 않았다. 특히 지상 및 공중의 상호 보완적인 다중검증방식은 전체 검증체제의 효율성을 제고시켰고 기술집약적이고 창의적인 검증기술은 최소의 인원으로 신뢰성있는 검증임무의 수행을 가능하게 하였던 것이다.[24]

 이와 더불어 시나이 반도의 지리적 환경은 군사력 분리와 감시 및 검증의 성공적인 수행에 크게 기여하였다고 볼 수 있다. 인구밀도가 희박하고 구조가 단순한 사막지형은 감시 및 검증에 있어서 유리한 여건을 조성하였다. 특히 시나이 반도의 지형 및 기후조건은 첨단 감시장비의 운용에 장애를 주지 않았기 때문에 성공적인 감시 및 검증이 가능하였다고 볼 수 있다. 시나이 반도는 척박한 사막지대라는 자연환경적 특성으로 주민은 거의 살지 못하거나 경제적 가치도 적어 이집트와 이스라엘 입장에서 볼 때 상대측의 기습공격을 사전에 저지하기 위한 군사요충지로서 역할만 하고 있다. 지리-지형적 특성과 기후의 영향은 시나이 반도에서 이집트와 이스라엘의 군사력을 완충지대와 배치제한구역에 의해 상호 분리하고 이를 검증하는데 있어 다음과 같은 유리한 환경적 요인이 됨으로써 시나이-검증모델이 성공적으로 적용될 수 있었다.

 첫째, 바위산 및 모래언덕에 의한 구릉지대는 이집트와 이스라엘에게 상호 군사력의 접촉을 어렵게 함으로써 결과적으로 군사적 충돌을 억제해 주는 자연장애물이 되었으며, 광활한 사막지대는 기만이나 은폐활동을 어렵게 하면서 동시에 항공정찰과 현장사찰을 원

---

24) 시나이 검증체제의 운용은 기술집약적이고 창의적이였다. 즉 효율성을 희생하지 않으면서 최소한의 인원으로 운용하기 위해, 시나이 야전단(SFM) - 최대 허용인원 200명 - 은 정교한 단거리 및 원격 감지기술의 운용능력을 갖추었다. 신뢰싱이 높은 기술을 운용하여 싱당한 규모의 순찰대가 필요한 국경신이나 지역을 감시시설에서 이를 감시할 요원 1명만 배치시킬 수 있었으며, 위반사항이 탐지되었을 때는 현장조사를 위해 소규모의 반응부대를 파견하였다. 또한 검증체제는 새로운 협정의 요구사항을 반영하도록 임무를 수정할 수 있을 정도로 융통성이 있었다. 이러한 융통성은 시나이 야전단(SFM)이 기존의 작전을 지속하면서 이스라엘 - 이집트 평화조약에 의해 부과된 새로운 사찰요구사항에 자신의 역할을 수정해 나갈 수 있도록 하였던 것이다. 위의 책, pp. 64~66 참조.

활하게 할 수 있게 하였다. 둘째, 촌락과 숲이 없는 불모지대인 관계로 감시 및 탐지에 사용되는 센서장비의 운용과 식별에 적합하였고, 또한 년중 대체적으로 기후가 일정하여 센서장비의 성능저하를 유발할 온도변화가 적음으로써 전체적으로 허위 경보율을 최소화할 수 있었다. 따라서 조기경보기능을 충실히 수행할 수 있었으며, 결과적으로 이집트와 이스라엘로 하여금 부주의한 행위를 자제시키면서 검증제도를 성실하게 준수하도록 하였다. 셋째, 이집트와 이스라엘간 예상 공격축선이 「기디」와 「미트라」통로로 한정시키는 지형적 특성에 따라 감시 및 조기경보탐지기능을 효과적으로 수행할 수 있었다. 즉, 「기디」통로와 「미트라」통로는 기습공격을 감행하려고 할 경우 반드시 통과해야 하는 길다란 회랑형태로 되어있어 동서 입출구 지대내에 감시 및 탐지를 위한 센서장비를 설치하고, 이와 연계된 초소를 운영함으로써 상대방의 군사행동을 완벽하게 감시하고 탐지할 수 있었다.[25]

---

25) 위의 책, p. 92.

2 이스라엘-요르단 평화구축협정

중동의 분쟁과 갈등, 그리고 평화를 위한 노력은 아랍과 이스라엘의 생존을 위한 투쟁과 공존을 위한 타협으로 설명될 수 있다. 그러한 역사는 B.C. 1730년경 유태민족이 팔레스타인 땅 동쪽으로부터 이 곳 중동땅에 이주한 사실에서 기원을 찾을 수 있다. B.C. 63년경부터 중동땅을 지배하기 시작한 로마제국의 통치와 유태인들의 추방으로부터 유태인들의 고난은 시작되었다. 그리고 1차대전 중 중동땅에 유태민족의 나라가 다시 세워져야 한다는 '발포아 선언' (The Balfour Declaration)과 2차대전 후 세계질서의 재편과정에서 나타난 소위 'UN총회결의 181' (U.N. General Assembly Resolution 181)[26)]에 힘입어 1948년 이스라엘의 건국이 실현됨으로써 중동의 분쟁과 갈등은 사실상 시작되었던 것이다.[27)]

---

26) U.N. General Assembly Resolution 181은 1947년 11월 29일 제 128차 총회에서 결의된 것으로 영국이 통치하던 팔레스타인 식민지에 아랍국가와 이스라엘 2개의 국가를 건설한다는 결의 내용이다. Lapidoth and Hirsch, *op. cit.*, pp. 33~54 참조.

27) 송대성 · 이대우, 「평화체제구축 국제적 경험과 한반도」, p. 24.

비록 'UN총회결의 181'에 의해 이스라엘이 건국되었으나 아랍인들은 본 결의사항의 수용을 거부함으로써 그 동안 중동에서는 아랍인들과 이스라엘인들 사이에 테러와 폭력을 동반한 분쟁과 갈등이 계속되었고 4차례의 중동전쟁이 발발하였다. 그러한 분쟁 가운데 대표적인 것이 1967년 소위 '6일 전쟁' (The Six-Day War)이다. 이 전쟁에서 이스라엘은 웨스트 뱅크(West Bank)지역을 점령하게 되었고 이 후 이것이 이스라엘-요르단간의 직접적인 분쟁요인으로 작용하였다. 그러나 이스라엘-요르단간의 분쟁은 기타 주변 아랍 국가들의 경우와는 다소 차이가 있었다. 우선 이들은 웨스트 뱅크 지역에 대한 심각한 견해차를 가지고 있지 않았다. 팔레스타인 문제와 웨스트 뱅크 지역의 장래 문제에 대해서 다소간의 갈등이 있었지만, 이것이 양국간의 분쟁을 유발하는 결정적인 요인으로 작용하지는 못하였다. 또한 요르단은 그들의 취약한 안보여건으로 인하여 비교적 유화적인 입장을 견지하면서 중동지역의 분쟁에 대처한다는 입장이었고, 요르단의 고질적인 경제난을 극복하는 당면과제를 해결하기 위해서라도 이스라엘과 안보 및 경제협력을 필요로 하고 있었다. 이스라엘 또한 요르단과의 적대관계를 지속하고는 있었지만 요르단으로부터 심각한 군사위협을 느끼지 못하는 상태였고 요르단의 전략적 중요성을 고려하여 요르단과의 조속한 안보협정을 체결하고자 하는 입장이었다. 따라서 양국은 직접적인 분쟁요인에도 불구하고 현실적인 입장에서 평화를 수용해야 한다는 당위성을 안고 있었던 것이다.[28]

---

28) 이희우, "중동 평화협상 연구", (국방대학원, 1997), p. 52.

1. 협정의 과정과 내용

가. 평화의 모색

이 무렵 중동문제에 관하여 닉슨 대통령으로부터 전적으로 일임 받은 미국의 국무장관 윌리엄 로저스(William Rogers)는 소위 '로저스 계획'(The Rogers Plan)을 만들어서 중동문제를 적극적으로 해결하기 위하여 노력하였다. 로저스 계획의 1969년 제 1차안은 ① 이스라엘-이집트 평화안으로서 시나이 반도로부터 이스라엘 군이 철수한 후 비무장지대를 만들고 ② 이스라엘-요르단 평화안으로서 웨스트 뱅크(The West Bank) 지역에서 이스라엘 군을 철수시키고 그 지역을 완전히 비무장지대로 만들자는 것이었다.[29] 1970년도에 본 계획의 수정안이 이집트, 이스라엘, 요르단에 의해 수용됨으로써 중동의 평화는 급진전되어 갔다. 1973년 10월 전쟁이후 이집트와 이스라엘이 시나이 협정을 통하여 평화체제를 구축함으로써 중동에서 평화체제구축의 분위기가 서서히 형성되어 갔으며, 1980년대 후반 서구에서 진행된 냉전체제 구조의 해체는 중동에서 평화체제 구축의 분위기를 더욱 촉구하는 계기가 되었다. 냉전체제가 해체되고 구소련이 중동에서 미국과 패권경쟁을 포기함으로써 국제적

---

29) '로저스 계획'(The Rogers Plan)의 핵심내용은 중동에서 이집트와 이스라엘간에 평화체제를 구축하여야 한다는 것이다. 그러나 이 계획이 제의되었을 당시에는 너무 시기상조의 방안이라는 견해도 있었으며, 당시에 이집트 및 소련은 어떠한 미국의 제의도 지지하지 않았었다. 그러나 미국은 포기하지 않고 그 후 본 계획이 평화체제 구축안으로 될 수 있도록 꾸준히 노력하여 결국 그 목표를 달성하였다. Joseph Sisco, "The U.S Role in the Peace Process,"Barry Rubin, Joseph Ginat, Moshe Ma'oz (eds.), *From War to Peace: Arab-Israeli Relations 1973-1993*, (New York: New York University Press, 1994), pp. 19~20; 송대성·이대우, 「평화체제구축 국제적 경험과 한반도」, pp. 38~39에 인용.

으로 포괄적인 평화체제구축 노력이 나타나기 시작하였던 것이다.

특히 걸프전이 종결되자 중동에서 포괄적인 평화안이 마련되어야 한다는 여론이 중동 내부 혹은 국제적으로 강하게 나타나기 시작하였다. 이러한 분위기 속에서 1991년 10월 스페인의 수도 마드리드에서 중동 평화를 포괄적으로 다룬 소위 '마드리드 회의'가 개최되었는데, 이스라엘과 요르단이 평화를 모색하기 위하여 전개된 회담은 마드리드 회의가 끝난 직후부터 시작되었다. 1992년 10월 30일부터 3일동안 미국과 러시아(당시 소련)가 공동으로 주최한 본 마드리드 회의는 1991년 걸프전이 끝난 후 미국의 적극적인 노력에 의하여 중동의 전반적인 평화문제를 다루기 위하여 개최된 회의였다.[30] '마드리드 회의' 이후, 이스라엘과 요르단이 평화를 모색하기 위한 회담이 곧 시작되었으며, 회담이 시작된 지 2년반 후인 1993년 9월 14일 이스라엘과 요르단은 그들의 공동비망록(The Isreli-Jordanian Common Agenda)에 서명하게 되었는데, 본 비망록이 서명되기까지 미국의 중재노력은 대단하였다.

이스라엘 – 요르단 공동 비망록은 당시 이스라엘과 요르단간의 평화체제 구축을 위한 청사진과도 같은 것이었으며, 그 속에는 양국간 가장 중요한 현안 문제들이라고 할 수 있는 안보, 물, 난민 및 추방된 사람들, 국경선 및 영토문제 등을 다루고 있었다. 이 중에서

---

30) 마드리드 회의 후에 뒤이어서 중동의 평화를 추구하는 회의의 형태로는 양자간 회의 (The Bilateral Track)와 다자간 회의(The Multilateral Track)가 있으며, 이 두가지 형태로 본격적인 회의가 개최되었다. 양자간 회의는 1991년 11월 3일 이스라엘과 아랍국가들 (시리아, 레바논, 요르단, 팔레스타인) 각각의 나라들과 열린 회의의 형태였으며, 다자간 회의는 1992년 1월 모스크바에서 주로 중동의 미래 건설을 설계하기 위하여 개최된 회의로서 중동 전체가 공유하고 있는 5가지 주제인 물 문제(Water), 환경 문제(Environment), 군비 통제 문제(Arms Control), 난민 문제(Refugees) 그리고 경제발전 문제(Economic Development)등을 다루었다. 위의 책, p. 39~40.

도 이스라엘과 요르단간에 물 문제는 어느 문제보다도 가장 중요하고도 심각한 현안 문제였다. 이스라엘과 마찬가지로 물 문제는 요르단인들의 생존문제와 관련된 문제다. 요르단은 다른 아랍국가들과 마찬가지로 늘 식량의 대부분을 외부로부터 수입하지 않으면 안 되는 식량수입국가로서 그들은 농업을 통하여 식량을 생산하고는 있지만 생산되는 식량이 인구증가를 따라잡지 못하는 실정이다. 요르단에서 식량자급을 못하는 절대적인 이유는 물이 부족하기 때문이다. 그래서 물 문제는 요르단인들의 생존문제와 관련된 문제로 다루어 졌다. 따라서 이스라엘과 요르단은 그들에게 가장 절실한 문제인 물 문제를 핵심직인 주제로 다루면서 상호이익을 모색한 섯이다.[31]

상호 절실한 공동이익의 영역을 가운데 두고, 상호 협력과 공생공영을 추구하는 것이야말로 해묵은 갈등과 철저한 아생살타(我生殺他)의 집념에서 벗어나게 할 수 있었던 것이다. 1994년 7월 이스라엘 라빈(Rabin)수상과 요르단의 후세인 왕(King Hussein)은 이스라엘과 요르단 국경지대에서 개최한 양자회담에서 이스라엘과 요르단간에 평화체제 구축을 위한 구체적인 합의와 결론에 도달하게 되었다. 당시 미국은 적극적인 중재노력을 경주하였던 바, 클린턴 대통령은 요르단 왕 후세인과 이스라엘 수상 라빈을 워싱턴까지 초청하여 본인이 직접 보증을 서면서 소위 '워싱턴 선언'(The Washington Declaration)에 서명토록 하였다. 워싱턴 선언은 이스라엘과 요르단간에 새로운 시대의 개막을 알리는 의미 깊은 선언이였다. 이로써 요르단과 이스라엘은 장기간에 걸친 교전상태를 종식하고 양측은 유엔헌장 242조 및 338조에 입각한 공정하고 영구적이며 포괄적인 평화(A Just, Lasting and Comprehensive

31) 위의 책, p. 40.

Peace)를 모색하기 위한 의견의 일치를 본 것이다. 이와 더불어 워싱턴 선언에는 양국간 평화와 신뢰구축을 지향하는 구체적인 내용들이 포함되어 있었는 데, 직통전화 설치, 공용전기시설 설치, 새 국경선 설정, 제 3국 여행자들의 자유로운 출입, 범죄인 추적 및 수사에 있어서 공동협조, 항공로 개설 뿐만 아니라 양국사이에 경제적 제반 보이콧 사항들을 폐지하며, 상호 협력할 수 있는 방안들에 대하여 계속 협의할 것을 합의하였다. 이러한 워싱턴 선언은 사실상 이스라엘과 요르단 평화체제 구축에 결정적인 역할을 한 선언이라고 할 수 있다.

나. 협상과정

(1) 협상의 정치적 목표

뿌리깊은 상호불신과 갈등관계에 있는 인접국가와 정치·군사적 신뢰구축없이 국경지역에 배치된 병력을 철수하기란 생각할 수 없는 일이다. 주변의 아랍국가들로부터 끊임없는 안보위협에 직면해 있던 당시 이스라엘은 '요르단과 새로운 안보협정을 체결한다'는 정치적 목표를 설정하고[32] 보다 발전적인 평화협상을 요르단과 체결하기를 원하고 있었으며 이러한 협상목표를 달성하기 위하여 이스라엘은 포괄적인 협상의제를 요르단에게 제안하였는 바, 여기에는 국경 및 안보문제는 물론이거니와, 수자원, 경제협력, 종교 및 문화 등 다양한 의제를 포함시키고 있었다. 제 3차 중동전쟁 (6일전쟁)에서 이스라엘에게 웨스트 뱅크를 포함한 국토의 상당한 부분을 점령

---

32) Joseph Alpher, "CBMs in the Israeli-Palestinian-Jordanian Security Context," Shai Feldman, ed., *Confidence Building and Verification: Prospects in the Middle East* (Tel Aviv: The Jaffee Center for Strategic Studies(JCSS), 1994), pp. 222~225.

당한 요르단 역시 이스라엘과 팔레스타인 문제, 아랍 상호간의 경쟁 및 의견 불일치와 경제적 어려움에 직면하여 자국의 입지를 강화하면서, 이스라엘과 아랍국가의 이익을 손상시키지 않는 범위 내에서, 국내 경제난 극복과 팔레스타인 자치결정 문제를 동시에 해결하는 데 對이스라엘 협상목표를 두고 있었다.[33]

(2) 군사적 이슈

이스라엘-요르단 평화협상시 군사문제는 대부분 이스라엘에 의해 주도되었다. 이스라엘은 요르단과의 협상시 다음과 같은 두가지 군사적 이슈를 안고 있었다. 하나는, 요르단 지역에 대한 '전략적 완충지대화' 문제였으며, 또 하나는, 웨스트 뱅크 지역의 비무장지대화 및 통제 문제였다. 요르단 지역에 대한 전략적 완충지대화 문제는 양국 모두 필요성을 인정하고 있었기 때문에 특별한 이견이 없었으나, 웨스트 뱅크 지역 문제는 양국간에 매우 민감한 이슈였으며 팔레스타인 문제와도 밀접한 연계성을 갖고 있었다. 이러한 문제 때문에 이스라엘은 웨스트 뱅크의 군사이슈 중 국경문제를 제외한 대부분을 이스라엘-팔레스타인 협상이슈로 규정함으로써 요르단과의 마찰을 회피하고자 하였다.[34]

웨스트 뱅크 문제는 두가지 면에서 중요한 군사적 쟁점을 가지고 있었는데 하나는 웨스트 뱅크 지역의 비무장지대화 문제, 또 하나

---

33) Bob Bowker, "Jordan and Israel: The Problem of Bringing Peace to Fruition," *Pacific Research: Peace in the Middle East?* (Austrailia: ISSN, February 1995) p. 11.

34) Gerald M. Steinberg, "Israeli Security and the Peace Process," *Security Dialogue*, Vol. 25, No. 1, published by the International Research Institute, Oslo (Ramat Gan: BESA Center for Strategic Studies, Bar-Ilan Unversity, 1994), pp. 51~54 참조.

는 공역과 중앙 산악의 능선, 그리고 이스라엘을 통하는 통로에 대한 이스라엘군의 통제였다. 전략적 종심이 없는 이스라엘은 이 지역의 비무장화가 필수적이였으며, 웨스트 뱅크 정상은 요르단 계곡에 대한 감제고지로 조기경보 및 방어작전, 그리고 공군력 운용에 중요한 이점을 제공하는 것이였다. 사실상 당시 이스라엘은 추가적인 군사시설의 배치를 위한 공간이 거의 없었기 때문에 웨스트 뱅크 지역의 기지들을 재배치하기 위해서는 엄청난 경제적 부담을 가지게 되는 것이였다.[35]

〈그림 3-4〉 요르단 서안 단면도

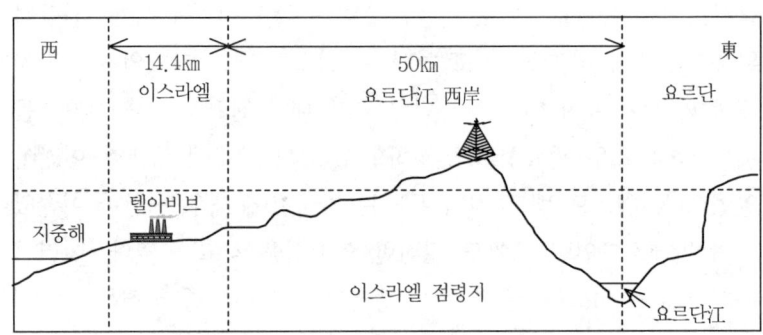

· 출처 : 국가정보원, 중동평화협상 자료집, p. 160.

이스라엘은 요르단과 '새로운 안보협정'을 체결함으로써 웨스트 뱅크 지역과 관련된 군사쟁점을 원만하게 해결할 수 있는 안보여건을 확보하고자 하였다. 양 국가의 협상이 체결될 경우 요르단은 그들의 영토 내에 적대적 외부 세력을 용납하지 않게 됨으로써 이스라엘의 조기경보시간과 전략종심이 상당히 증대될 수 있고, 또한 이스라엘군이 물리적, 정치적 장애 없이 요르단 강까지 이동할 수 있는 여건을 마련함으로써 상대적 방어능력을 증대시켜 줄 것으로

---

35) Ibid.

판단하였다. 이러한 안보여건이 보장되면 대부분의 이스라엘 병력
을 웨스트 뱅크지역으로부터 철수할 수 있다는 것이 이스라엘의 기
본 입장이었다.[36]

한편, 요르단은 그들의 지위를 중동의 완충국가로 확고히 할 수
있는 안보체계의 수립을 희망하였다. 이스라엘이 그들의 전략종심
을 증대시키기 위하여 요르단을 완충국가로서 활용하려는 입장을
가지고 있었음에 비하여, 요르단은 이스라엘과의 협상을 통하여 다
음과 같은 군사목표를 달성하고자 하였다. ① 이스라엘만을 위해서
가 아닌 모든 주변 국가들을 위한 전략적 완충지역 확보, ② 전략적
으로 이스라엘과 이라크를 분리하고 시리아와 사우디를 분리하며,
요르단보다 강한 주변 국가들이 요르단의 지위를 훼손하지 못하게
하는 '새로운 안보협정 체결'이 그것이었다. 이러한 목표를 달성하
기 위하여 요르단은 이스라엘-팔레스타인 협상과정에서 그들의 입
장이 충분히 반영되기를 희망하였으나, 이스라엘 측이 웨스트 뱅크
지역에 대한 군사문제를 요르단 관련사항과 팔레스타인 관련사항으
로 분리하여 취급함으로써 양국간의 군사문제는 이스라엘의 의도대
로 협상이슈가 집중되고 말았다.[37]

(3) 군사적 신뢰구축을 위한 협상 경과 / 결과

중동지역에서 이스라엘과 아랍국가들 사이에 완전한 평화가 이룩
되기 위해서는 평화협정, 군비통제협정, 국내정치적 안정 등이 상
호 연계성 있게 이루어져야만 한다. 평화협정은 필요한 요소이지

---

36) Joseph Alpher, *Settlements and Borders* (Tel Aviv: Tel Aviv University
Jaffee Center for Strategic Studies, 1994), p. 25.

37) Joseph Alpher, "CBMs in the Israeli-Palestinian-Jordanian Security
Context", *op. cit.*, pp. 224~225 참조.

만, 그 자체로만 만족해서는 안되며, 다른 분야와 연계되어야 한다
는 것이다. 만일 다른 분야와 연계되지 못한다면 군사위협이 다시
증대될 수도 있기 때문이다. 군비통제협정도 마찬가지다. 군비통제
자체만으로는 상대국가와 새로운 적대감을 조성할 수 있기 때문이
다. 국내정치적 안정을 유지하는 것은 평화협정과 군비통제협정을
효과적으로 수행하기 위한 선결요건이기도 하다. 중동평화협상 과
정에서 이러한 3가지 범주가 모두 충족되었던 대표적 예가 시나이
반도에서의 이스라엘-이집트간의 군사적 신뢰구축과 평화협정이었
다.[38]

1979년 이스라엘-이집트 평화협정이 체결되고 1980년대 초부터
중동의 평화협상을 위한 다각적인 노력이 전개되자 요르단은 점차
적으로 이스라엘과의 공존방법을 모색하게 되었다.[39] 이스라엘의
입장에서 볼 때, 요르단은 열악한 군사 및 경제적 능력에도 불구하
고 그들의 차지하고 있는 중동지역에서의 전략적 위치 때문에 이스
라엘의 주요 협상 대상국으로 고려될 수 있었고, 요르단은 이러한
전략적 중요성을 이용하여 그들이 직면하고 있던 국내정치・경제
적인 어려움을 극복할 수 있는 돌파구를 찾고자 노력하였다. 이러
한 양국의 협상과정은 1991년 11월 이후 약 2년간에 걸쳐 진행된 마
드리드 체제내에서 실시한 다자 및 쌍무회의 과정과, 1993년 9월
13일 이후 이스라엘-요르단 양국이 활발한 직접접촉을 거쳐 1994
년 10월 26일 평화협정을 체결하게 되는 단계로 볼 수 있다.

---

38) James Leonard, "The Perceptions in the Middle East: A Summary,"
    National Threat Perceptions in the Middle East, United Nations
    Institute for Disarmament Research (Genova: Uniterd Nations Publi-
    cation, Septempber 1995), pp. 1~7 참조.

39) Don Peretg, 김수남 역, 「오늘날의 중동」 (서울: 국방대학원, 1988), pp. 49
    3~494.

마드리드 체제 내에서 중동평화협상의 일환으로 진행된 이스라엘
-요르단 평화협상과정에서, 다자회의에서는 이스라엘과 요르단 모
두 중동국가의 일원으로 참가하였으며, 쌍무회의시는 이스라엘과
요르단이 협상의 당사자가 되고 미국이 주요 중재국가로서 참여한
가운데 대부분 양자간의 비밀 및 비공식 접촉을 통하여 협상을 진
행하였다. 다자회의에서는 중동지역 분쟁이 가지는 복잡성으로 인
하여 이스라엘-요르단 양국 또한 다른 국가들과 마찬가지로 결론
적인 합의를 도출하는데 실패하였다. 쌍무회의에서도 양국의 현안
이슈보다는 팔레스타인 문제에 대한 전반적인 합의를 중심으로 협
상을 진행함으로써 특별한 진전을 이루지 못하였으며, 양국간에 평
화협상 재개의 공감을 형성하는 차원에서 회의가 종료되었다.

1994년 10월 26일 이스라엘의 라빈(Yitzhak Rabin)수상과 요르
단의 마자리 (Abdul-Salam Majali)수상은 양국의 남부국경「아라
바」에서 클린턴 미 대통령과 후세인 요르단 국왕의 입회 하에「이스
라엘-요르단 평화조약」(Israeli-Jordan Peace Treaty)과 부속의
정서에 서명하였다. 이 조약에서 양국은 관계정상화와 평화적 공존
을 표명하고 46년간 양국의 전쟁상태를 정식으로 종결함으로써 요
르단은 아랍제국 중에서 두번째로 이스라엘과 평화조약을 체결하는
국가가 되었다. 이 조약에 의하여 요르단과 이스라엘 양국은 상대국
의 주권, 영토, 정치적 독립을 존중하고 상호 무력에 의한 위협과
무력의 사용을 하지 않으며 양국간의 모든 분쟁을 평화적 수단으로
해결한다고 합의하였다. 나아가 양국은 이스라엘이 제 3차 이스라
엘이 중동전쟁에서 점령한 토지 약 300㎢를 요르단에 반환하고 그
일부를 이스라엘이 25년간 조차하는데 합의하였다. 수자원 문제에
서는 이스라엘이 요르단에 연간 5000만㎥의 취수를 인정했으며, 예
루살렘 문제에 대해서도 요르단의 특별한 역할을 인정했다.[40]

다. 평화조약 내용

(1) 국경선

이스라엘과 요르단의 국경선은 부속의정서에 첨부된 국경선에 관한 지도 및 특정한 좌표에 의해서 확정되며, 이 경계선은 1967년 이스라엘의 군사통치하에 놓여진 영토의 상태를 유지하고, 이스라엘과 요르단간의 항구적이며 확고하고 공인된 국제적 국경선으로 인정하는 데 합의하였다.[41] 또한 양국은 국경선 및 상호의 영토, 수역, 항공 영역을 불가침의 것으로 인정하는 동시에 이것을 존중하고 준수하며 본 조약의 조인과 동시에 아콰바 만의 해상경계선을 확정하는 교섭으로 들어가 9개월 이내에 합의한다고 명시하였다.

(2) 안전보장

양국은 안전보장에 관련된 사항에서의 상호이해와 협력이 양국 관계의 중요한 요소를 형성한다는 데 동의하며 상호신뢰와 공동의 이익 및 협력 위에서 지역 평화의 파트너쉽(Partnership)을 유지하기로 결의하였다. 또한 양국은 상대에 대한 위협이나 무력의 사용, 재래식 및 비재래식, 혹은 그 밖의 다른 어떠한 형태의 무기의 사

---

40) Treaty of Peace Between the State of Israel and the Hashemite Kingdom of Jordan, 26 October 1994, Article 3 참조.

41) 이스라엘과 요르단은 특별한 이견없이 요르단 및 야르무크 강- 사해 에메크 하이라바-아콰바 만을 연결하는 국제 국경선을 연결하기로 합의하였다. 웨스트 뱅크 지역에 대한 요르단의 기본 입장은 '요르단-팔레스타인 연방국가'형태로 유지하는 것이였지만 인구의 절반 이상이 팔레스타인인으로 구성되어 있었던 요르단은 차선의 대안으로 '팔레스타인 독립국가 건설이나 자치정부 수립도 수용한다는 입장을 견지하고 있었기 때문에, 이스라엘과의 국경선 협정시 구태여 웨스트 뱅크 지역에 대한 요르단 반환을 주장하지 않았던 것으로 보인다.

용, 그리고 상대의 안보에 악영향을 미치는 행위나 활동을 자제하
며, 상대에 대한 교전, 적대행위, 전복, 폭력 등을 계획, 선동, 유
발, 지원 또는 참여하는 행위나 위협을 자제할 뿐만 아니라 이러한
것들이 당사자들의 영토 내에서 발생하거나 범해지지 않도록 필요
하고 효과적인 조치들을 취하기로 하였다. 또한 본 협정에 위배하
여 상대국에 대해 군사적 적대행위나 침략을 포함하는 목적이나 활
동을 위해 제3국과 군사적 혹은 안보적 동맹, 조직, 연합 등을 결
성, 지원하거나 추진하지 않으며, 그들의 영토 내에서 상대국의 안
전을 손상시키는 제3국의 군대나 요원의 입국・활동・군수품의
배치를 허용하는 것을 자제하기로 하였다.[42]

이와 더불어 양국은 모든 형태의 테러리즘과의 싸움에서 필요하
고 또한 효과적인 공동의 조치를 강조하면서 다음과 같은 조치를
취하기로 합의하였다. 첫째, 양국의 영토에서 또는 영토를 넘어서
행하여지는 테러리즘, 체제의 전복, 폭력 행위를 저지하기 위한 필
요하고도 효과적인 조치를 강구하고, 그러한 활동, 혹은 그 활동을
하는 자를 규제하기 위하여 필요한 조치들을 취한다. 둘째, 폭력적
수단을 사용하거나 폭력을 유발하여 상대국의 안보를 위협하는 모
든 집단이나 단체 그리고 그 조직이 당사자의 영토내에 입국, 주둔
하거나 그러한 행위에 협력하는 행위를 방지하기 위하여 필요하고
도 효과적인 조치들을 취하며 그들의 국경 침범을 방지, 제재하기
위하여 협력하기로 합의하였다.[43]

그 밖에 양국의 안전보장과 관련된 문제는 연락체계, 검증, 감독
등을 다루는 협의기구(A Mechanism of Consultations)와 필요에

---

42) 「국제문제」, 제26권 제2호(1995년 2월), p. 130.

43) Treaty of Peace Between the State of Israel and the Hashemite Kingdom
of Jordan, 26 October 1994, Article 4 참조.

따른 그밖의 협의기구, 그리고 고위급 협의기구를 통하여 이루어지
도록 하며, 협의기구에 관한 자세한 사항은 본 협정 비준서의 교환
일로부터 3개월 이내에 양측에 의해 타결될 협정에서 다루기로 하
였다. 이에 추가하여 당사자들은 적대적 동맹이나 연합으로부터 벗
어난 중동건설과, 포괄적이고 지속적이며 안정된 평화라는 맥락 속
에서 재래식 혹은 비재래식 대량살상무기부터 안전하게 보호될 수
있는 중동건설을 최우선 과제로 간주하면서, 군비통제와 지역안보
를 위한 다자간 협력체계 (The Multilateral Working Group on
Arms Control and Regional Security)의 맥락속에서 공동의 노력
을 경주하기로 합의하였다.[44]

(3) 수자원

양국간의 수자원 문제를 포괄적이고 또한 영구적으로 해결하기
위해 요르단강과 야르무크(Yarmuk)강의 수자원과 아라바-아라바
(Araba-Araba)지역 지하수가 쌍방에게 적당한 형태로 배분되도록
하고, 쌍방의 수자원 문제에 대해 실제적이고 또한 공정한 해결책
을 찾아내도록 하며, 수자원 문제가 양국 협력을 추진하는 기초가
되고 있는 것을 인식해서 양국의 수자원 관리와 개발이 상대국의
수자원에 절대로 해를 미치지 않도록 한다고 명시하였다. 또한 양
국은 수자원이 각각의 수요를 충족시키지 못하고 있음을 인정하고
수자원 개발문제에 대해서 협력하는 것이 양국의 이익이 되며 나아
가 양국의 물부족의 완화에 도움이 된다는 이해하에서 ① 현재 가
지고 있는 수자원 및 새로운 수자원의 개발, ② 수자원의 오염방지,
③ 물부족 완화를 위한 상호협력, ④ 물에 관련한 문제의 공동연구

---

44) 송대성·이대우, 『평화체제구축 국제적 경험과 한반도』, p. 177~178 참조.

와 개발, 수자원의 개발과 이용의 촉진을 향한 가능성 검토 등에 관하여 협력할 것을 합의했다.[45]

(4) 경제관계 및 기타문제에 관한 협력

양국은 정상적인 경제관계에 대한 모든 차별적 장벽을 철폐하고 상호 경제 보이콧에 종지부를 찍을 뿐만 아니라 제 3국이 양국의 어느 일방에 향해진 보이콧을 끝내기 위해서 협력하기로 하였다. 또한 양국은 유익한 경제관계를 추진할 목적으로 상품과 서비스의 자유로운 유통, 자유무역지대의 설립, 투자, 금융, 산업협동, 노동력 등의 분야에서 상호협력에 관한 약정의 체결을 위해 교섭을 진행하기로 하였으며, 난민과 유민문제에 대한 협력, 종교상 그리고 역사상 중요한 지역에 대한 방문의 인정, 문화의 교류와 정상적인 문화관계 구축, 육로수송과 도로의 개방, 선박통행과 출입항의 자유, 민간항로 개설, 우편과 통신의 개설, 관광사업, 환경문제, 에너지 문제 등에 관한 협력을 추진하기로 하였다.

라. 상호협력 및 신뢰증진

이스라엘과 요르단은 1994년 11월 27일 양국간 외교관계를 정상화시키고 14개 분야에서 구체적인 협력관계를 실천에 옮기기 위한 합의를 하였다. 이러한 합의에 기초하여 양국은 상업 및 무역 분야, 교통, 항공수송, 물 문제, 농업, 통신 및 우편 분야, 과학 및 문화 분야, 국경선 문제, 관광과 에너지 문제 등 광범위한 분야에 있어 구체적인 협력을 추진하였다. 이러한 과정을 통하여 양측 국민들은

---

45) Treaty of Peace Between the State of Israel and the Hashemite Kingdom of Jordan, 26 October 1994, Article 6 참조.

상대방을 타도해야 할 적으로 간주하지 않고 같이 살아가고 번영하여야 할 대상으로 인식하게 되었으며, 상호간에 신뢰도 계속 증진되었다.[46)

경제적 분야에서 양국은 합작사업을 시작하였으며, 기업인들의 자유왕래를 실시하였다. 이스라엘과 요르단의 경제협력 노력으로서 가장 중요한 사업 중의 하나는 자유 수출단지 '핫산산업공원'(The Hassan Indudtrial Park)을 공동으로 건설한 것이라고 할 수 있다. 이 자유수출단지에서 이스라엘과 요르단은 섬유, 보석, 전기제품을 합작생산하고 수천명의 요르단인들이 본 수출단지에 취직하여 일하게 되었다. 이러한 구체적인 협력은 양국간에 신뢰를 증진시키고 적대감을 없애주는 가장 중요한 역할을 하였다. 합작회사에서 이스라엘인들과 요르단인들의 함께 일을 하면서 서로가 서로를 이해하였고 이러한 상호협력과 이해는 양국의 평화유지에 더할 수 없이 좋은 역할을 하였다.

1995년 10월 양국은 국제협력 및 농업분야에서 상호협력을 하기 위하여 협정을 체결하고 대표적인 사업으로 요르단강 계곡에 새로운 농산물 시장을 개발하였으며 사해(The Dead Sea)의 남쪽에 방울토마토 생산단지를 만들어 공동생산하기로 하였다. 이스라엘은 요르단의 가장 절실한 문제가 무엇인가를 정확히 간파하고 진심으로 지원하여 줌으로써 요르단으로부터 강한 신뢰를 얻을 수 있었다. 적대국간에 상대방이 절실히 필요로 하는 분야가 무엇인가를 파악하고 진심으로 그 절실한 문제를 해결하여 주기 위하여 노력하는 경우 그 적대국들은 상호 신뢰하게 된다는 사실을 알 수 있다.

양국은 또 하나의 시범실천사업으로 유럽으로부터 에이레트(Eilet)까지 관광객을 수송함에 있어서 아콰바(Aqaba)공항을 통과

---

46) 송대성·이대우, 「평화체제구축 국제적 경험과 한반도」, pp. 44~46 참조.

하도록 하는 사업을 추진하여 모든 외국 항공기들이 자유롭게 양국의 공항들을 사용하고 있으며, 이러한 공항을 통하여 양국은 온 세계로부터 성지(the Holy Land) 관광을 위한 방문객들을 유치하기 위하여 상호협력하고 있다. 이러한 관광사업의 상호발전노력은 양국의 관광수입도 수입이지만 그보다도 양국국민들의 상호관광방문을 통하여 친교 및 평화분위기 조성하는 데 크게 기여하고 있다.

또한 양국간 평화조약에 의거하여 현재 이스라엘은 요르단에 매년 거의 7,500만㎥의 물을 공급해 주고 물 문제 해결을 위하여 야르무크강(Yarmuk River)으로부터 수로를 변경시켜 댐을 만드는 공사가 진행되고 있다. 이스라엘과 요르단 양국간에 있어서 물 문제는 양국간 상호공동이익과 밀접하게 관련된 사안으로 이 분야에서의 양국간 협력은 양국관계에서 매우 중요한 기초를 조성하고 있다.[47]

2. 협정의 특징

가. 이스라엘-요르단의 현실적 입장

6일 전쟁에서 이스라엘이 요르단의 웨스트.뱅크 지역을 점령함으로써 요르단과의 직접적으로 영토적 분쟁관계에 얽히게 되었다. 그러나 양측은 웨스트 뱅크 지역에 대한 심각한 견해차를 가지고 있지 않았으며, 양측은 상호간에 '새로운 안보협성'의 필요성에 공감하고 있었다. 양측은 정치·군사적 적대관계의 유지보다는 '새로운 안보협정'을 통한 나름대로의 국가이익과 목표를 추구할 수 있는 입장에 있었다는 것이다. 요르단으로서는 이스라엘과의 평화관계를

---

47) 위의 책, p. 47.

수립함으로써 취약한 안보여건을 해소하고 고질적인 경제문제를 해결할 수 있기를 기대하였으며, 이스라엘 또한 요르단으로부터 심각한 군사적 위협을 느끼지 않는 가운데 요르단의 전략적 중요성을 깊이 인식하고 있었기 때문이다. 이처럼 양국은 현실적인 입장에서 평화를 수용해야 한다는 나름대로의 필요성과 당위성을 공통적으로 안고 있었던 것이다.

나. 미국의 적극적 중재와 주변여건의 조성

미국은 중동 평화를 위하여 적극적인 중재와 역할을 수행함으로써 이집트-이스라엘 평화협정의 성공에 이어 이스라엘-요르단 평화구축에 커다란 공헌을 하였다. 또한 1980년대 후반 세계적 냉전체제의 해체는 중동에서 평화체제 구축의 분위기를 촉구하는 데 커다란 계기로 작용하였던 것이다. 구 소련이 중동에서 미국과의 패권경쟁을 포기함으로써 국제적으로 포괄적인 평화구축 노력이 나타나기 시작하였으며 이에 중동지역도 크게 영향을 받았던 것이다. 특히 1991년 걸프전이 종결됨으로써 중동에서 포괄적인 평화안이 마련되어야 한다는 여론이 중동내부 혹은 국제적으로 강하게 나타났으며,[48] 미국의 적극적인 노력에 의해 중동의 전반적인 평화문제

---

48) 구 소련의 붕괴와 1991년 다국적군의 걸프전쟁 승리 등으로 인해 조성된 중동의 평화무드는 중동지역에서 이스라엘과 아랍국가들의 더 이상 불안정상태를 유지할 필요가 없다는 것을 인식하게 되었다. 이에 따라 이스라엘의 국방개념은 강력한 군사력에 기초하여 인접 아랍국가들과 정치·군사적인 관계를 개선하면서 평화를 확보하고, 경제적으로 결속을 다지자는 것으로 변화되었다. 한편 아랍국가들의 국방개념도 '아랍 민족주의' 차원을 뛰어넘어 이스라엘과의 공존을 모색하는 전략으로 방향을 바꾸지 않을 수 없게 되었다. 중동지역 국가들의 변화된 국방개념에 기초하여, 중동지역에서 긴장과 갈등을 해소하고 영구적인 평화정착을 이룩함으로써 공존공영 할 수 있는 중동을 건설하고자 하는 노력의 일환으로 나타난 대표적인 사례가 바로 중동평화협상이였던 것이

를 다루기 위한 마드리드 회의가 개최될 수 있었다. 1994년 7월에
는 미국의 적극적인 중재 노력으로 워싱턴 선언이 서명될 수 있었
을 뿐만 아니라 평화협상의 타결도 가능했던 것이다.

다. 협상의 목표설정과 협상기술

이스라엘과 요르단은 양국간의 '새로운 안보협정체결'이라는 정치
적 목표를 설정함에 있어서 공동의 이익을 갖고 있었다는 점이다.
다시 말하면 당시 양측 모두 평화관계수립을 위한 협정을 원하고
있었다는 것이다. 양측은 이러한 협상목표를 달성하기 위하여 웨스
트 뱅크와 같은 협상의 장애가 있음에도 양측의 국가이익을 크게
손상시키지 않고 지혜롭게 대처해 나갔고 양국간 신뢰구축과 관계
를 정상화하는 데 국경 및 안보문제 뿐만 아니라 수자원, 경제협력
등 다양한 의제를 포괄적으로 협상의제를 제안함으로써 협상에 성
공을 이룩할 수 있었던 것이다.

라. 군사적 쟁점의 원만한 해결

뿌리깊은 상호불신과 정치·군사적 갈등 관계에 있는 인접국가간
에는 군사적 문제의 해결이 없이는 국경지역 병력의 철수를 기대할
수 없는 것은 물론이거니와 어떠한 평화협상도 성공에 도달할 수
없는 것이다. 이스라엘과 요르단은 상호 협상과정에서 상호간에 군
사적 쟁점을 상호 명확히 인식하고 있었으며, 양보할 수 있는 것과
양보할 수 없는 것은 명확히 하고 양보한 사항에 대해서도 전략적
으로 유리하게 이용할 수 있다는 전략적 지혜를 갖고 있었으며, 상
호간에 양보하기 어려운 사항에 대해서는 협상과정에서 분리시킴으

다. 이희우, "중동평화협상연구", p. 9.

로써 협상을 성공적으로 진전시킬 수 있었다. 즉 이스라엘은 요르단의 완충지대화함으로써 전략종심을 증대시킬 수 있었을 뿐만 아니라 웨스트 뱅크 문제를 팔레스타인 관련사항으로 분리시킴으로써 이스라엘의 의도대로 군사적 이슈를 집중시킬 수 있었고, 요르단은 이슈의 선택에 커다란 양보를 하면서도 요르단의 전략적 완충지역 역할을 통하여 나름대로 국가이익과 목표를 달성하는 전략적 지혜를 발휘하였고, 안보와 경제면에서 실질적인 실리를 선택하였다.[49]

마. 군사적 신뢰구축을 포함한 포괄적 접근

인접 적대국들간에 완전한 평화가 이룩되기 위해서는 평화협정, 군사적 신뢰구축조치, 국내정치의 안정 문제가 상호연계되어야 하는 것은 이집트-이스라엘간의 시나이 협정과 이스라엘-요르단 평화협정에서 잘 나타나고 있다. 상호 인접한 적대국간에 평화관계 수립을 위해서 평화협정은 절대적으로 필요하지만 군사적 신뢰구축조치가 뒷받침되지 않고는 불가능할 뿐만 아니라 유지될 수도 없는 것이며 또한 국내 정치의 안정문제는 평화협정과 군사적 신뢰구축에 촉매역활을 한다는 사실이다.

---

49) 이스라엘의 입장에서 볼 때, 요르단은 열세한 군사 및 경제적 능력에도 불구하고 그들이 차지하고 있는 중동지역에서의 전략적 위치 때문에 요르단과 새로운 안보관계를 설정할 필요가 있었고, 요르단은 자신의 이러한 전략적 중요성을 이용하여 그들이 직면하고 있던 국내 정치·경제적인 어려움을 극복할 수 있는 돌파구를 찾고자 노력하였던 것이다. 또한 요르단은 웨스트 뱅크 지역에 대한 군사적 통제를 지속하려고 하는 것은 이스라엘의 목적이 요르단에 대한 군사적 위협이 아니라, 공중정찰, 조기경보, 중요통로, 감제고지 등에 필수적으로 요구되는 군사기지 및 시설의 배치 및 운용 정도로 제한되어 있다는 것을 이미 확신하고 알고 있었기 때문에 이를 구태여 반대할 이유가 없었다. 위의 책, p. 58~59 참조.

뿐만 아니라 평화협정 노력에 있어서는 정치·군사적 문제의 해결뿐만 아니라 경제, 사회, 문화적 제반 분야와 포괄적 형태로 추진하는 것이 진정한 평화 구축을 위해 필요하고 협상의 성공가능성을 증대시킨다는 사실이다. 또 한가지 중요한 사실은 군사적 신뢰구축과 경제적 교류와 협력은 상호 밀접한 관계를 갖고 있다. 수송망 연결, 수자원 공동개발, 공동관광개발, 농업공동개발, 공동산업단지조성 등, 접경지역의 공동개발과 경제교류활동은 그 자체가 군사적 신뢰구축과 직결된다는 사실이다.[50]

3. 사례의 교훈

가. '상호공존정신'의 중요성

신뢰구축이나 평화체제 구축에 있어서 가장 기초적이며 근본적인 것은 '나도 살고 상대방도 산다'는 상호공존의 정신이라고 할 수 있다. "나는 살고 상대방은 죽어야 한다는 아생살타(我生殺他)"의 정신으로는 신뢰구축이나 평화체제 구축은 절대로 불가능하다는 것을 이스라엘-요르단 평화구축사례는 강력히 시사하고 있다. 중동의 평화체제 구축과정을 보면, 제 2차 세계대전이 끝나기 전까지 100여년간 그들 사이의 투쟁은 오직 무력 혹은 폭력을 동원하여 상대방을 철저히 멸망시키고 자기 자신이 살아 남겠다는 것이였으며, 이러한 투쟁은 중동에서 평화체제를 구축하는데 걸고 해결의 실마

---

50) 이스라엘과 요르단은 그들 사이에 평화협정이 국가전략적 차원에서 양국 모두에게 분명한 이익을 제공할 것으로 확신하였다. 이스라엘은 요르단과의 평화협정을 통하여 새로운 관광지를 개발하고, 요르단과의 경제협력을 증대시킴으로써 지역경제발전에 상당한 이익을 제공받을 수 있을 것으로 믿었으며, 궁극적으로는 이스트 뱅크(East Bank)국가들의 공격 잠재력을 제거하는 중요한 안보목표를 달성할 수 있을 것으로 보았다. 위의 책, p. 64.

리를 찾을 수 없게 만들었다. 중동 평화는 1947년 11월 29일 UN총회 결의 181에서 "아랍인들도 살고 유태인들도 산다"는 전제하에 상호공존을 인정하는 결의를 함으로써 해결의 실마리를 보이기 시작하였다. 상대방의 입장에서 생각하고 상대방의 존재를 인정하는 것은 중동의 평화체제 구축에 있어서 가장 기본적인 요소였으며, 이러한 깨달음을 기반으로 하여 중동의 평화체제를 구축할 수 있었던 것이다.[51]

나. 군사적 신뢰구축을 포함한 포괄적 접근의 중요성

인접 적대국간의 정치군사적 대립을 극복하고 평화관계를 수립하기 위해서 평화협정은 반드시 필요하지만 군사적 신뢰구축조치가 뒷받침되지 않고는 불가능할 뿐만 아니라 유지될 수도 없는 것이다. 또한 군사적 신뢰구축자체도 정치·경제 등 기타 분야에서의 중요한 공동이익의 뒷받침 없이는 독자적으로 추진되기 힘든 것이다. 적대국간의 군사적 이해관계는 그 자체로서는 매우 극복하기 힘든 과제였다. 평화협정 노력에 있어서는 정치·군사적 문제뿐만

---

51) 중동분쟁과정에서 상대방의 입장에서 생각하고 상대방의 존재를 인정하면서 평화문제를 논하게 한 결정적인 계기는 1973년 10월전쟁이었다. 수많은 투쟁들 가운데 10월 전쟁(October War)은 아랍인들과 이스라엘인들에게 그들이 투쟁하고 있는 진정한 의미가 무엇인가 하고 새롭게 생각하는 계기를 만든 전쟁이였다고 할 수 있다. 10월 전쟁을 치른 후 이스라엘인들에게 일부 아랍인들은 그들이 100여년 이상 투쟁하고 있는 투쟁의 본질이 무엇이며, 지금까지 그러한 전쟁을 계속하는 것이 무슨 의미가 있는가 하는 문제에 대하여 깊은 자성을 하면서 양민족 사이에 피를 부르면서 계속하고 있는 투쟁의 본질이 무엇인가 하는 깊은 생각을 갖게 되었다. Yoram Meital, "Drums of War and Bells of Peace: Egypt's Perceptive on the 1973 War," Barry Rubin, Joseph Ginat, Moshe Ma'oz (eds.) *From War to Peace: Arab-Israeli Relations 1973~1993*, p. 55. 송대성·이대우, 「평화체제구축 국제적 경험과 한반도」, p. 31에서 재인용.

아니라 경제, 사회, 문화적 제반 분야에서 양국의 국가이익을 공동
으로 추구할 수 있는 포괄적 형태로 추진하는 것이 바람직하고 평
화의 가능성을 증대시킨다는 사실이다. 특히 접경지역에서의 군사
적 신뢰구축과 경제적 공동이익의 추구는 상호 밀접한 관계를 갖고
있으며 양국간의 긴밀한 교류와 협력 그 자체가 군사적 신뢰구축이
된다는 사실이다.[52]

다. '사실상의 교류협력 증진'의 중요성

신뢰구축과 평화체제 구축에서 가장 중요한 사항은 '사실상의 교
류협력을 증진'시키는 일이라 할 수 있다. 적대국들이 평화체제를
구축함에 있어서 평화조약 혹은 평화협정을 체결한다는 것은 대단
히 중요한 일 중의 하나이다. 그러나 보다 더 중요한 것은 적대국간

---

52) 이스라엘과 요르단은 그들 사이의 평화협정이 단기-정치적 차원과 장기-전략
   적 차원에서 양국 모두에게 분명한 이익을 제공할 것으로 확신하였다. 국제전
   략연구소(IISS)에 따르면 이스라엘은 요르단과의 평화협정을 통하여 새로운
   관광지를 개발하고, 요르단과의 경제협력을 증대시킴으로써 지역경제발전에
   상당한 이익을 제공받을 수 있을 것으로 믿었으며, 궁극적으로는 이스트 뱅크
   (East Bank) 국가들의 공격 잠재력을 제고할 수 있다는 중요한 안보목표를 달
   성할 수 있을 것으로 보았다. 또한 이스라엘-요르단 사이에는 점령지 반환문
   제와 같은 협상을 방해할 수 있는 중요현안이 존재하지 않았기 때문에, 이스라
   엘은 시종일관 그들의 요구사항을 그대로 관철시키면서 요르단과의 관계정상
   화를 이룰 수 있었다. 이스라엘과의 협상에 임하는 요르단의 입장 또한 기타
   국가들과는 매우 차이가 있었다. 요르단은 이스라엘과의 협상에 대한 특별한
   반대이유를 가지고 있지 않았으며, 특히 국내적으로 정치, 경제의 불안정이 지
   속되자 요르단의 정치 지도자들은 이에 대한 돌파구 모색을 위해서라도 이스
   라엘과의 평화 협상에 적극적으로 임할 수 밖에 없는 실정이었다. 이러한 요르
   단의 국내적 어려움에 대하여 이스라엘과 미국이 적극적으로 지원 및 협력 의
   사를 보여주었고, 요르단은 그들이 중동지역에서 차지하고 있는 전략적 중요
   성을 십분 강조하면서 이스라엘-요르단 평화협정에 동의하게 되었다. 이희우,
   "중동평화협상연구", p. 64.

에 사실상의 교류·협력을 증대하는 일이라 할 수 있다. 이스라엘
과 요르단은 1994년 평화조약을 서명한 이후 사실상의 교류협력을
위하여 많은 노력을 경주하고 있다. 환경보호분야에서부터 상업 및
무역, 농업, 관광, 물 문제 등 많은 분야에서 실질적인 교류와 협력
을 증진함으로써 이러한 이스라엘과 요르단간의 사실상의 교류협력
증진은 상호 적대감을 해소시키면서 상호 친교와 신뢰의 정서를 증
진시켰다.

라. '미국의 역할'의 중요성

이스라엘 – 요르단 평화체제 구축에 있어 미국의 노력은 빼놓을
수 없는 결정적인 역할을 하였다.[53] 1969년 닉슨(Nixon) 대통령이
당선된 이후 미국은 각별히 중동문제에 관심을 경주하였다. 닉슨
대통령은 당시 헨리 키신저에게 세계정치를, 그리고 로저스
(Rogers)에게는 중동문제를 전적으로 일임하여 소위 '로저스 계획'
(Rogers Plan)을 만들어서 중동문제를 적극적으로 해결하기 위하
여 노력하였다. 본 로저스 계획의 핵심내용은 중동에서 이집트와
이스라엘간에 평화체제를 구축하여야 한다는 것이었다. 1991년 마
드리드 회의 후 미국은 거의 2년 동안 '이스라엘 – 요르단 공동비망
록'을 이끌어 내도록 끈질긴 노력을 하였으며 1994년 7월 25일 요
르단 왕 후세인과 이스라엘 수상 라빈 사이에 소위 '워싱턴 선언'이
도출해 내도록 결정적인 역할을 하였다. 뿐만 아니라 이스라엘 –요
르단 – 미국간 깊은 유대관계를 유지하기 위하여 각종 노력을 경주
하였다. 미국은 이집트와 이스라엘, 그리고 이스라엘과 요르단간의
평화체제 구축과정에서 적극적으로 개입하면서 결과적으로 그들의

---

53) 송대성·이대우, 「평화체제구축 국제적 경험과 한반도」, p. 49.

평화를 중재하는 중재자로서 그리고 그러한 노력을 지원하는 지원자로서 뿐만 아니라 그들의 평화를 보장하는 보증자로서 책무를 기꺼이 맡고 수행했던 것이다.

3 중국-인도 접경지역의 군사적 신뢰구축

1. 중 · 인 국경분쟁과정

중국과 인도의 국경선은 1914년 소위 「맥마흔」(McMahon) 라인이 영국, 인도, 티베트간 히말라야산맥 분수령에 설정됨으로써 이것이 영국령 인도와 티베트간의 국경선으로 간주되어 왔다. 「맥마흔」라인에 합의한 3자 (영국, 인도, 티베트)의 대표성 문제가 존재하였고, 1949년 10월 중국 정부 수립 후, 중국이 모든 '불평등 조약'의 파기를 선언하였으나, 그동안 중국과 인도 양측은 모두 이 문제를 공식적으로 거론하지 않았다. 그러나 1950년 중국이 티베트를 점령함으로써 중국과 인도 국경이 본격적으로 문제화되었는데, 당시 중국은 인도와의 국경선 문제보다는 중국의 티베트 점령을 기정사실화하는 데에 전략적 중점을 두고 있었다.[54]

한편 중국은 1957년 후반 인도가 영유권을 주장하는 서부 국경지

---

54) 1954년 4월 중국과 인도간에는 중국령 티베트와 인도간의 무역 · 교류협정이 체결되어 사실상 중국의 영토임을 인정되었다. 한국국방연구원 세계분쟁 데이터베이스(http://kida.re.kr/limdata/world) 내용참조.

역 「악사이 선」에 신강과 티베트간 고속도로를 건설하였다. 이와 같은 상황에서 1959년 3월 티베트에서 중국의 통치를 반대하는 대규모 폭동이 발생하였고 「달라이 라마」가 인도로 피신하였는데, 중국은 인도가 「달라이 라마」 및 그의 추종자들에게 은신처를 제공했을 뿐만 아니라 중국의 내정을 간섭한 것으로 규정하여 양국관계가 급속히 냉각되었다. 이 사건을 계기로 중국은 양국 국경의 재확정을 인도측에 요구하였으나, 인도는 자국에 유리한 「맥마흔」라인의 현상 유지를 주장하였다. 이와 같은 상황에서 중국과 인도 양측간에 첫 교전이 1959년 8월 중부 및 동부 국경지역의 「롱주」(Longju)에서 발생하였는 데 중국군은 동 지역의 인도 초소를 점령하였다. 2차 충돌은 1959년 10월 서북국경 (라다크)의 「콩카」협곡에서 인도군의 정찰대와 중국군간에 총격전이 발생하였다. 국경지역에서 충돌 발생 후, 인도는 1961년 12월까지 중·인 동서부 국경지역에 약 50개의 국경초소를 설치하는 등, 국경지역에서의 긴장수위가 고조되었다. 특히, 인도는 중국의 국경선 협상 제의를 계속 거부하였고, 중국이 대약진운동(1958~60년) 실패, 소련 기술자 및 군사지원단의 중국 철수(1960년) 및 소련의 대인도 군사지원(1961~1962년) 등으로 중국의 국력이 약화되고 자국이 상대적 우위를 갖고 있는 것으로 판단(오판)하였다. 이에 중국은 1962년 여름내내 국경문제에 대한 인도의 '불장난'에 군사적 대응을 경고하였으나, 인도측의 일방적 행동이 계속되자 동년 10월 20일 군사행동을 개시하였다. 중국은 개전 7일만에 160㎞까지 진격한 상태에서, 인도가 협상에 임하고 중국의 영토를 인정할 경우 분쟁중인 국경선에서 중국지역으로 20㎞까지 퇴각하겠다고 제의하였다.[55]

---

55) 당시의 전투에서 중·인 양측은 약 3개 사단 규모의 병력을 동원하였으나 유리한 지형과 상대적으로 높은 훈련수준에 힘입어 중국이 승리할 수 있었으며,

2. 접경지역의 군사신뢰조치

가. 신뢰구축 기반조성

1962년 10월에서 11월, 히말라야 접경지역 동부와 서부에 연한 2개의 전선에서 인도군을 축출하고, 분쟁지역의 대부분을 점령한 중국은 일방적으로 종전을 제의하면서, 현 통제선(Line of Actual Control: LAC)에서 20㎞ 철수하고 서부에서는 비무장지대를 설치할 것을 제의하였다. 그 결과, 동부에는 비무장지대가 없는 상태에서, 양국이 상호 인정한 LAC가 설치되었다. 양국은 이러한 협정이 앞으로 국경분쟁을 해결하는 데 있어서 나쁘지 않다는 것을 인식하기에 이르렀다. 그러나 1976년도 양국간에 전방위 외교가 재성립되기 전까지는 상호관계의 별다른 개선이 없었고 1986년 봄에서 1987년 봄 사이에 동부지역에서 인도군의 대규모 훈련으로 양국간 영토적 오해가 발생함으로써, 이로 인하여 12~18개월 이상 양국간에는 군사적 긴장이 증대되었다.[56]

인도-중국 양국간의 군사적 긴장관계는 인도의 수상 「라지브 간디」(Rajiv Gandi)가 1988년 중국을 방문하면서 개선되기 시작하였다. 접경지역 문제는 여전히 해결되지 않았고 공식적인 화해는 없었

중국은 이 전투 후 정치적 목표를 달성하였다고 선언한 후 일방적인 철수를 결정하였고, 인도군 전쟁포로와 군수물자를 조건없이 인도측에 인도함으로써 중국의 관대함과 평화적 이미지를 과시하였다. 한국국방연구원 세계분쟁 데이터베이스 내용 참조.

56) Sony Devabhaktuni, Matthew C. J. Rudolph and Amit Sevak, "Key Development in the Sino-Indian CBM Process," in Michael Krepon *et al*, eds., *A Handbook of Confidence-Building Measures for Regional Security 3rd ed.* (Washington D. C.: The Henry L. Stimson Center), p. 201.

지만, 두 나라는 더 이상의 국경분쟁을 원하지 않았고, 군사적 신뢰
구축과 관계개선을 바라는 바였다. 한 예로 1981년 중국은 인도인들
에게 티베트에 있는 순례지로 가는 길을 허락하였다. 1981년에서
1988년 사이에 「국경분쟁문제와 중국-인도 양국 관계」에 대한 8번
에 걸친 공식적인 논의가 있었다. 「라지브 간디」의 방문에 따른 결
과로, 중·인 국경문제 협의를 위한 공동실무단(Joint Working
Group: JWG)이 설립되기에 이르렀다. 두 나라 사이의 관계는 차기
인도 수상이였던 「나라시마 라오」(Narasimha Rao)의 베이징 방문
에 의하여 계속해서 개선되어 왔다.[57]

　중·인 국경문제 협의를 위한 공동실무단(JWG)의 임무는 국경문
제를 수습하고 평화와 안정을 증진시키는 것이었다. 공동실무단에
의해 협의된 조치 내용에는 ① 군사회담은 6, 10월 사이에 동쪽의
「범라」(Bum La)통로와 서쪽의 「스팽거」(Spanggur) 협곡에서 년
2회 개최한다. ② 양측 군부간 통신선은 동부와 서부 접경지대의
중요지점에 설치하며 양측 군 수뇌부 사이에 전용통신망 혹은 직통
전화(Hot-line)를 설치한다. 또한, 군사령관간의 접촉 회담을 장려
하며, 필요시 현지 접촉을 할 수 있게 한다. ③ 양측은 LAC를 연해
배치된 군부대의 위치에 대해 상호 투명성을 유지하며, 접경지역의
군사적 기동 및 군부대 이동에 관하여 사전 통보하도록 한다. ④ 공
중침범행위 방지에 관하여 상호합의한다. ⑤ 상호간에 국방교육기
관과 전략연구소간 교류에 합의하며, 고위 장성급 상호방문을 실시
힌다. ⑥ 1988년부터 비군사 교류-경제 협력, 무역, 과학, 기술-를
확대 실시한다는 내용이 포함되었다. 이러한 접경지역 문제의 진전
과 더불어, 양국은 1993년에 상호기술이전과 투자로 얻는 소득에
대해서 이중과세와 탈세를 방지하고, 낮은 세율의 관세를 부과한다

---

57) *Ibid*.

는 조약에 합의하였다.[58]

나. 중국-인도간 평화협정의 체결

중국-인도간의 평화협정(The Sino-Indian Reapprochment)이 나라시마 라오(Narasimha Rao)와 리 펑(Li Peng)사이에 1993년 9월 베이징에서 체결되었으며, 이는 인도-중국간 접경지역의 평화와 안정을 유지하는데 '획기적인' 조약이였다.[59] 이 조약은 1965년 4월에 중국 티베트 지역과 인도간 무역에 관한 협정에 포함되었던 평화공존 5개 원칙, 즉 주권과 영토에 관한 상호존중, 상호불가침, 내정불간섭, 평등과 상호이익, 인도-중국 국경지역 LAC일대의 평화와 안정의 유지에 입각한 평화공존이라는 5개 원칙에 입각하여 본 협약에 합의하였는데 본 협정의 주요 내용을 요약하면 다음과 같다.

양측은 인도-중국 국경문제가 평화적이고 우호적인 협의를 통해서 해결되어야 한다는 데 견해를 같이 하며, 어느 측도 상대방에 대하여 어떠한 수단의 군사력도 사용하거나 위협해서는 안된다. 또한 양측은 상호간의 현 통제선(LAC)을 엄격하게 존중하고 준수하며 LAC를 침범하는 어떠한 활동도 해서는 안된다. 필요한 경우, 양측은 LAC에 관하여 이견이 있을시 그 부분에 대하여 합동으로 점검하여 결정한다. 또한 양측은 양국간의 우호선린관계를 유지하는 데 적합한 최소한 수준의 병력을 접경지역에 유지하며, 호혜적이고 평

---

58) *Ibid.*, p. 201~202.

59) 중국과 인도 양측은 냉전이 종식된 1989년부터 국경회담을 실시하였는데 국내 경제발전을 위해서는 국경의 안정이 필수적이라는 점에 합의하였으며 이후 양측은 1993년 9월 국경평화협정을 체결하였고 1995년 8월 양측 국경병력 철수에 합의하였다. 한국국방연구원, 세계분쟁 데이터 베이스 내용참조.

등한 안보원칙에 부합되도록 상호합의된 범위내에서 접경지역의 병
력을 감축하는 데 합의한다. LAC의 일대의 병력감축의 범위, 정도,
시기는 양측의 협의에 의한다. 병력감축은 LAC 일대의 상호합의된
지리적 위치 범위 내에서 단계적으로 실시한다.[60]

　　또한 양측은 LAC 일대에 있어서 효과적인 군사적 신뢰조치를 협
의한다. 양측의 어느 일방도 상호 확정된 지대내에서는 특정수준의
군사훈련을 할 수 없으며 이 협정에서 허용된 LAC 부근에서 특정
수준의 군사훈련을 하기 위해서는 상대측에 사전 통보해야 한다.
LAC 일대에서 우발적인 문제가 발생했을 시, 양국의 국경요원들과
의 회담과 우호적인 협의를 통해 문제를 해결한다. 또한 양측은
LAC 일대에서 서로의 영공침범이 일어나지 않도록 하기 위한 대책
마련에 서로 합의하며 LAC 부근의 상호 합의된 지역에서의 공중훈
련 제한에 대해 협의한다. 양측은 이 협정에 의해 LAC 일대의 평
화와 안정, 그리고 병력 감축에 요구되는 효과적인 검증체제와 감
시의 형태, 방법, 규모, 내용에 의하여 협의를 통하여 합의하며, 양
측의 합동실무단은 (현재 합의한 조약을 위해서) 양측의 협의를 통
해 외교, 군사 분야에 대한 전문가를 공식적으로 지원한다. 이 전
문가들은 LAC를 둘러싼 양측의 이견을 해결하고, LAC일대 군사
력 감축에 대한 양측의 만남을 조율하고 LAC일대의 군사력 감축에
관해 조언한다. 그리고 협정의 이행을 감독하고 협정간 일어날 수
있는 입장차이를 줄이는 데 역할을 담당한다. 마지막으로 현 협정
은 서명한 즉시 그 효력을 미치며, 그 효력은 양측의 합의로 함을
밝혔다.[61]

---

60) Agreement on the Maintenance of Peace and Tranquility Along the Line
　　of Actual Control in the India-China Border Areas, 7 September 1993
　　(Beijing) 내용 참조.

다. 중국-인도간 접경지역 군사적 신뢰구축 협정 체결

중국-인도간 국교회복이 절정에 이르게 된 계기는 1996년 국가 주석인 장쩌민(Jiang Zemin)의 인도 뉴델리 방문이었으며 이 때 인도-중국 접경지역의 LAC를 연한 군사적 신뢰구축 협정에 관한 조약에 서명하게 되었다. 인도와 중국정부 양측은 이번 협정이 주권과 영토의 상호존중, 상호불가침, 내정불간섭, 상호이익과 평등, 평화공존의 5원칙을 바탕으로 해서 인도와 중국 양측의 우호적이고 지속적인 관계를 이어가는 데 많은 도움이 될 것을 확신하면서 양측은 군사적 우위를 추구하거나 다른 어떠한 수단으로 상대방에 군사력 위협을 가하는 일이 없을 것임을 재확인하였다. 또한 1993년 9월 7일 서명된 베이징 조약으로 양측은 중국-인도 접경지역 LAC 일대의 평화유지와 안정에 관한 양국정부간의 합의에 따른 접경지역의 효과적인 군사적 신뢰구축 필요성을 인식하고, 또한 접경지역 일대에 조성된 군사적 신뢰구축의 유용성을 주목하면서, 군사 분야에서 투명성과 상호신뢰증진에 관하여 다음과 같이 서약하였다.[62]

첫째, 양측은 상대방에 대하여 군사력을 사용하지 않는다. 자신의 현존 군사력의 일부인 LAC 일대 접경지역에 배치된 군사력으로 상대방을 공격하거나 위협해서는 안되며, 중국-인도 접경지역 일대의 안정과 평화를 방해하는 군사적 활동을 할 수 없다. 또한 양국은 국경문제의 공정하고 합리적이며 상호 합의된 결정을 상기하면서, 양국 접경지역 내 LAC를 엄격하게 존중하고 준수한다. 또한 양

---

61) *Ibid*.

62) Agreement between the Government of the Republic of India and the Government of the people's Republic of China on Confidence-Building Measures in the Military Field Along the Line of Actual Control in the India-China Border Areas, 29 November 1996 (New Delhi) 내용 참조.

국은 인도-중국 접경지역 내 LAC 일대의 상호 합의된 지대내에서 현존 병력을 감축하거나 제한하는 다음과 같은 조치에 합의한다. ① 양측은 LAC내 군사적 활동이 허용된 지역에서 두 나라 사이의 우호적이고 안정적인 관계를 해칠수 있는 현존 병력을 축소, 제한할 것을 재확인한다. ② 양측은 합의된 내용을 바탕으로, LAC내 군사적 활동이 허용된 지역의 야전군, 국경수비대, 준군사부대 및 장비의 수를 제한하는 데 합의하며 축소될 장비는 다음과 같다 : 전차, 장갑차, 화기(75mm이상의 직사화기와 120mm이상의 박격포), 지대지 미사일, 지대공 미사일 및 기타 상호 합의된 무기체계) ③ 양측은 축소 또는 제한된 병력과 장비에 관한 자료를 교환하고, 접경지역 LAC내 상호합의된 지역내에서 쌍방이 지켜야 할 병력과 장비의 상한선이 유지될 수 있도록 한다.[63]

둘째, 인도-중국 접경지역 내 LAC지대의 평화와 안정을 유지하고 접경지역의 긴장을 방지하기 위하여, 양측은 접경지역내 LAC 부근에서 1개 사단 이상(약 15,000명)의 대규모 군사훈련을 해서는 안된다. 만일 어느 일방이 접경지대내 LAC 부근에서 여단급 이상 (5,000명)의 주요 군사훈련을 실시할 때는 참가하는 병력의 수, 훈련 형태, 수준, 기간 등에 대하여 사전 통보해야 한다. 또한 인도-중국 접경지대내 LAC를 넘어서는 군용기의 영공침범방지와 월경비행 및 착륙에 관하여는, 양측은 LAC를 넘어서는 영공침범이 발생하지 않도록 적절한 대책을 취해야 한다. 그러나, 만약 영공침범이 발생될 시는 즉시 상대측에 알려야 한다. 모든 전투기는 LAC 10㎞ 이내 비행이 금지되고, 만일 어느 측이 LAC 10㎞ 내의 비행

---

63) Michael Krepon, Khurshid Khoja, *et al. eds., A Handbook of Confidence-Building Measures for Regional Security*, 3rd ed. (Washington, D.C.: The Henry L. Stimson Center, 1998). p. 208.

이 필요할 때는 외교적인 절차를 거쳐 상대측에 미리 통보해야 한
다.[64] 사전의 허락없이는 어떠한 비행기도 LAC 부근 영공을 비행할
수 없다. 양측의 전투기들은 자신의 전투기에 관한 세부적인 사항
을 상대편에 통보하고 사전 허락을 받은 후에야 LAC 영공을 비행
하거나 상대편 지역에서 이·착륙하는 것이 가능하다.

　셋째, 인도-중국 접경지대내의 위험한 군사활동을 방지하는 조
항은 다음과 같다. ① 양국 어느쪽도 LAC의 2㎞ 범위내에서 사격,
생화학제 사용, 폭파작업이나 총포를 이용한 사냥을 금지한다. ②
접경지대 2㎞ 내에서 폭파훈련을 할 시에는 외교적 통로나 접경지
대내의 회담을 개최하여 훈련 5일 전에 상대측에 이를 통보한다.
③ 만일 LAC 부근에서 실탄을 이용하는 훈련이 진행될 시, 실탄이
나 미사일이 LAC를 넘어서 상대편 진영으로 떨어져서는 안된다.
④ 만일 어떠한 이유로 LAC 경계선을 둘러싼 양측의 이견이 생겨
접경지대내 서로 대치하는 상황이 벌어진다면, 양측은 감정을 자제
하고, 상황이 심화·확대되는 것을 피하기 위한 모든 필요한 절차
를 밟는다. 또한 긴장완화와 상황 재조명을 위해 외교적이나 다른
가용한 통로로 즉시 상호 협의에 들어간다.[65]

　넷째, 양측의 군사적 교류와 협력, 그리고 접경지역의 LAC의 구
축을 위하여 다음과 같이 합의한다. ① LAC내의 지정된 장소에서,
양측 대표자간의 정기적인 정상회담을 유지하고 확대한다. ② LAC
내의 지정된 장소에서, 정상회담간의 텔레커뮤니케이션을 유지하고
확대한다. ③ 양측 정상간의 고차원적이고 단계적인 연결망을 구성

---

64) 전투기에는 요격기, 폭격기, 정찰기, 훈련기, 군용헬기 등이 모두 포함되어 있
　　으며 상대방에 통보시는 전투기의 기종 및 대수, 비행고도, 비행시간, 비행지
　　역 등을 포함하여 통보하도록 하였다. *Ibid.*

65) *Ibid.*, p. 209.

한다. 또한 상대측에서 자연재해와 같이 피할 수 없는 상황에 직면
하여 LAC를 넘어올 경우에는 가능한 모든 지원을 해주어야 하며,
상대측 편에서 LAC를 넘어온 인원에 대해서는 즉각 상대편에 통보
해 주어야 하고, 넘어온 인원의 회송방법은 양국의 합의를 통해 결
정한다. 양측은 상대국에까지 영향을 미칠 수 있는 인접한 경계지
역 안에서의 전염병과 자연재해에 관한 정보를 가능한 신속히 교환
하며 이러한 정보는 접경지역내의 회담이나 외교적인 통로를 통해
교환한다. 추가적으로 이 조약에 요구되는 이행 조치는 상호간의
협의—합동 실무자—를 통해서 이루어지며, 인도—중국 양국의 외교
관들과 군사전문가들은 협정의 이행조치가 수립될 수 있도록 합동
실무자들을 보좌한다. 이 조약은 국회의 비준을 받아야 하고 비준
후에는 서로 교환하며, 두 나라사이의 상호합의의 서명에 의해서만
변경되고 추가될 수 있다고 규정하였다.[66]

3. 중·인 접경지역 군사적 신뢰구축의 특징

가. 승자에 의한 일방적 종전제의와 서부지역 비무장지대 설치

히말라야 접경지역 동부와 서부 전선에서 인도군을 축출하고 분
쟁지역의 대부분을 점령한 중국측은 일방적으로 종전을 제의하면서
현 통제선(LAC)에서 20km 철수하고 서부지역에서는 비무장지대를
설치할 것을 세의하였다.[67] 그러나 동부지역은 비무장지대가 없는

---

66) 동 협정으로 인해 양국 국경선이 완전히 확정되거나 충돌 가능성이 사라진 것
은 아니지만 최소한 충돌을 방지할 수 있는 어느 정도의 기반을 마련한 것으로
평가된다. 이후 1999년까지 양측간 충돌은 없었으나, 양측 국경군은 지속적으
로 지형조사, 병력배치 및 이동, 도로건설 등 향후 충돌을 대비하고 있는 것으
로 외신은 전하고 있다. 한국국방연구원 세계분쟁 데이터베이스 내용참조.

상태에서 양국이 상호 인정한 LAC를 설치하였다. 당시 중국-인도 간 히말라야 접경지역은 군사지리적 측면에서 중국측의 그러한 제 의가 최소한 자기측에 불리하지 않다는 판단에 기인하였음은 당연 한 이치다. 비무장지대나 완충지대의 운용과 그 지대의 폭은 당시 의 군사지리적 여건에 따라 유리하다거나, 불리하지 않다거나, 혹 은 불리하다는 판단이 나올 수 있기 때문이다.

나. 동부지역의 비무장지대 미설치와 군사적 긴장

비무장지대가 설치됨이 없이 LAC를 연하여 중국과 인도 쌍방 병 력이 대치하고 있던 동부지역에서 인도군이 대규모 훈련을 실시함 으로써 영토적 오해가 발생하는 것은 당연한 일이다. 비무장지대의 미설치는 쌍방간의 군사적으로 충돌가능성을 증대시키고 접경지역 에서의 대규모 훈련은 쌍방간에 군사적 오해와 긴장을 유발할 가능 성을 증대시킨다. 접경지역의 군사적 신뢰구축을 증진시키기 위해 서는 일정 폭의 비무장지대를 설치·운용하는 것이 필요하며 적절 한 폭의 비무장지대는 쌍방간의 군사적 충돌 가능성과 기습가능성 을 감소시키는 효과를 발휘하는 것이다.[68]

---

67) Devabhaktuni, Rudolph, and Sevak, *op. cit.,* p. 201.

68) 시나이 협정사례에서도 보았듯이 인접 군사세력간 군사적 적대행위를 중지하 고 군사적 긴장을 완화하면서 군사적 신뢰를 구축하는데는 군사력 분리조치가 효과적이며 이를 위해서는 비무장 완충지대의 설치가 필요하다. 군사력 이격 과 비무장 완충지대의 설치는 쌍방간에 기습공격을 억제하고 우발적인 전쟁 가능성을 감소시키며, 조기 경보를 위한 시간을 확보가능하기 때문이다. 이러 한 목적을 위해 시나이-II 협정에서 이스라엘측은 수에즈 운하로부터 약 20km 철수하고 양측간에 비무장 완충지대와 함께 동 완충지대의 양측에 병력배치제 한지대(Limited Force Zones)를 설치하였던 것이다.

다. 국경문제 협의를 위한 공동실무단 (JWG) 운용

접경지역 분쟁으로 인한 중국-인도 양국간 군사적 긴장관계를 개선하기 위해서 정상간의 방문 등 정치적 노력도 필요하지만, 실질적인 군사적 신뢰구축을 조성할 수 있는 공동실무단(JWG)의 구성과 적극적인 역할이 필요하였다. 당시 중국-인도 국경문제 협의를 위한 공동실무단을 통하여 국경문제를 수습하고 적절한 군사적 신뢰구축조치를 구체적으로 발전시킴으로써 양국간 평화와 상호안정을 증진시켜 나가는 노력을 추진한 것은 효과적이고 적절한 조치였다.[69] 특히 공동실무단에 의해 협의된 조치 내용들 가운데 정기적 군사회담, 양국군 수뇌부간 직통전화(Hot-Line), 군사령관의 접촉회담, LAC 인접지역의 상호 투명성 유지, 접경지역 군부대 이동에 대한 사전통보, 영공침범 방지에 관한 합의, 군사교류 및 비군사교류의 확대 등은 양국의 군사적 신뢰구축에 크게 기여할 수 있는 기본적이면서도 효과적인 조치였다.

라. 국경문제를 위한 평화협정 체결

1993년 9월 체결된 중국-인도간 평화협정은 양국간 접경지역의 평화와 안정을 유지하는 데 '획기적인 조약'이었다. 이 조약은 주권과 영토에 관한 상호존중, 상호불가침, 내정불간섭, 평등과 상호이익, 평화공존이라는 5대 원칙에 입각하였고, 양국간 국경문제의 평화적이고 우호적인 협의를 통한 해결, 군사적 수단의 사용이나 위협 배제, LAC 침범 방지, 접경지역 병력감축을 포함한 군사적 신뢰

---

69) 당시 중-인 국경문제 협의를 위해 설치된 공동실무단(Joint Working Group)은 중국과 인도 양국간 접경지역의 기본적인 군사신뢰조치를 계획하고 발전시킴으로써 양국간의 군사신뢰구축과 평화관계 설정에 크게 기여하였다.

조치 등 LAC 일대의 평화와 안정을 위한 제반 노력을 포함하고 있
었다. 뿐만 아니라 합동실무단의 운용 및 활동, 고위급 회담 및 상
호방문, NGO의 상호교류까지 포함한 실질적이고 광범위한 조치와
활동을 포함하고 있었다.[70]

마. 접경지역 군사적 신뢰구축협정 체결

중국-인도간 국교회복이 절정에 이르게 된 것은 양국간 접경지
역의 군사적 신뢰구축협정에 서명한 때였다. 중국과 인도 양국 정
부는 주권과 영토의 상호존중, 상호불가침, 내정불간섭, 상호이익
과 평등, 평화공존의 5원칙을 바탕으로 하여 양측은 군사적 우위를
추구하거나 위협을 가하지 않을 것을 재확인하였고, 양국간 접경지
역의 군사적 신뢰구축의 필요성을 인식하고 양국간 접경지역 일대
에 조성된 군사적 신뢰구축의 유용성을 주목하면서 접경지역 군사
분야의 투명성과 상호신뢰증진에 관하여 상호협력 할 것을 서약하
였다.

협정의 세부내용을 살펴보면, 양측은 상대방에 대하여 군사력을
사용하지 않는다. 즉 접경지역에 배치된 군사력으로 상대방을 공격
하거나 위협해서는 안되며, 접경지역의 안정과 평화를 방해하는 군
사적 활동을 할 수 없다고 규정하였다. 또한 양국은 접경지역 내
LAC를 존중하고 접경지역내 LAC 일대의 현존 병력을 감축하거나
제한하는 조치에 합의하면서 병력에 관한 상한선을 결정하고 상호
자료를 교환하기로 하였다. 뿐만 아니라, 접경지역 내 LAC 부근에
서 사단급 이상의 대규모 군사훈련을 금지하고 여단급 이상 훈련에
대해서는 사전통보를 의무화하였다. 접경지역 내 LAC를 넘어서는

---

70) Devabhaktuni, Rudolph, and Sevak, *op. cit.*, p. 202~203 내용 참조.

군용기의 영공침범 방지와 비행제한 사항을 합의하였고, 접경지역 일대에서의 사격훈련 제한의 범위와 군사교류, 월경사태 발생시 조치, LAC에 관한 투명성, 합동실무단 운용, 조약의 비준 등에 관하여 규정하고 있다.[71]

4. 사례의 교훈

가. 적절한 폭의 비무장 완충지대의 설치 필요성

접적상태에 있는 쌍방의 적대 군사력은 항상 무력충돌의 가능성을 크게 안고 있는 것이다. 그러나 중국-인도 접경지역의 서부지역과 같이 쌍방 군사력간에 적절한 폭의 비무장 완충지대를 중간에 설치하게 되면, 쌍방 군사력의 충돌 가능성이나 일방에 의한 기습 가능성을 상당부분 감소시킬 수 있고 군사적 긴장도 완화할 수 있는 장점이 있다. 그러한 측면에서 한반도 비무장지대는 그 폭이 그러한 기능과 역할을 수행하는데 상당히 제한되고 있다고 볼 수 있다. 휴전협정 당시 쌍방간에 거론되었던 20km 정도의 비무장지대 설치안은 나름대로 의미가 있었던 것이다.[72]

---

71) *Ibid.*, pp. 207~210 내용 참조.

72) 휴전협정 체결당시 공산측은 군사분계선 쌍방으로 각기 10km를 후퇴시킨 20km폭의 비무장지대의 설치를, 유엔군측은 북측으로만 20km를 각기 제의한 바 있다. 김명기 박사도 "남북한 비무장지대의 국제적 감시", 「국제법학회 논총」, 제 34권 1호(1989)에서 현재의 폭 4km는 남북한의 안정을 보장하기에는 다소 협소하므로 남북 각각 10km로 확장하는 것을 고려해야 한다고 주장하였다.

나. 접경지역 병력의 상호감축 및 제한조치

접경지역 일대에 배치된 쌍방의 병력을 일정 규모로 상호감축 또는 제한하는 조치는 접경지역의 군사적 신뢰구축을 증진시키는 데 적절한 것이었다고 본다. 대규모 병력이 접경지역에 근접대치하고 있다는 것은 상호간에 군사적 충돌의 기회를 증대시킬 뿐만 아니라 안정적 우호관계를 유지하는 데 결코 바람직하지 않을 것이다. 시나이 경험에도 비추어 보아도 접경지역에서 대치하고 있는 쌍방은 상호간 기습방지, 긴장완화, 신뢰구축의 일환으로 실질적이고 적절한 비무장지대의 설치와 더불어 군사분계선으로부터 일정 구간내에서는 상호 배치병력을 제한 또는 축소하는 조치가 필요한 것이다. 따라서 우리 남북한도 이러한 측면에서 접경지역의 병력 규모를 축소 또는 제한하는 방안을 상호간에 검토해 볼 필요가 있다.[73] 그러나 전방 병력을 후방으로 재배치하는데는 막대한 예산이 소요되는 점을 감안한다면 접경지역의 병력 규모를 상호 축소할 경우, 축소되는 병력을 동시에 감축하는 것이 상호간에 막대한 예산부담을 해소하는 방안이 될 것이다.

---

73) 제성호 박사는 우리도 남북한간의 기습방지, 긴장완화, 신뢰구축의 일환으로 또는 남북평화협정체제 구축의 전단계 조치로 ① 비무장지대의 완전 비무장화 추진 ② 군사분계선으로부터 적절한 구간에 배치제한지대 설치 ③ 초과 군사력의 후방재배치 등의 조치를 함께 강구·추진해 나갈 것을 북한측에 먼저 제의하는 방안을 적극 검토해야 한다고 주장하였다. 제성호, "비무장지대와 군사적 신뢰구축: 시나이 협정I와 II를 중심으로",「국회법학회 논총」, 제 41권 2호 (1996), pp. 230~233 참조.

다. 정치 · 군사적 상호교류 및 접경문제 협의를 위한 공동실 무단 운용

접경지역 분쟁으로 인한 중국-인도 양국간 군사적 긴장관계를 개선하기 위하여 국가 원수들간의 정상회담 및 상호방문은 물론, 정부 고위층 및 군부 고위층간의 상호교류와 방문을 통한 허심탄회한 의견교환과 합의는 정치 · 군사적 신뢰구축에 크게 도움이 되었다. 뿐만 아니라 양국 공동실무단의 구성과 적극적 활동은 국경문제를 수습하고 적절한 군사신뢰구축조치를 구체적으로 발전시켜 나가는 데 상당한 성과가 있었다. 이와 더불어, 접경지역에서의 정기적 군사회담, 양국군 수뇌부간의 직통전화 설치, 현지 군사령관의 접촉회담, 접경지역의 상호투명성 유지, 군부대이동의 사전통보 등은 양국의 군사적 신뢰구축에 크게 기여하였다.

라. 접경지역 군사신뢰구축을 위한 협정체결과 성실한 이행

중국-인도간 국교회복이 절정에 이르게 된 것은 양국이 접경지역의 군사적 신뢰구축 협정에 서명한 때였다. 양국은 평화공존 5원칙을 바탕으로 접경지역에서 상호간에 군사적 우위를 추구하거나 위협을 가하지 않을 것을 재확인하였고, 상호 군사분야의 투명성과 신뢰증진을 위한 협약 내용을 성실히 실천함으로써 국경안정과 군사적 신뢰증진에 크게 기여하였다. 아울러 접경지역의 안정과 평화를 방해하는 군사적 활동을 방지하기 위하여 접경지역 일대의 현존 병력의 감축 및 제한, 병력에 관한 상호 자료교환, 사단급 이상의 대규모 군사기동 금지, 여단급 이상 훈련시 사전통보 의무화 등을 성실히 이행함으로서 양국의 군사적 신뢰를 증진시켰던 것이다.

우리의 남북한간에도 1992년 2월 19일 남북사이의 화해와 불가침 및 교류·협력에 관한 합의서(기본 합의서)에 남북한의 불가침 이행과 무력불사용에 대한 합의를 하였고, 대규모 부대이동과 군사 연습의 통보 및 통제, 비무장지대의 평화적 이용, 군 인사교류 및 정보교환, 대량살상무기와 공격능력의 제거를 위한 단계적 군축실 현과 검증문제 등 군사적 신뢰구축과 군축에 대한 문제를 협의·추 진한다고 명시하고 있지만, 구체적인 내용은 실제로 진전되지 못하 고 있다. 이러한 측면에서 볼 때, 접경지역의 군사적 신뢰구축은 합 의서에 대한 서명보다 양측이 실제로 그것을 얼마나 성실히 이행하 느냐 하는 것이 더욱 중요한 것이다.

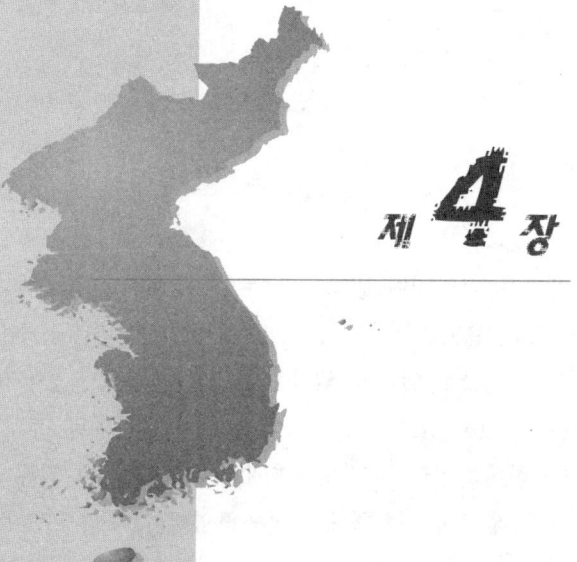

제 **4** 장

접경지역 평화적 이용 사례

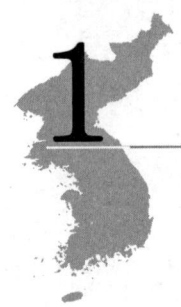

예멘의 접경지역 공동개발

예멘은 아라비아 반도 서남부 지역, 홍해 입구에 위치하고 있으며, B.C. 950년부터 B.C. 115년 사이에 시바(Sheba) 왕국이 통치하였던 곳으로 알려져 있다.[1] 그 후 A.D. 525년까지는 힘야라이드(Himyarite) 왕조가 설립되어 현재의 남북예멘 전지역을 지배하였으나 힘야라이드 왕조가 이디오피아의 침공에 의해 멸망하자 예멘지역은 부족국가의 형태로 분열하였다.[2] 그 후 오토만 터키 제국의

---

1) 지리적으로 홍해와 인도양 사이의 무역 요충지에 위치했던 예멘은 고대로부터 강력한 왕권을 기반으로 문화적·경제적으로 번영을 누렸다. B.C. 950년부터 B.C. 115년 사이에 수립되었던 시바(Sheba) 왕조는 마리브(Marib)댐의 발달된 관개시설을 갖추고 있었으며 시리아 지역까지 무역 식민지를 개최하기도 했다. Congressional Quarterly Inc. The Middle East, 7th ed., (Washington: Congressional Quarterly Ins. (1991), p. 231.

2) 예멘은 중세에는 부족적, 종교적 차이로 수십 개의 반자립적인 왕국으로 분열되었으며, 오토만 터키와 영국의 식민통치기간 동안 두개의 행정지역으로 분할됨으로써 남북예멘간에는 상당한 정도의 사회·문화적 이질성이 존재했었다. 그러나 예멘인들은 예멘이 아랍문명의 근원지이고, 자신들은 고대에 번영했던 왕국의 후손이라는 자부심을 가지고 있었다. 김국신, 「예멘통합사례 연구」(서울: 민족통일연구원, 1995), p. 5.

지배를 받게 된 예멘은 그의 전략적 위치 때문에 유럽 제국의 경쟁
의 대상이 되었다. 1839년 영국은 아덴을 점령하여 영국의 인도양
진출의 거점으로 이용하였으며, 1869년 수에즈 운하의 개통으로 아
덴의 전략적 가치가 높아지자 영국은 남예멘 지역에 대한 식민통치
를 확대하였다. 당시 아덴을 제외한 남예멘 지역은 20여개의 독립
적인 왕국으로 나누어져 있었는데, 영국은 1882년부터 1914년까지
이들과 보호협정을 체결하고 식민통치를 실시하였으며 1914년에는
오토만 터키 제국과 남북예멘을 분할하는 국경선에 관한 협정을 맺
고 남예멘 지역에 대한 통치권을 보장받았다. 이로써 남북예멘의
분단은 국제적으로 공인되었다.[3]

북예멘 지역에서는 1918년 터키군이 1차 대전에서 패배하고 철수
하자 「사나」를 수도로 하여 회교군주국이 수립되지만 자유주의적
인 젊은 장교들이 쿠데타를 일으켜 1962년 9월 26일, 「예멘 아랍
공화국」을 선포하였다. 그 후 8년간 정권을 재탈환하고자 하는 왕
정파와 공화파간에 내전이 지속되었으며, 1970년 양측이 연립정부
를 수립하는데 합의함으로써 내전이 종식되었다. 한편 남예멘 지역
에서는 영국 식민정부의 지배하에서 있던 아덴인들이 정치적으로
의식화되어 갔고, 제 2차 세계대전 이후부터 아랍 민족주의 운동이
확산되었다. 이에 영국 식민정부는 제한된 민주화 조치를 통하여
아덴인들을 무마하고자 하였으나, 예멘인들은 독립운동을 계속하게
되었다.[4] 이 중에 아랍 민족주의 좌파계열의 영향을 받은 학생들과

---

3) 영국과의 보호협정을 체결한 남예멘의 술탄(Sultan: 회교국 군주)과 부족장
   (Shaykhs)들은 외침에 대하여는 영국의 지원을 받았으나 내정문제에 관해서
   는 독자적인 권한을 부여받았다. 그러나 대외관계에서는 영국관리의 자문을
   받아야 했으며, 영국의 동의없이 다른 나라와 외교관계도 수립할 수 없게 되
   었다. 위의 책, p. 7.

혁명적인 지식인들이 결성한 무장투쟁단체 「민족해방전선」이 주도
권을 장악하여 1967년 11월 30일 영국과 독립협정을 체결하고 사회
주의 정권 「남예멘 인민공화국」을 수립하였다.[5]

1. 남북예멘의 통일과 접경지역 공동개발

가. 남북예멘의 통일과정

정치이념과 체제면에서 남북예멘은 분명한 차이를 보이고 있다.
북예멘은 이슬람교의 원리를 국가이념으로 하는 입헌공화제인 반
면, 남예멘은 과학적 사회주의를 표방한 일당독재체제였다. 그러함
에도 불구하고 남북예멘인들은 아랍 민족주의 운동의 일환으로서
통일의 당위성을 인정하고 연방형성을 위한 논의를 진행하였다. 그
러나 남북예멘은 각기 자기들만이 예멘인의 민족적 열망을 대표하
고 있다고 주장하게 되었다.[6] 북예멘 정부의 통일에 대한 기본입장

---

4) 아덴 지역의 노동자들의 파업이 빈번해지자 영국정부는 아덴인들의 불만을 무
마시키기 위해 입법평의회(Legislative Council)를 설립하여 예멘인들을 입법
평의회 의원으로 임명하는 등 제한적 민주화 조치를 취하였다. 1949년에는 최
초로 입법평의회 의원을 직접선거로 선출하였는데 아덴에 거주한 년한과 재산
을 기준으로 중산층 이상의 주민들에게만 선거권을 부여하였다. 그러나 아덴
의 젊은 지식층들은 아덴 노동조합 의회(Aden Trade Union Congress)를 조
직하여 선거법 개정과 노동조건의 개선을 요구하며 反英운동을 주도하였고
1962년 아덴 노동조합 의회와 서기장 아스낙을 중심으로 인민사회당(People's
Socialist Party)을 조직하여 본격적으로 反英운동을 전개해 나갔다. Robin
Bidwell, *The Two Yemens*, (Boulder: Westview Press, 1983), p. 76.

5) 김국신, 「예멘 통합사례연구」, pp. 3~5 참조.

6) 분단 상황의 특성상 북예멘의 민족주의 운동은 군주정치를 무너뜨리고 근대적
국가를 건설하는 것을 목표로 하게 된 반면, 남예멘의 민족주의 운동은 식민지
해방전쟁의 성격을 띠며 발전하였다. 남예멘 내륙지역 학생들과 혁명적 지식
인들은 북예멘에서 공화국이 수립되는 것을 계기로 1963년 6월 북예멘 수도

은 북예멘이 역사적 정통성을 지니고 있고, 인구와 경제력에서 우
월하므로 남예멘은 즉각 정부를 해체하고 북예멘의 한 지역으로 편
입되어야 한다는 것이었다. 반면 북예멘이 반봉건 자본주의 사회라
는 견해를 지닌 남예멘 사회주의자들의 통일에 대한 기본입장은 북
예멘에 대한 적화통일이었다.

(1) 제 1기 협상과정 (1972 ~ 1978)

1972년 9월, 남북예멘은 대규모 국경충돌을 겪게 되었지만, 리비
아 등 아랍국가들의 중재로 곧 휴전하였다. 그 후 1972년 11월 26
일, 북예멘「이리아니」대통령과 남예멘「루바이 알리」서기장은 리
비아의 수도 트리폴리에서 정상회담을 개최하고 통일원칙에 합의하
였다.[7] 그러나 트리폴리 정상회담의 합의사항에 대해 북예멘 보수
세력과 사우디아라비아는 심한 반발을 보였다. 북예멘의 정치적 대
립이 격화되고 남예멘에서도 정치적 혼란을 겪는 가운데 결국 통일
에 관한 트리폴리 합의사항은 백지화되었으며[8] 통일 논의는 중단되

사나에서「민족해방전선」을 결성하였다. 민족해방전선의 주축은 남예멘 내륙
지역 부족출신 학생과 노동자로 구성되었으며 이들은 게릴라 활동을 통하여
독립을 달성했다. Helen Lackner, "The Rise of the National Liberation
Front as a Political Organization," in Pridham ed., *Contemporary
Yemen: Politics and Historical Background*, (London; Croom Helm,
1984), p. 50.

7)「트리폴리 정상회담」의 주요합의 사항은 ① 통일 예멘의 국호는 예멘공화국으
로 하며 수도는 북예멘의 수도「사나」로 한다. ② 국교는 이슬람이며 이슬람
율법을 입법의 주요 원천으로 한다. ③ 국가는 아랍 이슬람 형태를 추구하고
사회적 정의를 실현할 수 있는 예멘사회여건을 추구하면서 사회주의 실현을
목표로 한다. ④ 예멘공화국의 정치체제는 민족적, 민주적 정치체제이다. 정치
제도의 기본제도를 제정하기 위하여 공동위원회를 구성하고, 헌법을 작성한다
는 것이다. 김국신,「예멘통합사례연구」, p. 69.

었다. 1974년 6월 북예멘에서는 군사쿠데타로 정권을 잡은 「함디」
가 사우디아라비아와의 협력관계를 강조하자 남북예멘관계는 일시
적으로 악화되었다.

그러나 남예멘의 예상과는 달리 「함디」는 정치개혁을 실시하고
남예멘과는 협조적 관계를 유지하기를 희망하였다. 한편 남예멘의
「루바이 알리」서기장은 남북예멘이 협력관계를 유지하여야 남예멘
에 대한 소련의 간섭을 배재할 수 있다는 생각에서 북예멘과 대화
를 재개하였다.[9] 당시 「함디」와 「루바이 알리」는 개인적 친분을 유
지하고 통일논의를 계속하였는데 이들에게 통일이란 사실상 평화공
존을 의미하는 것이었다. 그리고 이들은 각기 국내적 권력투쟁의
일부로서 남북예멘 협력관계를 추구하였다. 「함디」는 민주세력을
이용하여 부족세력과 사우디 아라비아의 영향력을 상쇄하기 위해
서, 그리고 「루바이 알리」는 친소파의 입지를 약화시키기 위해서
남북예멘이 상호협력관계를 유지할 필요가 있었다.[10] 그러나 1977
년 10월 북예멘의 「함디」가 암살되고 남예멘에서도 친소강경파들

---

8) 트리폴리 정상회담에서 합의된 내용의 특징은 사회주의 체제였던 남예멘이 이
   슬람을 통일국가의 국교로 받아들이고 샤리아(Sharia)를 법의 근본으로 하는
   반면에 북예멘은 사회주의를 국가이념으로 채택할 것에 동의한 것이었다. 그
   러나 트리폴리 정상회담에서 합의한 사회주의 국가이념은 북예멘의 정치현실
   과 배치되는 것이였기 때문에 북예멘의 부족장과 종교지도자 등 보수세력들은
   정상회담의 합의사항에 심한 반발을 하였다. 사우디아라비아도 북예멘 정부에
   통합 노력을 계속하면 원조를 중단하겠다고 압력을 가했으며 또한 1972년 트
   리폴리 정상회담에 대해 남예멘의 민족전선은 북예멘의 좌익사력을 사주하여
   파업과 폭동을 부추킴으로써 북예멘은 정치적 소요사태가 빈발하게 되었고 결
   국 트리폴리 합의사항은 백지화되었다. F. Gregory Gause, "Yemen Unity:
   Past and Future," *Middle East Journal*, vol.42, No.1(Winter 1988), p.
   38.

9) 김국신, 「예멘 통합사례연구」, pp. 70~72 참조.

10) Bidwell, *op. cit.*, p. 317.

이 쿠데타를 일으켜 「루바이 알리」를 처형함으로서 남북예멘의 통
일 논의는 정치적 혼란과 함께 중단되고 전쟁이 재발하였다.

(2) 제 2기 협상과정 (1979~1985)

남예멘은 북예멘의 정치적 혼란을 이용하여 사회주의 혁명을 일
으키고자 「민족민주전선」의 게릴라 활동을 지원하기 위해 국경지대
를 넘어 북예멘 남부지역을 침공하였다. 이렇게 남북예멘간에 국경
분쟁이 재발되자 주변 아랍국가들은 남북예멘간의 전쟁이 당시 진
행되고 있던 이집트 - 이스라엘 간의 캠프 데이비드(Camp David)
평화회담에 반대하는 통일아랍전선구축에 이롭지 못하다고 판단하
였다. 따라서 아랍국가들은 「아랍연맹회의」를 긴급소집하여 1979
년 3월 5일 「남북예멘간 전쟁종식을 위한 평화안」을 가결하고 양국
으로 하여금 이것을 받아들일 것을 종용하였다. 아랍연맹의 주선으
로 당시 남북예멘은 1979년 3월말 쿠웨이트에서 정상회담을 개최하
였다. 쿠웨이트 회담에서 남북예멘 정상은 1972년에 체결된 「트리
폴리」협정을 재확인하고 통일을 달성하기 위한 새로운 방법을 제안
하였다. 즉 헌법위원회를 설립하여 통일헌법 초안을 작성하고 이에
대한 국민투표를 실시하여 통일과정을 확정한다는 것이였다.[11] 그
후 남북예멘은 통일 논의를 계속하였지만 남북예멘 모두 국내 경제
성장에 몰두하여 통일을 달성할 만한 실질적인 준비가 되어있지 않
았다. 따라서 이 당시 통일정책의 핵심은 교류와 협력을 통한 상호
보완석 경제성장이였다. 이와 같은 과정에서 1981년 11월 30일 「살
레」대통령은 북예멘 대통령으로는 처음으로 남예멘을 방문하여 「알
리 낫셀」대통령과 아덴에서 정상회담을 개최하고, 「남북예멘 협력
및 조정에 관한 협정」을 체결하였다.

---

11) 김국신, 「예멘 통합사례연구」, pp. 73~75 참조.

〈표 4-1〉「남북예멘 협력 및 조정에 관한 협정」의 주요내용

분 야	내 용
① 양국 정부의 조정에 관한 문제	– 양국 대통령으로 구성되는 「예멘최고평의회」를 구성하고, 이 회의의 지시사항을 실천할 「공동각료위원회」와 「사무국」을 설치한다. – 「예멘최고평의회」는 6개월에 한번씩 정기회의를 개최하며, 「예멘각료위원회」는 3개월에 한번씩 개최한다.
② 경제에 관한 문제	– 양국의 경제 및 사회 개발계획을 조성하고, 「양국연합공사」에 의한 지질 및 수자원 분야의 공동조사 및 개발에 힘쓴다. – 양국의 농업지도기구와 농산물 판매를 위한 공동기구를 설치한다. – 「카타바–두라인」간 연결도로 건설을 추진한다. – 국경마을의 편의를 위한 공동화합장소 등을 설치한다.
③ 교육 및 문화정보에 관한 문제	– 국경에 공동학교를 설치하고 남북예멘 학생들의 거주지에 가까운 학교의 입학을 허가한다. – 「문화·정보위원회」를 설치하여 사회교육에 관한 교과내용을 마련하고 교과과목을 통일한다. – 라디오, TV프로는 공동제작하여 동시 상영한다.
④ 상호 왕래에 관한 문제	– 양국의 국민들에게 서로 양 지역을 왕래할 권리를 부여한다
⑤ 외교정책에 관한 문제	– 제국주의와 시온주의를 반대하여 아랍권에 대한 행동을 통일한다. 외국군의 군사기지설치를 반대하고 외국군의 주둔을 배척한다. – 내부문제에 영향을 주는 모든 정치·군사적 블록 및 협정에 반대하며 비동맹 운동을 지지한다.

　　1982년 12월 30일 남북예멘 합동헌법위원회는 통일헌법을 기초하고 승인하였는데 국호는 「통일예멘공화국」으로 하고 수도는 북예멘의 수도인 「사나」로 하며 이슬람교를 국교로 하였다. 입법부는 양국 국민들이 선출하는 위원들로 구성하며 행정부는 「통합각료평

의회」로 구성하는 것이었다.[12]

이 때 작성된 헌법초안은 실질적 효력을 발생하지 못하였지만 양국 정상은 우호적인 관계를 계속 유지하며 협력체제를 공고히 해 나갔다. 1983년 8월 「예멘최고평의회」가 처음 소집되었으며, 1984년 3월에는 「공동각료위원회」가 처음 개최되었다. 그 후 남북예멘은 수차에 걸친 예멘 최고평의회와 공동각료위원회를 개최하였다. 이와 같은 정치적 회담을 통하여 「살레」정권과 「알리 낫셀」정권은 상호신뢰를 구축하였고 남북예멘은 역사상 가장 긴 평화공존을 맞이하였다. 그러나 양국 정부 모두 사회·경제분야의 실질적 협력을 추진하기에는 재정적 기반이 취약하였고, 정치적 통합을 추진하기에는 양국 정권 담당자의 사회적 지지기반이 취약하였다.[13]

(3) 제3기 협상과정 (1986 ~ 1990)

남북예멘이 오랫동안 평화적으로 공존하는 동안 북예멘의 「살레」정권은 정치적 개혁을 통하여 정권에 대한 사회적 지지기반을 확대하였다. 또한 1985년 석유가 생산되면서 「살레」정권에 대한 국민적

---

12) 통일헌법초안에는 1972년 11월에 합의한 통합원칙내용인 사회주의, 민족주의 및 민주주의를 국가 이념의 기초로 한다는 규정이 삭제되었다. 이는 급격한 사회주의 체제로의 이행이 불가능한 북예멘의 정치적 현실과 아랍보수 국가들로부터 경제적 원조를 기대하지 않을 수 없는 남예멘의 경제적 현실과 타협되어진 결과로 볼 수 있다. 통일헌법 초안의 특징은 국민이 직접 선출한 의회제도를 목표로 하고 있는 반면, 의원내각제를 목표로 한 것인지, 대통령제를 목표로 한 것인지는 불분명하다는 것이다. 그리고 통일을 달성하는 기간이 명시되어 있지 않아 통일에 유보될 수도 있다는 점을 내포하고 있었다. 사실 이 통일헌법 초안에 대해서 양국이 의회의 비준을 거쳐 채택하기로 하였다는 남예멘측의 일방적인 발표만 있었지 북예멘측은 정치적 후환을 우려하여 국민들에게 그 내용을 공개하지 않았다. 위의 책, pp. 78~79 참조.

13) 위의 책, pp. 78~79 참조.

지지가 확고해 졌고, 부족 세력에 대한 정부의 입장이 점차 강화되었다. 그러나 남예멘의「알리 낫셀」정권은 경제적 침체에서 벗어나지 못한 채 정치적 혼란에 휩싸였다. 결국「알리 낫셀」은 친소강경파의 권력투쟁에서 패배하고 그의 추종자 약 2만명은 북예덴으로 망명하였다.[14] 이렇게「알리 낫셀」정권이 몰락하고 친소강경파와「민족민주전선」출신들이 새로운 지도층을 형성함으로써 남북예멘관계는 냉각되었다. 그러나 망명자 문제로 남북예멘관계가 긴장된 가운데 북예멘이 도발해 올 지도 모른다는 위기의식을 느낀 남예멘 지도층은 북예멘과 관계개선을 희망하였다. 1986년 7월 북예멘의「살레」대통령과 남예멘「알아타스」대통령은 리비아의 수도 트리폴리에서 정상회담을 개최하고 통일논의를 계속할 것에 합의하였다.[15]

1988년 초까지 남북예멘간 대화는 사실상 북예멘 정부, 남예멘 정부, 북예멘에 망명한「알리 낫셀」추종자들간에 이루어진 것으로 대화의 초점은 통일이 아니라 망명자들의 귀환과 권리보장에 관한 것이었다. 망명자들에 관한 문제를 해결하지 못하고 남북대화가 표류하는 가운데 석유가 개발되는 국경지대에서 남북예멘 군대의 충돌사건이 발생하였다. 남북예멘은 전쟁의 위협을 방지하기 위해 각료회담을 4차례나 개최하였으나 이 지역에 군사적 긴장이 고조되자

---

14) 권력투쟁의 과정에서 수세에 몰린 알리 낫셀 대통령은 1986년 1울 13일 예멘 사회당 정치국 회의를 소집하여 친소 강경파들을 기관총으로 사살하였으나 친소강경파들은 군의 지원을 받아 아덴에서 유혈폭동을 일으켜 정권을 탈취하였다. 부족세력의 지지를 받은 알리 낫셀과 군부의 지원을 받은 강경파들은 1월 24일까지 무력충돌을 계속하였다. 남예멘 내전으로 총 1만여명의 사상자가 발생하였고, 당 중앙위원회 의원 75명 중 50명이 사망하거나 축출되었다. 2주간의 내전은 알리 낫셀과 그의 추종자 약 2만명이 북예멘으로 피신함으로서 끝이 났다. *The Middle East and North Africa 1991* (London: Europa Publication Ltd., 1990), p. 954.

15) 김국신,「예멘통합사례연구」, p. 79.

북예멘 총리는 대표단을 이끌고 아덴을 방문하여 분쟁지역의 비무장지대화와 공동개발을 제안하였다.

아울러 양측은 「부속합의서」에서 국경초소를 공동관리하기로 합의하고 2개월 내에 두 지역간 주민들이 신분증 제시만으로 자유왕래할 수 있도록 하는 내용의 「남북 예멘간 국민왕래에 관한 합의서」를 채택되었고 1988년 7월부터 주민들간의 왕래가 실시되었다. 수천명의 남예멘인들은 북예멘을 방문하여 취업할 수 있는 기회를 갖게 되었고, 북예멘인들은 또한 남예멘을 자유롭게 방문할 수 있게 되었다. 그러나 남북예멘은 20여년간 합의와 분쟁을 계속해 왔기 때문에 북예멘의 지도층 인사들조차도 1988년 협약이 남북예멘가 평화공존을 이룩하겠지만 진정한 통일이 되려면 앞으로도 50년간의 세월이 필요할 것이라고 생각되었다. 그러나 그 후 남예멘 정부가 취한 개혁·개방 조치는 통일을 급속히 촉진시켰다. 당시 남북 예멘인들은 아직 실질적인 통일을 기대하지 않았지만 「타이즈 회담」과 「사나 정상회담」은 그때까지 반복되어 온 통일에 대한 합의와는 달리 2년 후에는 실질적인 통일로 이어지는 이정표가 되었다.[16)]

「아덴 정상회담」의 합의에 따라 1990년 1월과 3월 두차례의 「공동각료위원회」가 개최되어 정부부처 증설 및 정치범 석방에 관한 문제를 논의하고 정부와 공공기관에 관한 조직법 46개를 승인하였다. 그리고 양국은 통일과정이 급진전됨에 따라 국경을 완전히 개방하였다. 이어 1990년 4월 남북예멘 지도층은 「사나」에서 회동하여 「예멘 공화국 선포 및 과도기 조직에 관한 합의서」에 서명하였다. 이 합의서에 남북예멘은 1990년 5월 26일자로 양국은 완전히 통일하고, 통일 선포후 30개월 간의 과도기를 거쳐 총선거를 실시

---

16) Charles Dunbar, "The Unification of Yemen: Process, Politics, and Prospects," *The Middle East Journal*, Vol. 46, No. 3 (Summer 1992), p. 457.

하여 단일국가를 수립하기로 하였다.[17]

나. 접경지역 공동개발

1988년 초까지 남북예멘간 대화가 표류하는 가운데 석유가 개발
되는 국경지대에서 남북예멘 군대의 충돌사건이 발생하였다. 전쟁
의 위험을 방지하기 위해 남북예멘은 4차례의 각료회담을 개최하였
으나, 1988년 3월, 이 지역에 양측 군대가 다시 집결하여 긴장이 고
조되자, 북예멘 총리는 대표단을 이끌고 남예멘의 아덴을 방문하여
분쟁지역의 비무장지대화와 공동개발을 제안하였다. 오랜 내전과
남북전쟁을 치르면서 가난속에 살아왔던 그들은 통일만이 궁핍으로
부터 탈출할 수 있고 또 국가경제를 재건할 수 있는 희망을 국민들
에게 불어넣어 줄 수 있다는 지도자들의 판단이 있었기 때문이다.[18]

당시 접경지역에서 큰 유전이 발견되었다는 것은 예멘인들이 오
랜 기간동안 전쟁과 빈곤에서 해방될 수 있는 기회가 제공된 것이
다. 북예멘으로서는 석유 생산으로 이제 빈곤에서 해방될 수 있는
기회를 전쟁으로 잃게 되는 것을 원하지 않았고 남예멘도 그들 자
체로서는 이러한 석유개발이라든지 경제재건을 하기에는 역부족이
라는 것이 남예멘 지도층의 인식이었다. 접경지역에 발견된 새로운
유전 약 50억 배럴과 남북예멘의 기존 확인된 매장량을 합하면 약
100억 배럴의 원유가 매장되어 있으므로 이것을 개발해야만 예멘

---

17) 남북예멘 지도자들은 북예멘의 부족세력과 남예멘의 스탈린주의자 및 사우디
아라비아가 통일을 반대하는 움직임을 보이자 이를 사전에 봉쇄하기 위해 원
래 예정일보다 빠른 5월 22일 남예멘 수도 아덴에서 통일을 선포하였다. 걸프
전의 영향으로 국민투표가 1991년 5월 17일 실시되었으며 투표자 98.3%가 새
헌법에 찬성하였다. 김국신, 「예멘 통합사례연구」, pp. 84~85 참조.

18) 외국어대학교 중동문제연구소, 「통일예멘과 남북한」 (서울: 외국어대학교 외
국학종합연구센터, 1992), pp. 36~37 참조.

사람들이 살 수가 있다고 그들은 판단하였고, 이것이 예멘 통일에 강력한 자극이 되었던 것이다.[19)]

1988년 4월 북예멘 총리와 남예멘 당 중앙위원회 간사를 비롯한 남북예멘 고위각료들은 「타이즈」에서 실무급 각료회의를 개최하였다. 「타이즈 회담」에서 양측은 군사적 긴장을 해소하기 위해 「마립」과 「샤브와」 접경지역에 남북예멘 군대의 중앙검문소를 설치하고 양 지역의 천연자원을 공동개발한다는 원칙에 합의하였다. 이어서 5월에는 「살레」 대통령과 예멘 사회당 서기 「알비드」는 「사나」에서 정상회담을 개최하고, 접경지역 2,200㎢에 대한 비무장지대화 및 석유의 공동개발에 합의하였다. 1988년 11월 19일, 석유개

---

19) 70년대 북예멘의 경제성장의 주요원천은 해외원조와 해외송금이였으나, 80년대의 세계적 경기침체로 근로자들의 송금액이 급감하였으며, 82년 니마르 지역에서의 지진발생으로 인한 복구사업비 등으로 인해 경제적 위기를 겪게 된다. 그러나 남예멘과의 국경지대에 위치한 마리브(Marib)지역에서 1987년부터 석유가 개발되고 석유수출이 시작되어 북예멘의 경제는 활성화되기 시작했다. 한편 남예멘의 경제성장은 사회주의 국가들의 원조와 해외근로자들의 송금으로 괄목한 성장을 기록하였으나, 80년대 들어 유가하락과 해외송금액이 줄어들어 경제개발계획에 차질을 빚게 되었으며, 1986년 내전으로 인해 GNP의 10%에 해당하는 경제적 손실을 입게 되었으며, GNP는 1984년 570달러에서 1987년에는 450달러로 오히려 감소하였다. 1987년 샤브와(Shabwa)지역에서의 유전이 발견되었으나 기술과 재정부족으로 개발이 지연되었고, 또한 남예멘에서의 내란은 남예멘의 경제를 더욱 악화시켜 1980년대부터 1988년 사이에 남예멘의 GNP는 연 평균 3.2%씩 감소하고 1인당 GNP는 5.9% 감소하였다. 또한 소련의 경제원조가 1989년 4억달러에서 5천달러로 감소하자 남예멘은 경제적 위기에 봉착하게 되었다. 경제난이 돌파구를 찾고 있던 남북예멘은 국경지대에서 석유발견으로 통일에 대한 인식을 변화시켰다. 예멘의 석유 매장량은 북예멘 지역에 10억 배럴, 남예멘 지역에 37억 5천만 배럴, 남북예멘의 국경지대에 50억 배럴이 매장되어 있는 것으로 추정되었다. 이는 예멘인들에게 있어 10억 달러가 넘는 무역 및 경상수지 적자를 해소시킬 유일한 희망이였다. 이러한 남북의 기능적 이익은 통일을 촉진시킨 직접적인 요인으로 작용하였다. Siobhan Hall, *Yemen: The Politics of Unity* (London: Gulf Centre for Strategic, October 1991), p. 13 참조.

발과 관련된 남북예멘 장관들은 회담을 개최하고 석유개발을 위해 합작회사를 설립하기로 합의하였다. 합작회사는 자본금 10만불로 「사나」에 본부를 두고 남북예멘의 이사에 의해 운영되도록 규정되으며 1988년 말에는 남북예멘간 자유왕래가 실현되고 합작회사가 설립되었다.[20]

2. 특징 및 교훈

가. 접경지역의 공동개발로 상호공동이익의 영역 마련

남북예멘 접경지역에서의 석유개발은 남북예멘간 이해득실 구조를 제로섬 게임에서 벗어나게 하였다. 다시 말하자면, 접경지역의 공동개발이 상호공동이익의 영역을 마련해 주었던 것이며, 접경지역 석유의 개발이 양측 모두에게 경제적 번영을 가져다 줄 것이라는 확신을 주었기 때문이다. 오랜 세월동안 전쟁과 빈곤속에서 고통받고 지내왔던 예멘인들은 석유의 생산으로 빈곤에서 해방될 수 있는 소중한 기회를 전쟁으로 잃게 되는 것을 원하지 않았다. 양측은 「타이즈 회담」에서 군사적 긴장을 해소하기 위해 「마립」과 「샤브라」 접경지역의 천연자원을 공동개발한다는 원칙에 합의하였던 것이다. 이렇게 그들은 오랜 전쟁과 갈등을 종식하고 통일예멘의 헌법 채택을 위한 일정을 준비하면서 국경지대 22,00㎢에 대한 비무장지대화 및 석유의 공동개발을 합의하였던 것이다.[21]

---

20) 국토통일원, 「예멘통일관계 자료집」 (서울: 국토통일원, 1990), pp. 21~25 참조.

21) 위의 책, pp. 216~218 참조.

나. 접경지역 공동개발로 상호 신뢰구축

접경지역에 발견된 새로운 유전 약 50억 배럴과 남북예멘의 기존 매장량 50억 배럴을 개발함으로써 그들은 가난에서 벗어날 수 있다고 판단하였고 이것이 예멘 통일에 강력한 동인(動因)을 제공하였던 것이다. 또한 남북예멘 접경지역의 석유공동개발은 남북예멘간 이해득실구조를 제로섬 게임(Zero-Sum Game)에서 벗어나게 하였고 공존과 공영의 새로운 가치를 추구할 수 있도록 하였던 것이다.   그들은 접경지역 유전의 공동개발을 위하여 석유가 매장된 2200㎢의 접경지역을 비무장지대화하고, 접경지역 공동초소를 설치하여 주민의 상호왕래를 추진하였다. 이러한 일부 접경지역의 비무장지대화 조치와 접경지역을 통한 주민의 상호왕래는 양국간의 군사·정치·사회적 신뢰를 조성하는데 크게 기여하였던 것이다. 접경지역의 공동개발 (또는 평화적 이용)은 분단국의 국민들에게 정치·군사적 대립과 갈등보다 경제적 공동이익의 추구를 가능케 하는 화해와 통합의 길로 갈 수 있도록 하는 강력한 촉진제가 될 수 있었던 것이다. 장기간의 협상과 상호협력을 위한 끈질긴 노력 그리고 실질적인 교류와 협력은 통일에 대한 국민적 열망을 담고 있었고 접경지역 석유의 공동개발을 통한 공존과 공영의 가능성은 통일에 대한 이러한 열망에 불을 붙였던 것이다.[22]

---

22) 남북예멘은 그 후 통일헌법안이 양국 국민의회에서 검토되고 국민투표 실시를 준비하는 단계에서 1989년 11월 30일 아덴 정상회담에서 양국은 1981년 기초된 통일헌법안을 승인하고 비준받은 날로부터 6개월이내에 국민투표를 실시하여 통일헌법을 확정짓고 행정부와 정치조직의 통합에 합의했다. Dunbar, op. cit., p. 461.

다. 상호협력 및 조정에 관한 협정에 체결 및 실천

남북예멘은 통일을 준비하는 과정에서 「남북예멘 협력 및 조정에 관한 협정」을 체결하여 정치, 외교, 경제, 교육, 문화 등 제반 분야에 있어서 실질적인 교류 협력과 양국 국민의 상호왕래에 관한 문제를 추진함으로써 장기간에 걸쳐 평화공존을 이룩하였고 통일의 기초를 마련할 수 있었다. 특히 지질 및 수자원 분야의 공동조사 및 개발, 남북연결도로 건설, 국경지역의 공동화합장소 및 공동학교 설치, 교과과목 통일, 라디오, TV 프로 공동제작 및 상영, 상호왕래 등은 남북예멘의 민족적 통합과 동질성을 회복하고, 통일을 준비하는데 실질적 성과를 이룩했던 것이다.

2 서독의 접경지역 지원정책

1945년 5월 8일 연합군에 무조건 항복한 독일은 미·영·불·소 4개국의 분할통치를 거쳐 동독과 서독으로 나뉘어지는 동서분단의 시대를 맞이하게 되지만, 서방진영에 편입된 서독은 그들 특유의 '사회적 시장경제'를 성공적으로 실현함으로써 국가의 경제적 번영과 국민들의 삶의 조건을 향상시켜 독일통일의 기반을 완성하였으며, 40년 간의 끊임없는 노력의 결실로 1990년 10월 3일 동독을 편입하여 독일통일을 이룩하였다.[23] 독일의 통일과정을 살펴보면, 독일통일은 서독이 이룩한 민주주의의 실현과 경제력이 원동력이 되었고, 브란트의 동방정책과 고르바쵸프의 서방정책, 당시 동구에 확산되기 시작한 일련의 개혁과 민주화 운동, 동독의 평화혁명 등에 힘입어 달성되었다고 볼 수도 있다. 그러나 어려웠던 주변 여건에도 불구하고 독일이 통일을 이룩할 수 있었던 것은 통일에 대한

---

23) 독일통일이 가능하게 된 배경에는 40년에 걸친 경제교류가 작용하고 있다. 이른바 '小步主義'(Klein Schritte)의 정책으로 표징되는 서독의 접근방식은 기민당이건 사민당이건 간에 일관되고도 장기적인 성격을 강하게 띄고 있다. 정용길 외, 「독일 통일에서 무엇을 배울 것인가」 (서울: 연합통신, 1996), p. 106.

열망이나 환상에 앞서 현실적으로 가능한 문제부터 무리없이 장기적 · 점진적 자세로 독일정책[24]을 지속적으로 추진해 나갔기 때문에 가능했다고 보아야 할 것이다.

1. 서독의 동방정책과 접경지역지원법

가. 서독의 동방정책

전후 20년 만에 집권한 사민당의 브란트 수상은 1969년 10월 28일, 그의 첫 시정연설에서 대내적으로 개혁을 통한 '보다 나은 민주주의'를, 대외적으로는 '서방과의 협력', '동방과의 화해'를 표방하고 나왔다. 브란트의 동방정책은 곧 유럽평화질서 구축을 위한 첫 단계로서 동독을 포함한 동유럽 제국들과 '잠정적 협정'의 체결을 추진하는 일종의 조약정치였다. 따라서 그는 이들 국가들에게 서독과 무력포기 협정을 체결할 것을 일제히 제의하였다. 브란트가 적극적으로 동방정책을 추진하게 된 동기는 물론 궁극적으로 독일의 통일을 위해서였지만, 잘못하면 동독을 자극할지도 모른다는 우려 때문에 '국토통일'이나 '조국의 재통일'이란 단어의 사용을 삼가는 대신, 독일 민족의 동질성을 바탕으로 한 자결권을 강조했다.[25]

브란트의 동방정책은 긴 안목에서 볼 때, 유럽의 평화질서를 위한 긴장완화정책이었으며, 언젠가는 그 틀 속에서 독일인들도 자결

---

24) 서독인들은 전범국, 패전국으로 4대 강국에 의해 강제로 분할된 죄책감으로 '통일정책'이라는 용어를 사용하는 대신 '독일정책(Deutchland Politik)'이라고 불렀다. 독일정책이란 서독과 동독의 관계를 뜻하는 것이다. 동방정책 (Ostpolitik)이란 우선 소련을 비롯한 동구제국에 대한 정책을 말하는 것이다. 그러나 동방정책은 당연히 독일정책에 크게 영향을 미쳤고 또한 독일정책 속에 포함되어 있었다고 볼 수 있다. 위의 책, pp. 22~23 참조.

25) 이영기, 「독일통일의 해부」 (서울: 국제언론문화사, 1991), p. 65.

권을 행사, 통일을 이룩한다는 것이었다. 그러나 통일은 요원하기 때문에 우선 가능한 범위안에서 인적·물적 교류를 통한 접근방법, 즉 '접촉을 통한 변화'를 모색하였다. 이것은 모든 문제를 한꺼번에 해결하지 않고 조금씩 해결한다는 의미에서 일명 '小步主義(Klein Schritte)'라고 불렸다. 브란트의 동방정책 목표가 유럽의 평화질서 속에서 독일인들의 자결권을 통한 통일이었다면, 그의 동방정책 수단은 무력포기정책이었다. 그리하여 그는 동유럽 국가들에게 서독과 무력포기협정을 체결할 것을 제의했다. 그는 유럽에서 전쟁을 영원히 없애고 평화를 모색하고자 했다. 무력포기정책은 UN헌장 제 2조 4항에 근거를 두고 있으며 이것은 무력의 사용은 물론 무력의 위협까지도 금지하고 있다. 서독이 무력포기정책으로 노린 것은 우선 유럽에 평화상태를 조성하여, 그 속에서 유럽의 분단을 평화적 방법으로 극복하자는 데 있었다.[26]

브란트가 1969년 10월, 그의 첫 시정연설에서 동독을 포함한 동유럽 국가들에게 무력포기협정체결을 제의했을 때, 그들은 서독이 추구하는 무력포기정책의 진의를 이미 알고 있었기 때문에 이 제의를 쾌히 받아들였다. 소련과는 1970년 1월 30일, 폴란드와는 2월 5일, 체코와는 10월 13일에 각각 협상이 시작되었으며, 3월 19일에는 양독 수상이 사상 최초로 극적인 정상회담을 가졌다. 모스크바 조약은 1970년 8월, 바르샤바 조약은 같은 해 12월에 각각 체결됐다. 또한 1971년 9월 3일에는 전승국 간에 베를린 협정이 체결됨으로써 서베를린 시민의 동베를린 빛 농독방문과 서독과 서베를린 간의 안정된 통과가 가능하게 되었다.[27]

---

26) 위의 책, pp. 66~69 참조.

27) 서독은 이러한 조약의 체결을 계기로 폴란드, 체코, 헝가리, 불가리아 등과 외교관계를 수립했고, 동독과는 상호 상주대표부를 교환했다. '접촉을 통한 변화'

나. 서독의 접경지역지원법

동방정책의 기치아래 소련을 포함한 동구제국은 물론, 동독과의 관계개선을 적극적으로 추진하던 브란트 정부가 통일정책적 견지에서 1971년 8월 5일 접경지역지원법을 통과시켜 접경지역지원에 대한 법적인 기초를 마련하였으니 이는 독일 통일을 위한 장기적 주요정책의 하나였다고 보아야 할 것이다.

(1) 입법 배경

구서독의 「접경지역지원법」(Zonenrandförderungsgesetz)[28]은 분단국의 접경지역에 대한 지원정책을 보여주는 가장 대표적인 사례이다. 구서독 정부는 독일정책, 즉 통일정책적인 견지에서 향후 통일이 이루어질 경우, 이들 지역의 중요성을 인식하는 한편, 분단으로 인한 고통을 가장 많이 받는 주민들에 대한 全국민적인 연대의 표현으로 이들 지역에 대해 경제·사회·문화적인 차원에서 국가적인 지원을 해 주기로 결정하고, 이를 위한 법적 기초를 마련한 것이다.[29] 당시 독일의 접경지역은 인구와 기업들이 타 지역으로 유출되어 점점 낙후되어 갔으며, 경제가 침체되고 생활조건이 열악해져 주민들의 이주사태가 빈번해져 이들 지역의 지원을 위한 법제상의 대책을 강구해야 한다는 여론이 비등하게 되었을 뿐만 아니라,

---

를 표방한 그의 동방정책은 1989년 동유럽의 대변혁과 동독의 평화혁명을 가져왔으며 1990년에 와서는 평화와 자유 속에서 독일의 자결권을 되찾아 주었다. 브란트는 동방정책의 공로로 1971년 12월 11일 노벨 평화상을 수상하였다. 위의 책, pp. 69~70 참조.

28) Gesetz zur Förderung des Zonenrandgebietes(Zonenrandförderungsgesetz), vom 5. August 1971 (BGB1. I, S.1237).

29) 김영봉, 「접경지역의 효율적 관리방안」 (국토개발연구원, 1997) p. 62.

사실 구서독 정부는 일찍부터 접경지역이 경제적으로 황폐화될 위험이 있다는 사실을 고려하여 국가가 시장경제적 과정에 개입하여 이들 지역을 특별히 지원해야 할 필요성을 인식하고 있었던 것이다. 그리하여 접경지역의 기업들에 대하여 공공사업의 우선발주 혜택, 지역경제지원사업 등과 같은 개별적·단편적인 지원대책을 시행하기 시작했다.[30]

이러한 과정에서 접경지역에 대한 지원이 법제화된 것은 공간정서법(Raumordnungsgesetz: ROG)에 의해서였다. 공간정서법은 모든 분야에 있어 연방 숲지역의 수준과 동등한 생활 및 근로조건, 경제 및 사회의 구조가 구축될 수 있도록 하기 위하여 접경지역의 경제적 역량을 우선적으로 강화하여야 한다는 기본원칙에 입각하여 교육, 문화, 교통, 공급 및 행정에 관한 시설들을 시급히 설치해야 한다고 규정하였다. 그 후 공간정서법 이외에도 「지역의 경제구조 개선을 위한 공동과업의 촉진에 관한 법률」, 「베를린 지원법」 등 지역에 대한 지원을 위한 각종 법률들이 제정되어 시행되었으나, 이들은 당시 정치적으로 초미의 관심사가 되었던 접경지역의 지위를 특별히 고려하지 않았기 때문에 추가적으로 접경지역에 대한 지원을 위한 단행법의 제정이 불가피하게 되었다. 이러한 배경에서 빌리 브란트 수상이 집권한 이후 접경지역에 대한 지원과 그것을 뒷받침하기 위한 본격적인 입법조치로서 제정된 것이 바로 접경지역지원법이었다.[31]

---

30) 홍준형, "구서독 접경지역지원법 사례와 시사점", 「경기북부 접경지역 발전전략 수립을 위한 공청회 자료」 (경기개발연구원, 1999), pp. 58~59 참조.

31) 이 법률은 이후 일부 개정을 거쳐 시행되다가 독일통일과 함께 1991년 폐지되었고, 1994년에 이에 따른 지원도 전면 중단되었다. 위의 책, p. 59.

(2) 접경지역지원법의 내용

접경지역지원법은 총 13개 조항의 매우 간단한 내용을 지닌 법률이다. 이 법률은 접경지역의 정치적 특수지위, 다른 지역에 대한 접경지역의 우선적 지위가 기술되어 있으며, 접경지역에 대한 투자의 보조금 지원, 화물운반 운송료 보상, 세제상 특혜, 공공발주에 있어서 입찰의 특권, 접경지역내 농업지원, 교육분야 지원, 주택분야 지원, 사회복지시설의 확충지원, 문화분야 지원, 국경지역에서 피해에 대한 보상 및 보수, 국경지역 견학 및 여행장려에 관한 사항이 주된 내용으로 포함되어 있다.[32]

(3) 접경지역지원법의 적용대상 및 범위

접경지역지원법은 제 9조에서 법의 적용대상을 규정하고 있다. 이에 따라 접경지역의 범위는 1972년 1월 1일 현재, 법률에 열거된 시(Stadt) 및 란트크라이스 (Landkreis)에 속하는 지역으로 한정되었다. 여기에 포함된 접경지역은 대체로 내륙간 국경 (1,393㎞), 체코와의 국경 (358㎞), 그리고 동북해안선 (384㎞)을 따라 구서독 지역 쪽으로 약 40㎞ 범위에 드는 지역을 포괄하고 있다. 이 지역의 면적은 약 46,800㎢로 서독 전체 면적의 20%에 해당하며, 주민 수는 약 700만 명으로 전체 인구수의 12%에 해당하는 규모였다. 이 접경지역은 국경선으로부터의 근접성 여부에 따라 가장 중요한 지원수단인 투자보조금 혜택요율을 국경에서 가장 가까운 25% 지원중점 지역, 15% 지원중점 지역, 기타 지역으로 구분하여 지원하였다.[33]

---

32) 접경지역지원법의 세부내용은 김영봉, 「접경지역의 효율적 관리방안」, pp. 6 2~66. 독일의 접경지역 관리사례 참조.

(4) 접경지역 지원정책의 성격

구서독의 접경지역 지원정책은 분단으로 인해 상실 또는 저하된 접경지역 경제·사회·문화적 기능을 회복시키고 주민들의 삶의 질을 확보해 주어야 한다는 국가적 합의에 바탕을 두고 독일정책 (통일정책)의 관점에서 성립된 것이다. 이처럼 접경지역 지원정책은 그것이 통일정책의 일환으로 추진되었다는 데서 가장 중요한 의미를 가지고 있다. 그렇지만 접경지역 지원정책은 동시에 분단으로 인해 낙후된 지역에 대한 경제·사회·문화 등의 지원을 내용으로 하고 있었다는 점에서 全사회적 연대에 입각한 사회정책 및 지역구조정책으로서의 성격도 아울러 가지고 있었다.[34]

구서독 정부에 의해 추진된 접경지역에 대한 지원은 구조정책 (Strukturpolitik)이 아니라 통일정책 (Deutchlandspolitik)에 근거를 두고 있었다. 물론 접경지역지원법에 따르면, 접경지역지원은 일반적인 지역구조정책, 공간정서 및 지역개발정책의 구성부분을 이루는 것으로 간주되었으나, 접경지역지원법의 입법과정에서 연방정부가 분명히 밝힌 바 있듯이 접경지역 지원의 근본취지는 어디까지나 통일정책에 있었다. 그것은 독일의 분단으로 인한 직접적인 불이익을 상쇄하고 당시 극복할 수 없는 장벽으로 존재했던 국경의 개방을 추구하는 것을 목표로 하는 정책이었다.[35] 또한 그것은 접경

---

33) 홍준형, "구서독 접경지역지원법 사례와 시사점", p. 60.

34) 위의 책, pp. 63~64 참조.

35) 1987년 연방 내독성 장관 뷔름스(Wilms)는 "연방정부는 접경지역 지원에 대하여 이는 무력에 의한 독일과 유럽의 분단으로 영향을 입은 지역이 결코 경제력이 쇠퇴하고 인구밀도가 감소하는 '변경지역'으로 남아서는 안 된다는 인식을 가지고 있다. 그것은 이와 같은 공포의 국경지역에서 생활을 영위하여야 하는 모든 사람들을 위한 연대적 원조인 것이다. 독일문제가 미해결 상태로 남아 있고 그 국경이 현재와 같은 성격을 유지하는 이상 접경지역의 지원 또한 계속되

지역이 독일의 핵심지역으로서 그에 상응하는 정치적, 경제적 및
문화적 영향력을 발휘하는 지역으로 남아야 하며, 국경 부근에 위
치한 경제적으로 낙후된 지역이 존재한다는 것은 통일의 장애물이
될 것이므로 연방정부는 이러한 접경지역을 지원해야 할 의무를 갖
는다는 것이었다. 이와 같은 접경지역 지원의 통일정책적 관련성은
접경지역정책을 다른 지역에 대한 일반적 경제지원정책과의 차별화
를 가져왔고, 결국 접경지역지원법이라는 별도의 입법조치가 이루
어지게 된 가장 근본적인 요인이 되었던 것이다.[36]

　독일의 접경지역 지원정책의 핵심은 그 통일정책적 관련성에 있
었다 하더라도 접경지역지원법에 의해 구체화된 접경지역 지원정
책은 동시에 일반적인 지역구조정책, 공간정서 및 지역개발정책의
구성부분을 이루고 있었다. 접경지역지원정책은 접경지역에 대한
사회·복지, 문화·교육 부문에 대한 지원을 포함하고 있었으며,
이는 지역경제에 대한 구조정책의 일환인 동시에 통일정책으로서
접경지역 주민들에 대한 사회연대적 차원의 지원의 성격을 아울러
가지고 있었다. 이 점은 특히 접경지역의 투자유치를 위하여 주택
공급을 원활히 하고, 주거환경을 개선하려는 취지에서 시행된 근로
자들에 대한 사회주택공급정책이나, 체육관, 수영장, 기타 체육시

　　어야 한다"고 천명한 바 있다. Ratgeber Zonenrandförderung, Hrsg.
　　Bundesministrium für innerdeutsche Beziehungen, Bonn, Juni 1987,
　　S.1, 홍준형, "구서독 접경지역지원법 사례와 시사점", p. 64에서 재인용.

36) 194년 동·서독분단이후 낙후되었던 접경지역의 문제를 해결하기 위하여 많
　　은 프로그램들이 연방과 주정부차원에서 시행되어 왔는데, 이들은 지역경제활
　　성화와 교통시설의 개선을 주요 내용으로 하고 있었다. 접경지역에 대한 지원
　　을 포함한 낙후지역관련 주요 법률로서는 접경지역지원법(1971), 지역경제구
　　조의 개선을 위한 공동과제에 관한 법(1970), 게마인데 교통재원조달법, 연방
　　장거리도로법 등이 있다. 이상준, "통일과 국토개발의 과제: 독일 통일의 경
　　우" (국토개발연구원, 1997), pp. 17~18 참조.

설 등 공공기관이 운영하는 시설, 교육관련시설에 대한 연방예산의
지원정책, 그리고 접경지역의 방문·견학을 장려하기 위한 지원정
책 등을 통하여 여실히 드러난다. 이러한 사회·복지, 문화·교육
부문에 대한 지원은 정부가 접경지역 주민의 상대적 박탈감을 인식
하고 접경지역의 중요성을 확인시키며, 그 지역에 거주함으로써 받
게 되는 분단으로 인한 고통을 분담한다는 전 국민적인 연대의 표
현이었다.[37]

2. 동서독 국경개방과 접경지역정책

가. 동서독의 국경개방과 통일에의 접근

1989년 초반까지도 동독은 여전히 스탈린식 사회주의에 집착하
고 있었으나 폴란드와 헝가리는 소련 고르바초프의 개혁·개방에
자극 받고 한편으로는 미국의 지원정책에 힘입어 민주주의 체제를
지향했다. 이러한 과정에서 1989년 5월 헝가리가 오스트리아의 국
경에 있던 설치물을 제거하고 다음달 동독과 맺었던 여행협정을 파
기하자 동독 시민들의 동독 탈출은 본격화되었다. 1989년 7월부터
동독시민의 탈출 물결은 프라하, 바르샤바, 부다페스트 주재 서독
대사관 및 동베를린 주재 서독 상주 대표부와 미국 대사관으로 밀
려들어 왔다.

동독인들이 집단 탈출과 시위는 1989년 9월부터 동독정권의 정
통성을 위태롭게 하였으며 동독 각료회의는 1989년 11월 9일 동독
사회주의 통일당 정치국의 제안에 따라 동독 붕괴의 위험 및 내전
을 방불케 하는 무법 천지를 피하기 위하여 11월 10일부터 즉각적

---

37) 홍준형, "구서독 접경지역지원법 사례와 시사점", pp. 65~66 참조.

인 효력으로 동독에서의 출국과 외국으로의 개인적인 여행이 신청
되면 단기간 허락될 수 있다는 결정을 내렸다. 그러나 이 내용이 하
루 전에 공개됨으로써 11월 9일부터 동독 시민들은 대규모로 국경
지역에 몰려들었고 국경수비대와 국가공안국은 이에 대처할 수 없
게 되자 11월 10일 한밤중을 기해 동독측의 모든 차단기를 올려 결
국 국경을 열었다.[38]

　1990년 10월 3일 독일 통일은 동서독 정부가 추구해 왔던 통일정
책이 완수된 것이였지만, 실질적으로는 1989년 11월 9일에 일어났
던 이러한 사건들 때문에 실현될 수 있었다고 볼 수 있으며, 독일
통일 과정은 이후 급진전되어 나갔던 것이다. 다시 말해, 국경개방
은 '통일 열차'의 속도를 가속화시키는 데 중요한 역할을 했던 것이
다. 1989년 11월 9일은 독일 통일에 있어서 역사적 전환점이였다.
이날 동독간에 가로놓여 있던 독일 분단의 상징인 베를린 장벽과
철조망이 사라지고 이후 약 11개월 후에 독일은 통일을 맞이하게 된
것이다.[39]

---

38) 동독시민들의 탈출 행렬이 꼬리를 잇게 되자 대사관들은 한때 불가피하게 패
　　쇄되기도 하였다. 서독과 동독 정부간의 끈질긴 교섭 끝에 1989년 10월 초부
　　터는 수천명의 "대사관 점거자"들이 열차편으로 서독에 인도되었다. 동시에
　　1980년 9월 11일 탈출하는 물결이 잇따르자, 이를 막기 위해 동독과 체코슬로
　　바키아 정부는 그들 사이에 놓여있는 국경선을 여권과 비자 없이는 통과할 수
　　없게 만들었다. 1989년 8월 25일 서독수상 헬무트 콜(Helmut Kohl)과 헝가
　　리 수상 네메트(Nikols Nemeth)는 영국 외무장관 겐셔(Hans Dietrich
　　Genscher)와 호른(Gyual Horn)을 배석시킨 비밀 회담을 갖고, 헝가리와 국
　　경개방에 대한 대가로 독일의 10억 마르크에 해당하는 차관을 지원하기로 의
　　견의 일치를 보았다. 베르너 바이덴 펠트 · 칼-루돌프 고르테 엮음, 임종헌 외
　　옮김, 「독일통일백서」 (서울: 한겨레신문사, 1999) p. 20.
39) 1989년 11월 9일 베를린 장벽이 무너진 후 단 72시간만에 무려 430만 명이 서
　　독 방문 사증을 신청했으며, 11월 말경에는 1700만 동독인 중에 3분에 2가 이
　　미 서독을 방문하였다. 더욱이 당시 서독정부가 제공한 소위 '환영비'는 이들

나. 통일 이후의 접경지역 현안문제

통일과정에서 동독인들은 미래에 대한 희망과 불안을 안고 출발
하였지만, 통일 이후 독일은 정치, 경제, 사회 각 분야에 걸쳐 커다
란 변화를 겪고 있으며, 시간이 지남에 따라 시장경제의 도입으로
인해 초래된 경제적 격차와 실업문제 뿐만 아니라 인구이동의 가속
화와 주택문제, 도시화에 따른 난개발과 교통문제, 부동산 소유권
의 문제, 접경지역 지뢰제거 문제 등 국토개발 분야에 있어서도 많
은 과제들이 제기되었다.

1989년 베를린 장벽 붕괴 이후 1996년까지의 7년 동안만 보더라
도 양석, 실석 통합의 과정을 겪으면서 많은 문제가 제기되었다. 구
동독 지역에서는 계획경제(Planwirtshaft)체제가 사회적 시장경제
(Soziale Marktwrishaft)체제로 전환하는 과정에서 대량실업 등이
커다란 사회문제가 되었다. 동독지역 주민들은 통일 이후 스스로 2
등 국민의 열등감을 느끼고 있었고, 기대에 못미치는 현실에 불만
을 나타내었다. 물리적 영역 있어서 접경지역을 포함한 동독지역은
주택부분과 기반시설부분의 낙후성 때문에 주거지의 재개발과 산업
기반시설의 재정비가 시급하였고 통일 이후 인구가 크게 증가한 서
독지역에서는 주택 부족이 큰 문제가 되었다. 통일 이후 나타나고
있는 독일의 이러한 문제들은 체제전환이라는 정치경제적 통합과정
이 진행됨에 따라 발생된 복합적 결과였다.[40]

에게 추가로 주어진 유혹이였다. 또한 서독은 방문한 사람들 중 적지 않은 수
는 그대로 서독에 정착하기로 결정하였다. 물론 이러한 대량 이주는 새로운 현
상이 아니다. 1950년에서 1989년까지 동독을 떠나 서독으로 이주한 사람은 근
340만 명에 달하며, 베를린 장벽이 설치된 이후인 1961년부터 쳐도 근 100만
명이 서독으로 이주했다. 전성우, "서로를 보완하며",「독일 통일에서 무엇을
배울 것인가」(서울: 연합통신, 1990), pp. 171~172.

40) 최근 들어 그 심각성이 더해가고 있는 북한의 체제붕괴 가능성은 통일에 대비

(1) 동서독간 경제적 격차심화와 높은 실업율

통독이후 접경지역이라는 것이 없어졌음에도 불구하고 동독지역과 더불어 접경지역의 전반적인 모습은 서독지역과 비교할 때, 아직도 개발의 낙후성은 물론이거니와 현격한 경제적 격차를 보여 주었다. 예를 들어 독일의 500대 대기업 중에 8개를 제외하고는 모두 서독지역에 위치하고 있다는 사실이 이를 웅변해 주고 있다. 1998년 당시 20~25%에 이르렀던 구동독 지역의 실업율은 동독지역이 얼마나 어려웠던지를 나타내고 있다. 당시 구동독 지역에 높은 실업율이 나타나게 된 배경은 구동독 지역에 있던 기업이나 공장들이 자본주의화가 되면서 경쟁력이 상실되었으며, 많이 도산하였기 때문이다.[41]

한 정책수립의 필요성을 높여주고 있다. 지금까지 진행된 통일에 관한 여러 연구들에 따르면, 북한체제의 붕괴에 따른 통일 이후 북한으로부터 남한지역으로의 유입인구 규모가 최소 100~200만명에서 최고 500~600만명에까지 이를 것이라는 주장이 제기되고 있다. 남한지역으로의 대규모 인구유입은 이들 유입인구의 상당수가 집중될 것으로 예상되는 수도권 등 남한의 대도시들에서 고용문제, 주택난 등 많은 문제들을 야기하게 될 것이다. 이와 함께 북한지역에서는 대규모 인구유출에 따른 심각한 노동력 부족이 발생할 것으로 예상된다. 따라서 통일 이후 발생될 수 있는 제반 문제들에 대한 대비를 지금부터 시작할 필요가 있다. 이상준, "통일과 국토개발의 과제: 독일통일의 경우", pp. 17~18 참조.

41) 구동독 지역에 있던 국영기업을 민간기업으로 전환하는 과정에서 신탁청이란 단체가 동독의 국영기업들을 판매하거나 민영기업으로 만드는 역할을 하였는데 살 사람이 없는 것이 문제였다. 왜냐하면 경쟁력이 없기 때문에 기업의 40-50%가 도산해 버렸으며 생존한 공장과 기업은 자동화됨으로써 옛날보다 적은 인력이 소요되었기 때문이다. 이상대·황지욱, 「분단독일의 접경지역정책 및 통일 후의 변화 실태 조사를 위한 현지출장보고서」 (경기개발연구원, 2000), pp. 11~13 참조.

〈표 4-2〉 통일을 전후한 동·서독의 인구변화

부 문	동 독 지 역			서 독 지 역		
	통일이전 (1989)	통일이후 (1994)	변화율 (%)	통일이전 (1989)	통일이후 (1994)	변화율 (%)
인구(만명)	1,661	1,553	-6.5	6,206	6,601	+6.4

· 참고 : 베를린 제외
· 출처 : Horst-Hennek Rohlfs, Ursel Schaefer, Jahrbuch der Bundesrepublik Deutsch-land, Muenchen, 1997, 이상준, 「통일과 국토 개발의 과제」 p. 34에서 재인용

(2) 인구이동의 가속화와 주택문제

통독이후 지역간 격차는 가속화되었으며 실업과 소득수준의 격차에 의한 인구이동이 가속화되었다. 독일정부는 이러한 지역격차의 시정을 위해 공간 단절을 위한 국토개발계획을 수립하였으며, 개발이 낙후된 접경지역 및 구동독 지역에 대한 투자유치 등을 통하여 일자리를 제공하고 이를 통해 이동을 억제하려 하였다. 통일후 구동독의 접경지역은 서독 산업지대와의 근접성 때문에 인구가 증대되었고, 주거형태는 구동독 접경지역에서 거주하면서 서독 지역의 직장으로 통근하는 경우가 많아졌다.[42]

---

42) 통독지역, 접경지역, 서독지역간 인구이동의 모습은 크게 2가지로 나타났는데, ① 동독에 있는 접경지역 사람들이 서독에 있는 접경지역으로 짧은 거리 이동해서 살면서 출퇴근하는 경우와, ② 서독 지역으로 직장을 찾아 이주하는 사람들은 전세나 월세로 있으면서 주말에 동독의 집으로 돌아오는 경우도 나타났다. 이러한 현상은 특히 젊은 층의 노동력에서 많이 나타나는 현상이었다. 북부 독일의 경우에는 50% 이상의 젊은 층이 완전히 이주하였으며, 주말이 되면 100만명 정도가 서독에서 일하다가 동독으로 돌아갔다. 반대로 동독지역에 직장을 두고 있는 서독인 40만 정도는 주말이 되면 부모님을 뵈러 서독에 오고 주초가 되면 다시 동독으로 일하러 간다고 했다. 위의 책, pp. 16~18 참조.

(3) 도시화에 따른 난개발

접경지역을 포함한 구동독 지역의 도시화 문제와 이와 관련된 난개발 현상은 독일 통일이 가져온 주요 현상의 하나에 속했다. 베를린 같은 주요 도시는 도심개발이 확대됨으로써 교통의 혼잡이 우려되었고, 인접 구동독 지역인 브란덴부르크주와 지역격차가 심화되었다. 구동독 지역의 기타 도시에서도 도심지 외곽에서 개발이 추진됨으로써 자연녹지가 사라지는 등, 난개발 현상이 나타나기 시작하였다. 이러한 문제에 직면하여 독일정부는 환경보존과 관광자원의 활용이 필요한 지역은 산업유치 등을 통한 지역개발방식을 지양하고, 농업 및 휴양, 휴식공간의 조성 등을 통하여 지역 발전을 추진하도록 지역공원(Regional Park)을 지정 관리하였다. 이것은 국토개발에 있어서 신선한 공기축을 설정하기 위한 조치의 일환으로 농업지역을 지역공원(Regional Park)으로 지정, 관리함으로써 환경보존과 관광자원, 그리고 농업 및 휴양, 휴식공간으로 활용하려는 것이었다. 농업지역으로 지정된 지방자치단체는 농업지역으로 지정됨으로써 투자유발이 이루어지지 않고 부채와 세금이 가중된다는 점에서 매우 불만스러워하였다. 그러나, 일부 자치단체의 경우, 자체적으로 공단조성 등 기업유치노력을 전개하였으나 많은 실패를 경험하였고 그러한 시도가 실현가능성이 없다는 것을 인식하게 되면서 농업위주의 개발에 역점을 두게 되었다.[43]

(4) 교통문제

국토개발에 관한 광역계획을 수립함에 있어서 거점지역별 개발을 통한 분산을 도모하면서 기존에 존재하는 구동독의 철도망을 최대

---

43) 위의 책, pp. 17~20 참조.

한 활용하여 철도역을 중심으로한 확산이 강조되었다.[44] 고속도로의 경우 도심외곽지역의 발전을 통한 환경파괴를 심화시키고 신도시의 출현을 부각시킴으로써 구도시와의 격차를 심화시킨다는 이유가 크게 작용하였다. 한편 자동차 소유자의 경우 철도이용이 불편이 없도록 함으로써 철도이용을 촉진하였다. 통독 당시 접경지역을 포함한 동독의 도로상태는 양적 측면 뿐만 아니라 질적인 측면에서도 많은 문제를 안고 있었다. 전체 도로 면적의 상당한 부분이 노후상태로 보수를 필요로 하고 있었으며, 전체 도로 가운데 고속도로의 비율은 1. 5%로서, 서독의 5. 1%보다 크게 미비한 수준이었다.

〈표 4-3〉 동·서독 지역 교통시설 비교

구 분	동 독 지 역	서 독 지 역
고속도로 (km)	1,895	8,959
도로 총연장(km)	128,150	173,995
총도로대비 고속도로 비율(%)	1.5	5.1
철도(km)	24,806	3,698
국토면적(km²)	108,588	248,252

· 참고 : 이 자료는 통독당시 1989~1991까지의 내용임.
· 출처 : 독일 경제사회통합 연구를 위한 단기조사단, "독일경제·사회통합에 관한 연구
"(서울, 1990), p. 322, 이상준, "통일과 국토 개발의 과제: 독일통일의 경우", p. 69에서
재인용

---

44) 통일 이전 동독지역은 서독지역과는 반대로 철도중심의 교통체계를 갖추고 있었다. 철도가 전체 화물수송에서 차지하는 비중은 1988년에 75%였다. 사회주의 계획경제에서는 교통운수가 증대하지 않도록 교통수요 자체를 최소화해야 하기 때문에 주요 교통수단은 집약적 이용이 가능한 철도수송이 주축이 되었다. 그러나 철도 시설의 질적 수준은 서독에 비하여 크게 낮은 수준이었다. 동독지역의 철도 총연장 14,000km(1989년) 가운데 17%가 시설노후로 인해 서행구간이며, 철도관련 지상건조물의 수리는 1980년대 70%정도만이 진행되었다. 이상준, "통일과 국토개발의 과제: 독일통일의 경우", p. 68.

또한 전체 고속도로의 75%정도가 1945년 이전에 건설된 것으로 매우 낙후되어 있는 실정이었다. 뿐만 아니라 3만개의 교량 가운데 10%는 철거후 새로 건설되어야 할 상태였고, 30%는 개축이나 보수가 필요한 상태였다.[45]

(5) 부동산 소유권의 문제

부동산 소유권 문제는 통일조약 논의과정에서도 핵심적 사항이였는데 '보상보다는 반환우선의 원칙'이 결정되었다.[46] 이에 따라 사회주의 정권하에서 부당하게 국유화되었던 토지, 주택등의 부동산에 대해 원소유권 회복과 사유화가 추진되었다. 이러한 소유반환에 관한 규정들은 1990년 9월 통일 조약의 일부로서 제정된 「재산법」에 명시되어 있다. 이 법에 따르면 시기별로 반환 및 보상규정을 설정하고 있는데, 1933~1945년의 기간동안 국유화된 부동산에 대해서는 '반환원칙'을, 1945~1949년의 경우에는 반환 대신에 '보상원칙'을, 1950~1990년의 경우에는 '반환원칙'을 설정하였다.[47] 이 외에도 시급한 개발이 필요한 부동산에 대해서는 예외적으로 투자 우선규정을 설정하여 보상을 반환에 우선할 수 있도록 하였다. 투자

---

45) Bernd Rhode, "통독후 사회간접자본 확충전략: 교통부문을 중심으로," (Strategien zur Infrastrukturentwicklung nach der Deutschen Einheit mit dem Schwerpunkt Verkehr), 「한독국제세미나 자료집」 (국토개발연구원, 1996), p. 7, 위의 책, p. 69에서 재인용.

46) 이러한 원칙이 수립된 배경은 보상의 현실적 어려움과 함께 동독 당시에 있었던 불법적 조치를 철회시키기 위한 것이었다.
Bernhard Bischoff, *Grundstueckswerte in deu nuuen Bundeslaendern*, Berlin, 1996, p. 21, 위의 책, p. 168에서 재인용.

47) Hartmut Haeussermann, "Die Transfomation des Wohnungwesens," in *Staedte und Regionen*, Oplden 1996, p. 293, 위의 책, p. 168에서 재인용.

우선권이 부여되는 '시급한 개발'이란 ① 일자리의 유지나 창출에 관련한 투자(특히 공장이나 서비스 회사의 설립 등), ② 신규 주택의 공급 또는 기존 주택의 개·보수 사업, ③ 상기 목적을 위해 필요하거나 관련되는 기반시설사업 등을 지정한 것이다.[48)]

　소유권 반환의 문제에 있어서는 행정재산(Verwaltungsvermoegen), 재정재산(Finanzvermoegen), 주택사업부분의 대지(Grundstuecke der Wohnungswirtschaft), 복권재산(Restitutionsvermoegen) 등 4개 부문의 주요 해결과제들이 있었다. 행정재산에 있어서는 동독정부의 국유재산들을 새롭게 지방자치정부의 소유로 이관하였고, 재정재산은 국가적 목적을 위한 것은 아니지만 국유로 되어 있는 대지 및 건물 등의 구동독정권의 재정재산으로 연방의 신탁관련 행정부서 소유로 귀속되었다. 주택사업부문의 대지에 있어서는 구동독 국유건설회사들이 소유했던 건설용지들이 통일조약의 규정에 따라 지방단체의 소유로 전환되었다. 이에 따라 통일 직후 구동독 지역에서의 주택건설이 크게 감소되는 결과를 초래하였다. 복권재산의 경우에는 구동독 정권하에서 보상없이 국유화되었던 공공법인체의 재산들을 이들 공공법인체에 다시 반환하도록하였다. 이러한 구동독 국유재산의 사유화과정에서 중심적 역할을한 것이 신탁공사(Treuhandanstalt)였다. 구동독 정권말기에 구성되었던 이 기관은 통일 이후 연방 재무부 산하기관으로서 주로 구동독 국영기업 및 농경지를 관리, 매각하는 임무를 수행하였다. 이러한 신탁공사의 사유화작업은 1994년 말에 종결되었으며 그 이후에는 '신탁부동산회사(TLG)'가 그 임무를 계속 수행였다.49)

---

48) 이러한 투자 우선적 조항은 이미 통일조약에 따른 투자법(BInvG)에 포함되어 있다. 위의 책, p. 169 참조.

49) 신탁부동산회사 (TLG)는 각 연방주들과 공동으로 (행정·재정적으로) 유리한

통일조약에 따른 토지사유화의 추진은 본격적인 시장경제의 토대 구축과 민간자본의 투자유도 등 많은 성과를 가져왔으나 동시에 적지 않은 부작용들을 발생시켰다. 원소유권 반환의 원칙에 따라 통일 이후 223만 건의 부동산 반환과 관련된 소송이 제기되었으며 1996년 3월까지 63%가 처리되었다. 이러한 반환소송은 지방정부에 엄청난 행정적 부담을 주었으며, 구소유자의 원상회복 소송으로 인한 빈번한 분쟁과 소유권 처리의 장기화 문제는 사유화 과정의 가장한 큰 장애요인으로 지적되었다. 이와 같은 엄청난 규모의 반환소송과 완만한 행정처리의 악순환은 원활한 토지 활용과 도시개발을 제약하는 주요 원인이 되었다.[50]

(6) 접경지역 지뢰제거 문제

동서독 접경지역의 길이는 총 1,393km로서 베를린을 포함하면 1,477km였으며 500km의 체코와 서독의 접경지역을 포함하면 1,977km에 해당하는 접경지역을 포함하고 있는데, 통독과정에 있어서 가장 큰 문제가 접경지역을 연한 광대한 지뢰지대를 청소하는 문제였다. 당시 접경지역의 분단선을 연한 장벽과 철책을 따라 철제지뢰, 목제지뢰, 플라스틱 지뢰 등이 수없이 매설되어 있었다. 이러한 지뢰는 1990년대 들어 몇 년에 걸쳐 제거작업을 실시하였으며 지뢰제

토지 매각조건을 제시하여 토지사유화를 추진하였으며 이 외에도 농림지의 사유화를 담당하는 '토지매각 및 관리회사(BVVG)'가 활동하였다. 당시 반환신청이 제기된 토지의 거래를 방지하기 위하여 토지거래 허가제가 시행되었으며 BVVG는 토지취득규정에 의거하여 구 국유지의 사유화를 담당하였다. 이 회사는 「보상 및 평형 유지법」에 따라 신탁농경지의 80%이상을 최장 18년까지 장기임대 하였으며 1994년 이후 이를 신탁 농경지의 사유화를 추진하였다.. 위의 책, p. 171 참조.

50) 위의 책, pp. 171~172 참조.

거 과정에서 370여명이 인명피해를 입었다.[51] 지뢰제거작업과정에서 국경선을 경비하던 국경수비대가 활용되기도 했지만 대부분의 경우 '민간 지뢰제거 전문회사'에게 지뢰제거 허가(Credit)를 주어 지뢰제거를 실시하였다. 당시 접경지역 지뢰지대는 인원의 출입이 통제되고 수목이 무성하게 자라서 지뢰조사 및 제거에 많은 어려움을 주었으며, 이러한 지뢰탐지 및 제거작업 과정에서 많은 인명피해를 겪어야 했다. 당시 지뢰제거작업은 수십개의 민간 지뢰제거 전문회사들이 참여하여 실시하였으며 그들중 일부는 아직도 존재하고 있다. 지금 그들은 유엔기구나 독일 정부의 지원을 받으면서 캄보디아, 베트남, 자이레 등 과거 내전을 겪은 세계 각지에서 지뢰제거사업에 참여하고 있다.[52]

3. 접경지역 지원정책의 특징

가. '접촉을 통한 변화' 추구와 小步主義 (Klein Schritte)

서독의 동방정책과 무력포기정책을 통한 독일의 재통일을 위한 노력은 유럽의 평화질서를 위한 긴장완화정책이었으며, 동독을 포함한 동유럽의 제국들과 '잠정적 협정'체결을 추진하는 일종의 '조약

---

51) 이상대·황지욱, 「분단독일의 접경지역정책 및 통일 후의 변화 실태 조사를 위한 현지출장보고서」, p. 26,

52) 당시의 동서독 접경지역의 지뢰제거 실태를 파악하기 위하여 본인이 2000년 12월 16일부터 23일까지 베를린 지역을 포함한 동서독 접경지역 일대를 방문하고 그 당시 지뢰제거작업에 참여하였던 2개의 지뢰제거 전문회사를 방문하고 베를린 시내에서 1개의 지뢰제거전문회사 간부를 만나면서 당시의 지뢰제거 상황을 파악하였다. 또한 동서독 접경지역이였던 「드레스덴」에 있는 45년 전통의 지뢰제거 전문학교를 방문하고 독일이 통일 과정에서 접경지역 지뢰제거를 위하여 얼마나 많은 노력을 하였던가 확인할 수 있었다.

정치'였다.[53] 그러한 정책을 통하여 독일인들은 자결권을 행사, 통일을 이룩하려고 하였다. 그러나 그들은 통일은 요원한 것이라고 보고, 우선 가능한 범위 안에서 인적·물적 교류를 통한 점진적 접근방법, 즉, '접촉을 통한 변화'를 모색하였으며, 모든 문제를 한꺼번에 해결하려고 하는 것이 아니라 가능한 것부터 조금씩 해결한다는 의미에서 '小步主義' (Klein Schritte)라고 불렸던 것이다. 결국 이러한 정책은 1989년 동유럽의 대변혁과 동독의 평화혁명을 가져왔으며, 1990년에 와서는 독일의 자결권을 되찾아 주었던 것이다. 구서독의 접경지역 지원정책도 이러한 점진적 접근방법과 小步主義의 일환으로 보아야 할 것이다.

나. 서독의 대내적 통일정책으로서의 접경지역 지원정책

브란트의 동방정책이 서독의 대외적 통일정책이었다면, 접경지역 지원정책은 대내적 독일 통일정책의 일환으로 볼 수 있다. 구서독의 「접경지역지원법」은 분단국의 접경지역에 대한 국민적 지원을 보여주는 가장 대표적인 사례이다. 구서독 정부는 통일정책적 견지에서 향후 통일이 이루어질 경우, 접경지역의 중요성을 인식하는 한편, 분단으로 인한 고통을 가장 많이 받는 지역주민들에 대한 전국민적 연대의 표현으로 이들 지역에 대해 경제·사회·문화적인 차원에서 추가적인 지원을 해 주기로 결정하고, 이를 위한 법적 기초를 마련한 것이다. 당시 독일의 접경지역은 경제가 침체하고 생

---

53) 독일 통일은 동유럽의 이웃국가들을 끌어들이면서 이루어졌다. 1990년대 초 체결된 선진 조약들은 독일연방공화국이 동유럽과의 관계를 개선하고자 하는 꾸준한 노력의 연장선상에 있었다고 볼 수 있다. 이와 동시에 그 조약들을 유럽-북대서양 통합지역에 확대될 수 있는 전망을 열어 준 유럽에서의 근본적 변혁이라는 조건속에서 동방조약이 계속 발전된 성과이다. 디터 빙겐, "동방조약", 「독일통일백서」 (서울: 한겨레신문사, 1999), p. 609.

활조건이 열악해져 주민들의 이주사태가 빈번해져 갔으며 낙후된
이 지역에 대한 국가적 지원이 있어야 한다는 필요성을 국민과 정
부는 깊이 인식하고 있었던 것이다. 접경지역 지원정책은 접경지역
주민들의 열악한 생활환경을 개선해 주어야 한다는 구조적 차원 뿐
만 아니라 통일정책적 차원에서 반드시 필요한 정책으로 평가될 수
있다.

다. 통독 과정 및 이후에 대비한 접경지역정책

1989년 11월 동서독간 국경개방 이후 11개월 후인 1990년 10월에
독일은 통일을 맞이하게 되었지만, 독일은 정치 · 경제 · 사회 각 분
야에 걸쳐 커다란 변화와 도전에 직면하였다. 동독 인구의 급격한
서독 유입뿐만 아니라 시장경제의 도입으로 인한 경제적 격차와 실
업문제[54], 인구이동의 가속화와 주택문제, 도시화에 따른 난개발과
교통문제, 부동산 소유권의 문제, 접경지역 지뢰제거 문제 등, 수많
은 과제들이 제기되었다. 동서독 통일후 이러한 문제들에 당면한
독일 정부는 어떤 분야에서는 효과적으로 대처해 나가기도 했지만
어떤 분야에서는 시행착오를 겪어야 했던 것이며, 이러한 문제로
인하여 독일 국민은 통일후 몇 년이 지나도록 고통과 불편을 감내
해야 했다. 통일 이후의 접경지역정책 추진과정을 살펴보면 갑작스
러운 통일에 비추어 그러한 혼란은 불가피한 것이었는지도 모른다.
그러나 만일 독일이 통합과정에서 예상되는 혼란과 어려움에 대하

---

54) 지역간 경제적 격차는 통일 이후 가속화되었다. 소득 수준의 격차에 의한 인구
이동이 가속화되었고 동독지역의 실업율이 증가되었는데 이것은 구동독 지역
에 있는 기업이나 공장들이 자본주의가 되면서 경쟁력을 상실하였기 때문이며
이러한 과정에서 많은 기업들이 도산되었고 그나마 가동중인 기업도 종업원의
수가 감소되었기 때문이다. 이상대 · 황지욱, 「분단독일의 접경지역정책 및 통
일 후의 변화실태조사를 위한 현지출장보고서」, p. 11.

여 전혀 준비하지 못한 상태에서 통일을 맞이하게 되었다면 그 혼
란과 어려움은 더욱 심했을 것이다. 그러한 측면에서 볼 때, 통일에
대비하여 추진했던 서독의 접경지역 지원정책은 독일이 통일과정에
서 혼란을 성공적으로 극복하는 데 커다란 공헌을 하였다고 볼 수
있다.

4. 사례의 교훈

가. 동방정책의 교훈

'접촉을 통한 변화'를 모색하면서 우선 가능한 범위 안에서 인
적·물적 교류를 통한 접근방법, 가능한 것부터 조금씩 해결해 나
가는 '小步主義'를 통하여 그들이 요원하다고 생각했던 동서독 통일
을 가져오게 한 브란트의 동방정책은 우리에게 소중한 교훈을 안겨
주고 있다. 평화는 저절로 오는 것이 아니라 노력해야 하는 것이고,
어느 정도까지는 조직적으로 추구될 수 있다는 확신을 가져야 한다
는 것이다. 우리의 현실적 입장의 통찰, 그리고 상대방의 이익과 목
표에 대한 적절한 평가를 통하여 상호공동이익의 영역을 마련하고
그것을 양측의 이익을 위해 꾸준히 확대해 나가야 그것을 얻어낼
수 있는 것이다. 이러한 관점에서 볼 때 접경지역의 평화적 이용은
한반도 평화를 위한 상호공동이익의 영역이 될 수 있을 것이다. 브
란트의 동방정책은 우리가 남북한 접경지역에서 상호공동이익의 영
역을 마련하고 그것을 남북 공동의 이익을 위해 꾸준히 확대해 나
가야 한다는 것과 우리가 그렇게 했을 때 점진적으로 한반도 평화
와 통일에 접근할 수 있다는 것을 암시해 주고 있다.

나. 접경지역 지원정책의 교훈

독일 통일에 대비한 대내적 통일정책의 일환으로 추진되었던 접경지역 지원정책은 앞으로 우리가 접경지역의 평화적 이용을 추진하는데 있어서 많은 교훈을 안겨주고 있다. 접경지역의 평화적 이용은 통일정책적 차원에서 당연히 준비하고 추진해 나가야 할 주요 과제이면서 또한 반세기 동안 낙후되고 소외되어 왔던 발전의 사각지대, 접경지역의 주민들에 대한 지역구조적 차원, 사회·문화적 차원 뿐만 아니라 통일 이후에 대비해서도 관심을 갖지 않으면 안 될 문제라는 것이다. 접경지역은 남북한 주민의 삶을 윤택하게 해줄 우리 민족의 소중한 삶의 터전이 될 뿐만 아니라[55] 한민족 중흥의 중심지가 될 커다란 잠재력을 잉태하고 있는 곳이기 때문이다.

접경지역은 이제 개발에서 소외되고 낙후된 지역, 군사적 통제와 그로 인한 저개발의 상태에 머물러 있는 '변경지역'으로 남아서는 안된다. 접경지역은 이제 한반도의 중심지역으로 그에 상응하는 정치·경제·문화적 영향력을 발휘하는 지역으로 다시 태어나도록 해야 한다. 이곳은 통일을 준비하는 과정에 있어서는 남북이 교류

---

55) 접경지역에는 남북이 정치·군사적으로 크게 부담을 느끼지 않고 상호 경협으로 이어갈 수 있는 자원이 산재해 있다. 이 지역에는 ① 대단위 농업용지로 개발할 수 있는 용지가 비무장지대를 중심으로 남북으로 펼쳐져 있으며, ② 공동으로 개발하여 활용할 수 있는 수자원과 귀중한 생태자원, ③ 그리고 연계하여 개발할 수 있는 관광자원이 풍부하다. 또한 종합적인 남북교류협력지구로 개발할 수 있는 좋은 여건을 갖춘 지역들이 곳곳에 있다. 특히 파주와 철원 지역의 넓은 평야와 구릉지, 그리고 임진강의 다목적 댐, 금강산댐과 평화의 댐의 연결은 용수 뿐만 아니라 수운으로서의 역할도 수행할 수 있다. 고성에서의 금강산과 설악산의 연결, 비무장지대의 생태자원의 공동활용, 동서 해안의 공동 어로와 자원개발 그리고 서부지역의 경제특구로서 개발할 수 있는 여건은 남북경협 활성화를 위한 지역으로 개발할 수 있는 조건들을 갖추고 있는 매우 양호한 지역들이다. 김영봉, "남북경협 활성화를 위한 접경지역 활용방안", 「통일경제」 (1999. 11).

와 협력을 추구하는 공동협력의 장소가 되고 통일에 대한 공동 이 념을 새기는 학습장이 되어야 하며, 통일과정에 있어서는 남북통합 을 위한 공동의 공간이 될 수 있도록 준비해야 할 것이다.

다. 통독 과정 및 통독 이후의 접경지역정책의 교훈

통독 과정 및 통독 이후의 접경지역정책은 지금 우리에게 너무 나 중요한 교훈을 안겨주고 있다. 첫째, 동서독 국경개방의 과정에 서 접경지역을 연한 동독 주민의 대규모 서독 이동에 따른 문제에 비추어 볼 때 우리도 그러한 사태에 대한 대비책이 있어야 할 것 이라는 것과 둘째, 통독 이후에 독일 정부가 직면했던 경제적 지역 격차와 실업문제, 인구이동의 가속화와 주택문제, 도시화에 따른 난개발과 교통문제, 부동산 소유권의 문제, 접경지역 지뢰제거 문 제 등 많은 현안들에 대하여도 우리는 미리 대비책을 준비해야 하 는 것이다.

독일 통일 과정에서 보았듯이 한민족이 분단되어 살아오다가, 분단의 장벽이 한순간 무너지면 대규모 인구이동이 나타나는 것은 예상가능한 현상이다. 그러한 측면에서 우리도 그것이 완전한 통일 이든, 남북 연합이든, 아니면 평화체제구축이든 간에 지금과 같은 철처한 분단의 장벽이 무너지는 날에는 한반도 접경지역에서도 대 규모의 인구이동이 일어날 것을 예상하고 대비해야 한다. 따라서 급작스러운 대규모 이동이든 점진적이고 지속적인 이동이든 우리는 그러한 인구이동에 대비한 공간을 준비해야 할 필요가 있으며 접경 지역은 그러한 측면에서 우선적으로 고려될 수 있는 지역에 해당된 다. 다행히 접경지역은 개발이 제대로 착수되지 않아 그런대로 우 리가 다듬고 준비하면 적절한 공간을 마련하기에 가장 좋은 조건을 갖고 있는 곳이다. 그러한 측면에서 남북한 접경지역은 앞으로 우리 민족에게 없어서는 안될 매우 소중한 공간에 해당하는 곳이며 우리는 이곳을 그러한 미래에 대비하는 데 적절히 사용될 수 있도록 준비해 나가야 할 것이다.

접경지역의 평화적 이용은 지금의 남북관계를 풀어나가는 데도 중요하지만 언젠가 갑자기 찾아 올지도 모르는 통일에 대비하여 반드시 필요한 사업이다. 한반도 통일과정에서 예상되는 인구이동의 가속화와 주택문제에 대비하여 남북한 접경지역은 이러한 문제를 해결하는 유용한 완충지대 역할을 할 수 있는 공간으로 활용할 수 있는 곳이다. 이러한 차원에서 우리는 접경지역의 평화적 이용과 관련된 나름대로의 국토개발정책을 구체적으로 발전시켜 나가야 할 것이다.[56] 또한 부동산 소유권의 문제는 독일의 경험에 비추어 사전에 충분한 준비와 대비책을 마련하여 시행착오를 겪지 않도록 해야 할 것이며, 북한지역이 투기의 대상이 되도록 방치해서는 더욱 안 될 것이다.[57]

---

56) 동독주민의 경우 통일 후 소득이 향상되면서 제일 먼저 자동차를 구입했다고 한다. 이러한 측면에서 도로 항만을 포함한 사회간접자본(SOC)의 확충과 난개발을 방지하기 위한 균형된 국토개발정책이 필요하다고 본다. 특히 도시화와 교통문제에 대비하는 데는 독일의 교훈을 본받아 철도를 이용한 개발방식에 대해서도 관심을 가져야 할 것이다. 이러한 방식은 난개발과 환경의 훼손을 최소화할 수 있는 장점이 있다고 본다. 이상대·황지욱, 「분단독일의 접경지역 정책 및 통일 후의 변화실태조사를 위한 현지출장보고서」, pp. 34~35 참조.

57) 부동산 소유권 문제는 통일과정에서 사유화 과정을 겪어야 한다는 측면에서 필수적으로 대비하고 준비해야 할 문제의 하나다. 부동산 사유화 과정을 포함한 소유권 문제는 독일의 경우를 보아도 그렇게 성공적이었다고 볼 수 없다. 따라서 우리는 그러한 시행착오를 겪지 않도록 사전에 충분한 정책적 개발과 대비책을 수립해 놓아야 할 것이다. 독일의 경우 통일조약에 따른 토지사유화의 추진은 본격적인 시장경제의 토대구축과 민간자본의 투자유도 등 많은 성과들을 가져왔으나 이와 함께 적지 않은 부작용들도 발생시켰다. 원소유권 반

　이와 더불어 접경지역의 지뢰제거 문제는 앞으로 남북한 접경지
역의 평화적 이용과 군사적 신뢰구축의 진전과 관련하여 반드시 직
면해야 하는 문제가 될 것이다. 지금까지는 경의선 연결사업 등에
군부대가 투입되어 지뢰제거작업을 실시하고 있지만 접경지역의 본
격적인 평화적 이용단계에 있어서는, 독일의 경우와 같이 수많은
민간 지뢰제거 전문회사들이 이러한 역할을 수행해야 할 것이다.
이를 위하여 우리는 독일, 영국, 불란서 등의 지뢰제거 선진기술을
도입, 한국적 지형에 맞는 지뢰제거기술의 개발에 관심을 가져야
한다. 구체적으로, 지뢰제거 전문인력을 양성확보하고, 접경지역의
미확인 지뢰지대 분포를 조사하는 등 정부차원의 노력과 준비를 해
야함은 물론, 민간차원에서 지뢰제거 전문회사의 설립을 지원함으
로써 접경지역의 개발과 평화적 이용에 대비해 나가야 할 것이다.
이것은 한반도에 매설된 수많은 지뢰로 인하여 피해를 당할 수많은
인명의 피해를 사전에 방지하고, 국민의 생명과 건강한 삶을 보장
해야 하는 국가적 의무인 것이다.

　환의 원칙에 따라 223만 건의 부동산반환소송이 제기되었는데, 1996년 3월까
지 이 가운데 63% 만이 처리되었다. 이러한 반환소송은 통일후 수년동안 지방
정부에 엄청난 행정적 부담이 되었다. 이상준, "통일과 국토개발의 과제: 독일
통일의 경우", p. 172.

제 **5** 장

국제적 사례의 시사점과 한반도 적용모델의 모색

1 국제적 사례의 성공요인

1. 군사적 신뢰구축의 성공요인

유사이래 인류는 수많은 전쟁을 겪어오면서, 분쟁상태에 있던 인접국가 상호간에 군사적 대결을 종식시키고 접경지역의 군사적 신뢰구축과 안정을 통하여 평화와 공존의 길을 선택했던 사례는 여러 곳에서 찾을 수 있다. 그러나 본 연구에서 접경지역 군사적 신뢰구축의 사례로 선정한 3가지 사례, 즉 이집트-이스라엘간의 시나이 협정과 군사적 신뢰구축, 이스라엘-요르단 평화협정, 인도-중국 접경지역의 군사적 신뢰구축의 사례는 2차대전 이후 비교적 최근의 사례 중에 가장 성공한 케이스의 대표적 사례로 손꼽을 수 있을 것이다. 이들 사례의 분석을 통하여 핵심적 성공요인을 살펴보면 다음과 같은 몇가지 관점에서 공통점 내지는 특징을 발견할 수 있으며 이러한 성공요인은 앞으로 남북한이 한반도 평화를 위한 군사적 신뢰구축을 이룩해 나가는 데 소중한 자료가 될 수 있다고 본다.

첫째, 군사력 사용의 정치적 목적 달성이라는 관점에서 볼 때 군사력 사용을 통한 전쟁만이 최선이 아니라는 쌍방간의 인식이 존재할 때 성공할 수 있었다. 전쟁은 국민의 사활과 국가의 존망을 결정하는 중대사(兵者國之大事 死生之地存亡之道也)[1]로서 일찍이 클라우제비츠는 "전쟁은 다른 수단에 의한 정치의 계속"이라고 갈파하였다. 전쟁은 결코 독립된 것이 아니라 정책의 한 수단으로서 취급되어야 하며 한 국가의 군사력은 정치·외교의 최종적 수단으로 사용되어야 한다는 것이다.[2] 지난날 일본 군국주의자들은 한반도와 만주를 석권하고도 끝없는 전쟁을 지속한 결과 마침내 패망하게 된 원인은 바로 전쟁의 종말을 정치적으로 제대로 마무리하지 못한 결과로 보아야 할 것이다.

이러한 관점에서 볼 때 중동지역에서의 시나이 협정과 이스라엘과 요르단 평화협정 그리고 히말라야 접경지역에서의 중국과 인도의 군사적 신뢰구축은 해당 당사국들간의 현명한 정치·군사적 선택에 의한 조치들이였다고 보아야 할 것이다. 특히 장기간에 걸친 중동전쟁으로 인한 이집트-이스라엘 양국 국민들의 전쟁에 대한 회의감과 경제적 고통은 결국 전쟁이 국가목표달성의 유일한 수단이 되지 못한다는 그러한 인식을 불러 일으켰으며, 이에 정치적 리더쉽이 문제의 해결에 앞장서서 나섰기에 평화가 가능했던 것이다.

또한 이스라엘과 요르단은 팔레스타인 문제와 웨스트 뱅크 지역의 장래문제에 대하여 다소의 갈등이 있었지만 이것이 양국간의 분쟁을 유발하는 결정적인 요인으로 작용하지는 못하였다. 요르단은 그들의 취약한 안보여건으로 인하여 협상에 유화적인 입장을 견지하면서 대처하였고 요르단의 고질적인 경제난을 극복해야 하는 국

---

1) 孫子兵法 始計篇 第一에서 "孫子曰: 兵者, 國之大事, 死生之地, 存亡之道, 不可不察也"이라고 했다.

2) Carl Von Clauzewitz, *On War*, edited by Michael Howard and Peter Paret (Princeton: Princeton University, 1976), pp. 75~123 참조.

가적 과제를 해결하기 위해서라도 이스라엘과 안보 및 경제협력을 필요로 하고 있었다. 이스라엘 또한 요르단의 전략적 중요성을 고려하여 '요르단과 새로운 안보협정을 체결한다'는 정치적 목표를 설정하고 보다 발전적인 평화협상을 요르단과 체결하기를 원하고 있었으며 이러한 협상목표를 달성하기 위하여 이스라엘은 포괄적인 협상의제를 요르단에 제안하였다.

히말라야 접경지역에 있어서의 국경분쟁을 치루고 있던 중국과 인도는 당시 양국 정치지도자들의 현명한 선택과 끈질긴 노력의 결과로 보아야 할 것이다. 군사력 사용을 통한 전쟁만이 최선의 선택이 아님은 물론이거나와 정치적 목적을 도외시한 끝없는 국경분쟁이 결코 양국의 국가이익에 도움이 되지 않으며 국가목표를 달성하는 방법으로서도 적합하지 않다는 것을 인식하였기에 가능하였던 것이다.[3] 결국 접경지역의 군사적 신뢰구축은 양국간의 정치적 리더쉽의 현명한 선택과 노력여하에 따라 실현이 가능했던 것이다.

둘째, 쌍방의 협상자세와 협상과정이 실질적인 군사적 신뢰구축에 기여할 수 있어야 하는 것이다. 이것은 고위 정치지도자 뿐만 아니라 실무협상단에 이르기까지 양국의 분쟁상태 종결과 평화구축을 위한 확고한 의지와 자세가 있어야 하고, 그러한 것이 협상과정에 나타나야 하는 것이다. 이러한 확고한 의지나 자세가 없이는 결코

---

3) 1962년 10월에서 11월 당시 중국군이 히말라야 접경지역 동부와 서부에 연한 2개의 전선에서 인도군을 축출하고 개전 7일만에 160㎞까지 진격한 상태에서 중국은 일방적인 종전을 제의 하였다. 이때 중국은 인도가 협상에 임하고 중국의 영토를 인정할 경우 분쟁중인 국경선에서 20㎞ 퇴각하고 비무장지대를 설치할 것을 제의하였다. Sony Devabhaktuni, Matthew C. J. Rudolph, and Amit Sevak, "Key Development in the Sino-Indian CBM Process," in Michael Krepon *et al, eds., A Handbook of Confidence-Building Measures for Regional Security 3rd ed.* (Washington D. C.: The Henry L. Stimson Center), p. 201.

그 협상은 성공할 수 없으며, 결국 그 협상은 쌍방간에 책임전가를 위한 정치적 제스처에 그치고 말 것이다. 협상과정 또한 이러한 공동의 이익과 목표를 달성하려는 목적으로 서로 양보할 것은 양보하고 상호 타협할 것은 타협하는 그러한 과정으로 진행되어야 성공할 수 있는 것이다.[4] 말하자면 이러한 협상의 자세나 과정을 통하여 상호간의 신뢰가 증진되어지는 것이다.

시나이 협정의 경우 이집트와 이스라엘 양국의 정치적 리더쉽뿐만 아니라 직접 협상에 임하는 군사실무자들에 이르기까지 전쟁상태를 종결하고 평화를 이룩해야 한다는 공통적인 신념과 자세로 적극적으로 임하였으며, 특히 협상과정에 있어서도 문제를 단계적 점진적으로 풀어나감으로써 상호간에 이러한 과정을 통하여 상호 신뢰를 증진시켜 나갈 수 있었다. 특히 이러한 단계적 협상과정을 통하여 양측은 군사적 신뢰구축에 대한 학습과정을 가질 수 있었던 것은 양국의 군사적 신뢰구축에 매우 유익하였다고 본다.

이스라엘과 요르단의 협상과정에서도 양국은 상호 절실한 공동이익의 영역을 가운데 두고, 상호 협력과 공생공영을 추구하는 것이야말로 해묵은 갈등과 철저한 아생살타(我生殺他)의 신념에서 벗어날 수 있었던 것이다. 이러한 양측의 자세로 인하여 1994년 7월 이스라엘 요르단 국경지대에서 개최한 양자회담에서 양국의 평화체제

---

4) 1977년 11월 9일 이집트의 사다트 대통령은 이집트 의회(People's Assembly)에서 다음과 같은 중동평화를 위한 획기적인 내용의 연설을 함으로써 온 세상을 놀라게 하였다. "중동의 평화를 위하는 길이라면 나는 이 지구 끝까지라도 달려가겠다. 나는 이스라엘 의회에 달려가서 평화를 호소할 준비도 되어 있다. 우리는 중동평화에 가장 큰 장애요인인 아랍민족과 이스라엘 민족 사이에 깊게 내재되어 있는 심리적인 장벽을 제거해야만 한다. 중동의 평화를 위하여 양측은 우선 서로 양보를 할 줄 알아야 한다." T. G. Fraser, *The Arab-Israeli Conflict*, 송대성·이대우, 「평화체제 구축 국제적 경험과 한반도」 (서울: 세종연구소, 2000), pp. 33~34에서 재인용.

구축을 위한 구체적인 합의와 결론에 도달하게 되었던 것이다. 그
것은 뿌리깊은 상호 불신과 갈등관계에 있던 인접국가간에도 양국
의 공동안보이익을 위하여 포괄적인 협상에 합의할 수 있다는 실례
를 보여주는 것이다. 협상과정에서 양측은 자국의 입지를 강화하면
서 자국의 국가이익을 손상시키지 않는 범위내에서 서로간의 마찰
을 피하고 협상과정에 융통성있게 임하였던 것이다.[5]

중국과 인도의 양국간의 군사적 긴장관계도 인도 수상 「라지브
간디」가 1988년 중국을 방문하면서 개선되기 시작하였다. 비록 접
경지역 문제는 여전히 해결되지 않았고 공식적인 화해는 없었지만,
두 나라는 더 이상 국경분쟁을 원하지 않았고 군사적 신뢰구축과
관계개선을 바라던 바였다. 국경문제 협의를 위한 공동실무단의 편
성과 협의를 통하여 접경지역 문제의 진전을 도모하고 군사력 사용
의 배제와 국경문제의 공정하고 합리적인 상호조치를 위해 협상에
임하였던 것이다.

셋째, 접경지역의 군사적 신뢰구축에 있어서도 군사력 이격조치
가 매우 효과적이며 이를 위해서는 비무장 완충지대의 설치, 병력
및 특정화기의 배치제한조치, 기타 위기관리조치가 필요하다는 것
이다. 시나이 협정사례에서 이집트와 이스라엘은 이러한 조치에 우
선적인 노력을 경주했다. 시나이-I 협정에서 보았듯이 협정의 핵심
은 양측 군사력의 이격을 통하여 상호간에 기습공격을 억제하고,

---

5) 아랍-이스라엘간 평화체제 구축과정을 보면 제2차 세계대전이 끝나기 전까지
   100여 년간 그들 사이의 투쟁은 오직 무력 혹은 폭력을 동원하여 상대방은 철
   저히 멸망시키고 자기 자신은 완벽하게 살아 남겠다는 집념의 투쟁이였다. 이
   러한 집념의 투쟁은 중동에서 평화체제 구축에 결코 기여할 수 없었고 해결의
   실마리를 찾을 수 없게 만들었다. 중동의 평화문제는 1947년 11월 29일 UN
   총회결의 181에서 "아랍인들도 살고 유태인들도 산다"는 전제하에 상호공존을
   인정하는 결의를 함으로써 해결의 실마리를 보았다. 위의 책, p. 88.

우발적인 전쟁발발 가능성을 감소시키며, 이스라엘 측이 수에즈 운하로부터 약 20㎞ 철수하고 양측간에 비무장 완충지대와 함께 병력 배치제한지대를 설치하는 것이었다. 또한 양측의 배치제한지대에는 동수의 제한된 이집트와 이스라엘군을 배치시키고 비무장 완충지대에는 유엔비상군을 주둔시켜 협정의 이행을 감시하도록 했던 것이다. 이집트와 이스라엘 양측에 이러한 군사력 분리가 성공적으로 실시됨으로서 상호간에 군사적 신뢰를 구축할 수 있었던 것이다.[6]

이스라엘-요르단 관계에 있어서는 양측이 심각한 군사적 위협을 인식하지 않았기 때문에 시나이 사례에서와 같은 군사력 이격에 관한 조치가 포함되지 않았으나 그 대신 양측은 '새로운 안보협정체결'이라는 공동의 안보이익을 추구하였다. 이스라엘은 요르단을 완충지대화함으로써 자국의 전략종심을 증가시킬 수 있었고 요르단도 안보와 경제면에서 나름대로 국가이익과 목표를 달성하는 전략적 지혜를 발휘했던 것이다.[7]

중국-인도 접경지역의 군사적 신뢰구축의 사례에 있어서는 서부지역에서 중국군이 현 LAC에서 20㎞ 철수하고 비무장지대를 설치 운영함으로서 서부 접경지역의 군사적 안정을 이룩하였으나 동부지역에서는 비무장지대가 설치되지 않아 군사적 긴장이 고조되기도 하였던 것이다. 그러나 접경지역 내 현존병력을 감축하거나 제한하는 조치에 합의하고 추가적인 군사적 신뢰조치에 합의함으로서 접경지역의 군사적 신뢰구축에 성공할 수 있었던 것이다.[8]

---

6) 제성호, "비무장지대와 군사적 신뢰구축: 시나이협정I와 II를 중심으로", 「국제법학회 논총」, 제 41권 2호(1996), pp. 219~220 참조

7) 이희우, "중동 평화협상 연구", (국방대학원, 1997), p. 52~58 참조.

8) Sony Devabhaktuni, Matthew C. J. Rudolph, and Amit Sevak, "Key Development in the Sino-Indian CBM Process," *op. cit.*, p. 201

넷째, 협상의 이행을 보장하는 효과적인 감시·검증체제가 반드시 포함되어야 하며 이러한 감시 및 검증체제는 양국의 군사적 신뢰구축에 필수적인 것이다. 제 1차 시나이 협정에서는 비무장 완충지대에 유엔비상군(UNEF-II) 6,000명이 주둔하여 협정의 이행을 감시하였고 양측의 병력배치제한지대도 유엔비상군의 사찰대상으로 지정하였다. 또한 미국은 항공기를 통한 공중감시로서 유엔을 지원토록 하였다. 이집트와 이스라엘 양측은 제 1차 시나이 협정을 성실히 이행함으로서 상호간에 군사적 신뢰를 조성할 수 있었다. 제2차 시나이 협정에서도 미국은 조기경보체제, 2개의 추가감시소, 항공정찰 등 다중검증체제를 운영·관리하여 협정의 이행을 감시·검증하는 역할을 해주었고 이를 위해 미국은 다양한 탐지능력을 갖춘 자동 감시센서들을 사용하였다. 또한 이스라엘과 이집트는 각각 1개소의 국가감시소를 기디(Gidi) 통로의 양단에 설치·운영하였고 UNEF는 검문소 및 관측소에 배치되어 모든 접근로를 통제하고 지대내에 이동하는 사찰요원들에 대한 호송을 제공하면서 배치제한지대의 사찰을 실시하는 등 핵심적인 신뢰구축 및 검증의 역할을 수행하였다.[9]

그러나 이스라엘-요르단 평화협정 사례에서 양국은 안전보장에 관한 공동의 노력과 파트너쉽을 유지함으로써 군사적 신뢰를 구축하였고 수자원관리, 관광, 농업 등 전반적인 분야에서 포괄적인 공동협력을 통하여 양국간 신뢰를 조성하는데 기여하였다. 중국-인도 접경지역 군사적 신뢰구축 사례에서는 접경지역의 현존 병력 감축 및 제한, 군사분야에서의 투명성과 상호협력을 통하여 상호 군사적 신뢰를 구축하는 모습을 보였다.[10]

---

9) 남만권·김명진·문광건, "시나이협정 검정체제 연구" (국방연구원, 1995) pp. 36~60 참조.

　다섯째, 미국과 같은 제 3국의 적극적인 중재노력과 협정이행과
정에서의 기술적, 재정적 지원이 매우 중요한 역할을 하였다는 것
이다. 시나이 협정사례와 이스라엘-요르단 평화협정사례에서 보
듯이 미국은 중동지역의 안정과 평화를 위하여「닉슨」시절부터 로
저스 계획을 의욕적으로 추진하였다. 특히 시나이 협정과정에서는
미 국무장관「키신저」가 이집트와 이스라엘 양국의 협상을 적극
중재하였고, 미국은 협정의 이행을 위한 감시 및 검증에 적극적으
로 참여하고 지원함으로써 시나이의 평화를 사실상 주도하였다.
뿐만 아니라 이스라엘-요르단 평화협정과정에 있어서도 미국은
양국 협정의 중재자로서 또한 보증자로서 적극적인 역할을 수행하
였던 것이다.[11]

　여섯째, 이스라엘-요르단 평화협정에서는 시나이 반도 이집트-
이스라엘 군사적 신뢰구축, 중국-인도 접경지역의 군사적 신뢰구
축의 사례에서와는 달리 이스라엘과 요르단 양국간의 포괄적인 안

---

10) 중국과 인도 양측은 군사분야에서의 투명성과 상호신뢰증진을 위하여 상대방에
　　군사력을 사용하지 않으며 접경지역내 LAC를 엄격히 존중하고 준수함으로서
　　접경지역의 안정과 상호신뢰를 증진시키려 하였다. 이러한 목적을 위하여 양측
　　은 접경지역에서의 병력과 장비의 감축 및 제한, 사단급 이상 대규모 훈련의
　　제한 등 구체적인 군사적 신뢰구축조치를 병행하였다. Agreement between
　　the Government of the Republic of India and the Government of the
　　people's Republic of China on Confidence-Building Measures in the
　　Military Field Along the Line of Actual Control in the India-China
　　Border Areas, 29 November 1996 (New Delhi) 참조.
11) 닉슨 대통령은 1991년 마드리드 회의 후 거의 2년동안 '이스라엘-요르단 비망
　　록'을 이끌어 내도록 끈질긴 노력을 하여으며 1994년 워싱턴 선언이 도출되도
　　록 결정적인 역할을 하였다. 또한 클린턴 대통령은 요르단 왕 후세인과 이스라
　　엘 수상 라빈을 워싱턴까지 초정하여 본인이 직접 보증을 서면서 "워싱턴 선언
　　(The Washngton Declaration)"에 서명토록 하였다. 송대성·이대우,「평화체
　　제 구축 국제적 경험과 한반도」, p. 49.

보협정과 공동의 안보상 파트너쉽을 통하여 평화를 구축하였다는 사실은 접경지역의 평화적 이용과 관련하여 우리가 관심을 가져야 할 사항이다. 물론 그렇게까지 되기 위해서는 양측은 공존의 가능성을 상호 인식해야 하고, 상호공동안보와 파트너쉽의 추구가 오히려 양국의 안보상황을 개선해 줄 것이라는 확신과 기대가 있어야 할 것이다. 그러나 이것 뿐만 아니라 양측간에 경제적 실리를 추구할 수 있다는 공동이익의 추구가 구체화될 수 있을 때 그 가능성이 더욱 증대될 수 있다는 것이다. 그러한 측면에서 안보와 경제문제를 포함한 포괄적 협상은 인접국가간의 군사적 신뢰구축과 평화의 달성에 매우 효과적인 방법이 될 수 있다는 것이다.

2. 접경지역 평화적 이용의 성공요인

접경지역의 평화적 이용과 관련한 주요 사례로 예멘의 접경지역 공동개발 사례, 서독의 접경지역 지원정책 사례를 살펴보았는데 이스라엘-요르단 평화협정사례에 있어서는 접경지역의 평화적 이용과 관련된 내용이 일부 포함되어 있었다. 여기서는 사례별로 접경지역 평화적 이용의 특징적 성공요인을 도출해 보고자 한다.

가. 예멘의 통일과 접경지역 공동개발의 성공요인

예멘의 통일과 접경지역 공동개발은 불가분의 관계에 있었다고 볼 수 있다. 남북예멘은 외세의 개입과 국내외적 상황이 기인한 분단과 장기간에 걸친 내전상태를 겪어 오면서도 민족의 동질성을 회복하고 평화적 통일을 달성하기 위하여 지속적인 노력을 경주하여 왔다. 그러한 과정에서 1972년 「트리폴리」협정을 통하여 통일에 관한 초안을 마련하고 1981년 「남북예멘 협력 및 조정에 관한 협정」

을 체결하여 남북간의 평화공존을 추구하면서 통일헌법을 기초해
나갔던 것이다.[12] 그 후에도 때로는 남북간의 대화가 표류하고 국경
충돌사건이 발생하기로 했지만 통일 논의는 지속되어 왔으며, 남북
예멘 접경지역에서 대규모 유전이 발견되자 양국 국민은 전쟁의 고
통을 당하면서 가난하게 사는 것보다 접경지역의 석유를 공동개발
함으로써 빈곤에서 해방되고 민족적 분단이 극복되기를 바랐던 것
이다.[13] 다시 말하면 접경지역의 공동개발에서 상호공동이익을 발
견하고 공영과 공생을 추구했던 것이 성공의 가장 큰 요인이 되었
던 것이다.

나. 서독의 접경지역 지원정책 사례의 성공요인

브란트의 동방정책이 대외적 통일정책이라면 대내적 독일통일정
책의 일환으로 추진된 접경지역 지원정책은 분단국의 접경지역에
대한 지원정책을 보여주는 대표적인 사례이다. 통일정책적 견지에
서 추진된 이러한 정책은 향후 통일에 대비하여 이 지역의 중요성
을 인식하는 한편, 분단으로 인한 고통을 가장 많이 받고 있는 이곳
주민들에 대한 전국민적인 연대의 표현으로 추진되었다. 서독의 국
민들은 접경지역이 독일의 핵심지역으로서 그에 상응하는 정치·
경제·문화적 영향력을 발휘하는 지역으로 남아야 하며, 국경부근
에 경제적으로 낙후된 지역이 존재한다는 것은 통일의 장애물이 될
것이므로, 연방정부는 이러한 접경지역을 지원해야 할 의무를 갖는
다고 보았다.[14] 이와 같은 접경지역 지원의 통일정책적 관련성은 접

---

12) 국토통일원, 「예멘통일관계 자료집」 (서울: 국토통일원, 1990), pp. 71~114
참조.
13) 김국신, 「예멘 통합 사례연구」 (서울: 민족통일연구원, 1995), p. 81~90 참조.

경지역 정책을 다른 지역에 대한 일반적 경제지원정책과 차별화를 가져왔고, 결국 접경지역 지원법이라는 별도의 입법조치가 이루어지게 된 요인이 되었다.

통일이후 동독지역은 시간이 지남에 따라 시장경제의 전면적 적용에 의해 초래된 동서독간의 경제적 격차와 실업문제 뿐만 아니라, 인구이동의 가속화와 주택문제, 도시화에 따른 난개발과 교통문제 등 많은 과제들이 제기되었다. 또한 통일 이후 접경지역이라는 것이 없어졌음에도 불구하고 동독지역과 더불어 접경지역의 전반적인 모습은 서독지역과 비교할 때 아직도 개발의 낙후성은 물론이거니와 현격한 경제적 격차를 보여 주고 있었다. 독일 정부는 이러한 지역 격차의 시정을 위해 공간단절을 위한 국토개발계획을 수립·추진하였으며, 개발이 낙후된 지역으로 관광자원의 활용이 필요한 지역은 산업유치를 통한 개발을 지양하고 농업, 휴양, 휴식공간의 조성 등을 통하여 지역 발전을 추진함으로써 문제를 해결하려고 하였다. 국토개발을 위한 광역계획을 수립함에 있어서는 거점지역별 개발을 통한 분산을 도모하였고, 기존의 철도망을 최대한 활용하여 철도역 주변으로 한 개발을 강조하는 가운데 점진적인 도로확장에 노력하였던 것이다. 또한 통일 이후 당면한 접경지역 지뢰제거 문제에 있어서는 민간의 지뢰제거 전문회사를 적극 활용함으로써 5~6년 동안 접경지역의 지뢰를 완전히 제거하였고 이와 병행하여 접경지역 개발을 추진해 나갔던 것이다.

---

14) 홍준형, "구서독 접경지역 지원법 사례와 시사점", 「경기북부 접경지역 발전전략 수립을 위한 공청회 자료」 (경기개발연구원, 1999), pp. 63~65 참조.

다. 이스라엘-요르단간의 '사실상의 교류협력'의 성공요인

이스라엘과 요르단은 1994년 평화협정 체결 후 양국간의 '사실상의 교류협력'을 다방면에 걸쳐 증진시켜 나감으로써 양국간의 신뢰를 조성하고 평화를 구축하였다. 적대국간에 평화체제를 구축함에 있어서 평화조약 혹은 평화협정을 체결한다는 것은 매우 중요한 일이지만 그보다 더 중요한 것은 '사실상의 교류협력'을 증진시키는 일이다. 이스라엘과 요르단은 평화협정 체결 후 양국간 가장 중요한 이슈였던 물문제를 포함하여 환경문제, 상공업, 농업, 관광 등 광범위한 분야에서 실질적인 교류협력을 증진함으로써 상호 적대감을 해소하고 상호친교와 신뢰의 정서를 키워나갔던 것이다.[15]

---

15) 송대성·이대우, 「평화체제 구축 국제적 경험과 한반도」, pp. 41~47 참조.

2 국제적 사례의 시사점

1. 시나이 협정 사례의 시사점

가. 한반도에서의 군사력 이격조치의 필요성

시나이 협정 준수로 이스라엘과 이집트는 쌍방 군사력을 일정거리 후방으로 재배치함으로 군사적 긴장완화는 물론 기습공격의 위험을 실질적으로 감소시킨 경험을 보여주고 있다. 이러한 시나이 경험을 한반도에 적용할 필요성은 다음 몇가지로 설명할 수 있다.[16] 우선, 휴전선상의 첨예한 군사적 대치상태 해소의 필요성이다. 현재 한반도에는 엄청난 규모의 남북한 상비군이 군사분계선을 중심으로 첨예하게 대치하고 있어 이를 해소시킬 군비통제 차원의 군사력 이격조치가 필요하다.[17] 지금의 남북간 군사적 대결 상태는 속전

---

16) 남만권·김명진, "시나이협정 모델의 한반도 적용가능성에 관한 연구", 「국방논집」제 32호(국방연구원, 1995), pp. 176~178 참조.

17) 조선인민군 병력의 약 65%가 비무장지대(DMZ)로부터 100 ㎞이내, 즉 평양, 원산선과 동서로 약 240㎞에 달하는 DMZ사이에 전진배치되어 있으며, 인민군의 4개 군단이 DMZ를 따라 휴전선과 한강하구에 근접배치되어 있다. 한국군도 이에 대응하기 위하여 전방배치에 주력하였다. 함택영, 「군가안보의 정치경제학」 (서울: 법문사, 1998), p. 31.

속결의 공세전략을 추구하는 북측과 이에 대응하기 위해 초전즉응태세를 갖추고 전방지역 방어에 치중하고 있는 남한측의 군사태세의 결과이다. 남북한은 기본합의서에서 'DMZ의 평화적 이용'을 합의함으로써 비무장지대의 비무장화를 전제하고 있으나, 북한이 정전협정 무력화 책동과 DMZ 유지를 위협하는 행동을 지속함으로써 이 지역에서 무력충돌 가능성은 상존하고 있다. 우리는 이러한 군사적 대치상태를 극복하고 DMZ를 포함한 접경지역의 군사적 완충기능을 조성해야 한다. 지금 한반도에서 우선적으로 요구되는 군사적 신뢰조치는 DMZ를 완전 비무장화하여 완충기능을 회복하고 접경지역에 밀집된 쌍방의 병력배치를 제한하는 것이다. 또한 수도권에 대한 군사적 안전상태를 증진시킬 필요성이 있다. 휴전선에 근접 위치하고 있는 수도 서울은 한국의 정치, 경제, 사회, 문화, 교육의 중심지로서 북한의 기습공격시 수도권 방위의 성공여부는 국가전쟁 수행에 막대한 영향을 미칠 것이기 때문에 북한의 공격위주의 전진배치와 한국의 방어위주의 전진배치 문제를 동시에 해소하기 위해서는 군사력 이격조치가 꼭 필요한 것이다.[18]

나. 군사력 이격조치의 한반도 적용 가능

(1) 정치 · 외교적 측면

이집트와 이스라엘 양측은 오랜 기간의 전쟁을 거치면서 서로에 대해 뿌리깊은 증오와 상호불신을 갖고 있었으나, 10월 전쟁을 계기로 양측은 새로운 안보질서를 구축할 수 있는 평화체제를 마련하려는 정치적 의지를 공식적으로 표명하였다. 양측은 이러한 공동의 열망을 구현하기 위해 협상의 테이블에 마주 앉게 되었으며 드디어

---

18) 남만권 · 김명진, "시나이협정 모델의 한반도 적용가능성에 관한 연구", p. 178.

시나이에 배치된 양측 군사력의 분리배치에 관한 협정을 타결하였던 것이다. 한반도의 경우, 남북한은 아직도 상호간에 무력적화통일과 흡수통일에 대한 상호불신을 버리지 못하고 있으나 남북한간의 정치적 결단과 실천의 의지 여하에 따라 우리도 시나이와 같은 군사력 분리협정 체결이 불가능한 것은 아니다. 물론 남한측은 국민적 합의를, 북한측은 김정일의 결단과 군부의 동의를 이끌어 내는 것이 필요하다고 본다. 결국 한반도에서 시나이와 같은 군사력 분리협정이 체결되려면 북한이 대남정책을 근본적으로 변화시켜 상호무력불사용과 불가침 합의에 대한 실천의지를 행동으로 보일 때 가능한 것이다.[19)]

그러나 시나이 모델이 성공하게 된 정치적 요인을 고려할 때, 분쟁 당사국들의 긴장완화 의지에만 초점을 맞추어서는 안될 것이다. 거기에는 양자의 협상을 중재하고 체결된 협정이 충실하게 이행되도록 검증체제를 구축하여 이를 실질적으로 집행한 미국과 같은 제3자의 역할이 중요하게 작용했기 때문이다. 미국은 이집트-이스라엘간의 제 1차 시나이 분리협상에서 제 2차 군사력 분리협상에 이르기까지 키신저 국무장관을 통해 왕복외교를 적극적으로 전개함으로써 협상을 성공적으로 타결되도록 하였다. 또한 협정이 체결된 후에는 양측의 요구에 따라 협정이행을 보장하는 검증주체가 되어

---

19) 지금 북한 리더쉽은 자신의 체제유지를 위해 군(軍)을 중시하고 군의 물리적 강제력에 크기 의존하고 있으며 그것은 당연한 일일지도 모른다. 그러나 군사 위주의 정책만으로는 북한의 경제 위기를 구할 수 없을 뿐만 아니라 또한 지금의 체제를 보전할 수 없다는 데 북한의 문제가 있다. 결국 북한이 체제를 보존하고 경제를 회생시키기 위해서는 포괄적인 '개혁·개방'의 방향으로 나가는 길 외는 방도가 없을 것이다. 북한의 김정일은 이제 무슨 수를 써서라도 식량난을 해결하고 경제를 회복하여 자신의 체제를 수호·유지해야 한다는 절박한 현실적 문제를 외면할 수 없기 때문이다. 한국정치학회 편, 「21세기 남북한과 미국」 (서울: 삼영사, 2001), pp. 13~46 참조.

검증에 필요한 인력과 장비 등 기술적·재정적 지원을 아끼지 않았
다. 한반도의 경우에도 시나이 협정의 경험과 같이 군사력분리협상
을 적극 중재하고 체결된 협정의 이행을 감시하고 검증에 참여해
줄 제 3자가 필요할 것이다.[20]

(2) 군사전략적 측면

시나이의 경우, 이집트나 이스라엘 어느 쪽도 상대방을 공격하기
위한 군사태세를 갖추거나 공격의지를 갖고 있지 않았고 접경지역
에 군사력을 집중시키지 않았다. 그러나 한반도의 경우는 북측은
기습공격전략을, 남측은 전방방어전략을 각각 고수함으로써 쌍방이
군사력의 전방배치를 유지하고 있다. 시나이 모델을 한반도에 적용
하려면 우선 북한이 공세전략개념과 선제기습 군사태세를 방어형으
로 전환해야 한다. 북한군의 군사태세가 방어형으로 전환되지 않는
한, 북한의 기습전략개념과 아측의 전방방어개념이 휴전선을 중심
으로 첨예한 대치관계를 지속할 것이기 때문이다.[21]

---

20) 한반도 문제에 있어 미국의 참여는 당연한 것이지만 동북아 국제정치에서 주
요세력인 러시아·중국의 중재노력도 필요할 것이다. 특히 최근 러시아는 시
베리아 횡단철도 건설과 관련하여 남북관계의 진전에 적극적인 입장을 보이고
있다. 또한 중국도 최근의 성공적인 개혁개방정책을 통하여 획기적인 경제적
성공을 달성하면서 남한과의 긴밀한 경제관계를 형성해 가고 있으며, 북한에
대해서도 개혁과 개방의 필요성을 실질적으로 보여주고 있다.

21) 지금까지의 대남군사태세를 비추어 볼 때, 상호기습공격을 이렇게 만드는 시
나이 모델의 수용은 당분간 기대하기가 어려울 것으로 보인다. 그럼에도 불구
하고 상호체제를 인정하고 평화적 공존을 표방한 남북한 유엔동시가입과 남북
기본합의서 체결 등을 보면, 체제유지와 국제적 고립을 면하기 위해 전술적 변
화를 추구할 가능성도 있다. 그렇게 될 경우, 어느 시기에 가서 잠정적이나마
평화공존을 위해 남북한 군비통제에 호응할 가능성과 시나이 협정모델의 수용
도 기대해 볼 수 있을 것이다. 남만권·김명진·문광건, "시나이협정 검증체제
연구", pp. 88~90 참조.

한반도의 경우, 군사분계선을 중심으로 양측 2 ㎞ 씩 이격된 4 ㎞
의 협소한 비무장지대를 중심으로 남북한 양측의 군사력이 근접 배
치되어 있고, 또한 비무장지대 후방에는 아무런 군사적 배치제한구
역도 설정됨이 없이 쌍방의 대규모 병력이 집중 배치됨으로써 세계
에서 가장 군사밀도가 높은 상태를 유지하고 있고 항상 긴장이 감
돌고 있다. 이러한 군사적 대치상황에서 남북한 접경지역의 군사적
안정성을 유지하기 위해서는 비무장지대의 완충기능 조성과 군사력
배치제한구역 설치가 필요하다.

시나이 모델은 군사력 감축은 하지않고 배치제한조치만을 적용함
으로써 두 당사국이 호혜적으로 신뢰구축과 긴장완화, 기습방지 목
적을 달성하고 군사적 신뢰구축에 성공한 사례다.[22) 시나이 모델을
한반도에 적용하는 데는 ① 배치조정과 동시에 병력감축을 실시하
는 방안과 ② 배치조정 후 병력감축을 실시하는 방안을 고려할 수
있다. 배치조정시 발생되는 전방철수부대를 후방배치하는데는 쌍방
간에 막대한 비용이 소요될 것이므로 배치조정과 동시에 일정규모
의 전방철수병력을 감축하는 ① 방안이 바람직 할 것이다.

또 한가지 유의할 사항은 북한이 언젠가 시나이 모델 적용에 원
칙적으로 동의한다고 하여도 그것이 한반도에 적용되어 실효를 거
두기 위해서는 우선 수도 서울이 군사분계선으로부터 불과 45 ㎞
지점에 위치하고 있다는 사실이 고려되어야 할 것이다. 따라서 유
사시 최소한의 조기경보시간을 확보할 수 있도록 배치제한구역이
설정되어야 할 것이며 이 지역내에는 기습공격에 활용될 수 있는

---

22) 이집트는 시나이 영토 반환 촉진을 위한 조치의 일환으로 근접배치된 군사력
   을 분리하고 접경지역에 완충지대를 설치하자는 이스라엘측의 주장을 전격 수
   용하였다. 두 당사국은 접경지역을 중심으로 대략 50㎞폭의 완전 비무장 완충
   지역을, 쌍방지역에는 약 30㎞ 폭의 배치제한지대를 각각 설정하였다. 위의
   책, p. 89.

주요 공격무기와 기계화 부대의 배치는 일정규모 이하로 제한되어
야 할 것은 물론이거니와 수도권에 대한 사정거리를 고려하여
170mm 이상의 장거리 화기의 배치제한선이 아울러 고려되어야 할
것이다.[23]

(3) 지리환경적 측면

　시나이 반도는 사막지대라는 자연환경적 특성으로 주민은 거의
거주하지 않았으며 경제적 가치도 미비하여 이집트와 이스라엘의
입장에서 볼 때 이 지역은 상대측의 기습공격을 사전에 저지하기
위한 군사 전략적 측면의 가치가 중시되었다. 시나이 반도의 사막
지형은 비무장 완충지대나 배치제한지역의 설정시 감시와 정찰에
유리하였고 양측의 예상 공격축선이 「기디」와 「미트라」통로로 한
정되어 있어 조기경보 탐지기능을 수행하는데 유리한 여건을 갖고
있었다.

　한반도의 경우는 지형적 관점에서 보더라도 산과 숲, 하천이 산
재하고 야지와 구릉, 도시와 촌락이 발달되어 있는 관계로 감시와
탐지, 검증에 어려움이 예상된다. 따라서 시나이 모델을 한반도에
그대로 적용하기는 어려우며 이러한 제한사항과 여건을 고려하여
보완책이 강구되어야 할 것이다. 특히 험준한 산악지형으로 구성된
중동부지역과 동부지역은 서부지역이나 중서부지역보다 더욱 어려
움이 클 것이다. 산악지대의 숲과 계곡은 은밀침투가 가능하고 각
종 은폐 및 엄폐물을 제공함으로써 공중정찰과 현장사찰에 커다란
장애를 줄 것이기 때문이다.[24]

---

23) 남한의 수도권에 위협을 주는 북한의 장거리 화기로는 170mm 포병화기와
　　240mm 방사포, FROG - 5 및 7 등이 주로 해당된다.

24) 지대 내 산재하여 있는 숲과 하천, 도시와 촌락에서 발생하는 각종 잡음은 위

다. 검증체제의 한반도 적용가능성

시나이 모델이 성공한 데에는 많은 요인들이 작용하였다. 그러한 성공요인은 정치 · 외교적 측면, 군사전략적 측면, 지리환경적 측면 이외에도 검증체제의 기술 · 운영적 측면이 크게 기여하였다고 볼 수 있다. 시나이 사례에서의 그러한 검증체제의 한반도 적용가능성 을 검증수행주체, 검증수단 및 방법, 검증체제의 운영의 측면에서 살펴보면 다음과 같다.

시나이 검증체제의 주체는 ① 두 당사자, ② 제3자(미국), ③ 유엔비상군(UNEF)을 들 수 있다. 두 당사자는 완충지대내에 각각 1개씩 국가감시소를 운영하면서 항공정찰을 실시하였다. 제3자인 미국은 3개의 유인감시소와 4개의 무인센서지대를 운영하였고 두 당사국의 국가감시소의 활동을 감시하였으며, 제한지대내에서 항공정찰도 실시하였다. UNEF는 완충지대내의 모든 검문소 및 관측소에서 이동상황을 통제하고 제한사항의 준수를 사찰하였다. 시나이 모델의 중심적 검증주체인 미국의 시나이 야전단(SFM), UNEF, 이스라엘 / 이집트는 각자의 검증책임이 상호 연계될 수 있는 방식으로 통합적 검증체제를 구성하였다.[25] 시나이 검증체제를 한반도에 적용시, 시나이 경험을 교훈삼아 남북한이 상호 합의할 경우 제3자에게 검증임무를 전부 또는 일부를 맡기거나 '남북한 + 제3자'로 검증

반신호를 판별하기 어렵게 할 것이고, 결과적으로 허위경보율의 발생경우가 빈번해 질 것이다. 또한 고온다습한 하절기와 한냉한 동절기는 고도의 정밀센서장비의 성능에 영향을 미쳐 탐지능력을 저하시킬 것이다. 이러한 지리적 환경 요인때문에 시나이 모델을 한반도에 그대로 적용하기는 여러 가지 어려움이 따를 것이다. 따라서 이러한 제반 제약사항을 면밀히 검토하고 이에 대한 보완책을 수립하는 곳이 반드시 필요하다고 본다. 남만권 · 김명진 · 문광건, "시나이협정 검증체제연구", pp. 92~93 참조.

25) 위의 책, p. 96.

기구를 편성할 수도 있을 것이다.

또한 시나이 협정의 검증수단은 다중검증방식으로 사용되었다. 즉 ① 두 당사국의 국가기술수단 이용, ② 완충지대내 제 3자 및 두 당사국의 감시소 운영, ③ 완충지대내 제3자에 의한 무인센서지대 운영, ④ 배치제한지대내 UNEF 요원에 의한 지상현장사찰, ⑤ 완충지대 / 배치제한지대내 제3자 및 두 당사국에 의한 항공정찰 등을 상호보완적인 기능을 발휘토록 연계시킴으로써 전체 검증체제의 효율성을 제고시켰다. 한반도에 시나이 모델이 적용될 경우에도 이러한 다중검증방식으로 운용되는 것이 바람직하다고 본다.

시나이 검증체제는 운영측면에서 다양한 검증체제를 상호 유기적으로 연동하여 검증수단들을 통합적으로 운용함으로써 시너지 효과를 높였고, 또한 새로운 협정의 준수사항을 만족시키기 위해 융통성 있는 검증제도를 유지하였다. 한반도의 경우에도 시나이 검증체제의 장점을 최대한 활용하여 적용하는 것이 필요할 것이며, 이는 한국의 현지 지형과 작전환경을 고려하여 적용되어야 할 것이다.[26] 한반도에 요구되는 검증수단도 기본적으로 시나이에서 적용했던 것들과 유사한 방법이 대부분 효과적으로 사용될 수 있겠으나 한국적인 지형과 기상에 맞도록 개선해 나가야 할 필요도 있을 것이다.

---

26) 감시대상지역에서 검증자원의 효율적 운용을 위해 시나이 경험을 토대로 다음과 같은 검증체제 운영방식을 도입할 필요가 있다. ① 지상센서체계, 육안감시, 공중정찰 등의 다중검증방법을 사용함으로써 상호보완적인 차원에서 전체적인 섬승효과를 제고, ② 제3자는 DMZ 내외에서의 완전 비무장상태를 확인하고 LDZ에 대해 당사국과 합동으로 현장사찰임무를 실시, ③ 제3자의 항공정찰은 관할대상인 완충지대와 쌍방의 LDZ 상공에서 수행(두 당사국은 각측의 LDZ 내에서 실시) ④ 제3자가 운용하는 센서장비들은 단거리 원격조정 감시기술을 사용함으로서 소규모의 감시단을 운영하되 ⑤ 검증관련 요원들은 상대방으로부터 일체의 간섭이나 방해를 받지 않아야 할 것이다. 위의 책, pp. 102~103 참조.

2. 이스라엘-요르단 사례의 시사점

가. '새로운 안보협정'을 통한 국가이익 추구의 필요성

요르단은 그들의 취약한 안보여건을 개선하고 고질적인 경제난을
극복할 수 있는 방안으로, 그리고 이스라엘은 전략적 종심을 확보
하기 위한 안보전략적 필요성에 의하여, 요르단과 이스라엘 양국은
'새로운 안보협정'을 체결하는 데 공동의 이해관계를 갖고 있었던
것이다. 이러한 공동 이익의 존재는 양국의 역사적 종교적 적대감
과 영토적 군사적 분쟁요인에도 불구하고 현실적인 국가이익 추구
를 가능하게 했던 것이다. 남북한의 현실을 이러한 관점에서 살펴
볼 때, 현실적 국가이익의 추구라는 측면에서 '새로운 안보협정'의
체결 필요성이 검토될 수 있을 것이며, 그것은 남북상호간의 공동
의 안보이익을 증진시키고 경제적 공동이익을 추구할 수 있는 공동
이익의 영역이 될 수 있을 것이다.

나. 군사적 신뢰구축을 포함한 포괄적 접근의 필요성

당시 이스라엘과 요르단 양측은 '새로운 안보협정 체결'에 대한
공동의 이익을 갖고 있었고, 양측 모두 전쟁상태의 종결과 평화관
계 수립을 위한 협정을 원하고 있었기 때문에, 이러한 협상목표를
달성하기 위하여 웨스트 뱅크와 같은 협상의 장애가 있음에도 불구
하고, 양측의 국가이익을 크게 손상시키지 않는 범위내에서 양국간
관계를 정상화하는 데 주력하였다. 그들은 양국간 신뢰구축과 관계
를 정상화하는 데 있어서 국경 및 안보문제 뿐만 아니라, 수자원 공
동개발, 경제협력 등 다양한 의제를 포괄적으로 제안함으로써 협상
에 성공할 수 있었다.[27] 이러한 관점에서 우리 남북한도 '새로운 안

보협정' 체결을 통한 공동의 안보이익과 경제적 공동이익 추구를 위하여 정치, 군사, 경제 등 포괄적인 협상의제를 제안할 수 있을 것이며 이러한 방법은 협상의 성공가능성을 증대시킬 수 있을 것이다. 아무리 군사적 신뢰구축이 필요하고 그것이 바람직해도 군사적 신뢰구축조치 그 자체만으로 현실적으로 많은 장벽이 있고 추진력이 부족한 것이 현실이므로 남북관계의 포괄적 접근을 통하여 협상의 추진력을 강화할 필요가 있는 것이다.

다. 사실상의 교류협력 증진의 필요성

오랜 기간동안 분쟁상태에 있던 인접 적대국간에 군사적 신뢰를 조성하고 평화체제를 구축함에 있어서 평화협정을 체결하는 것은 바람직하고 필요한 일이다. 그러나 그보다 더욱 중요한 것은 상호간에 사실상의 교류·협력을 증대시키는 일이다. 이스라엘과 요르단은 평화협정 체결후 농업, 관광, 수자원 개발 등 다양한 분야에서 실질적인 교류와 협력을 증진하고 상호신뢰를 구축하는데 주력하였다. 우리 남북한도 서로간의 군사적 대립과 긴장을 해소하고 한반도 평화를 조성하기 위해서는 전반적 분야에서 사실상의 교류·협력을 증진시키도록 노력해야 할 것이며, 이러한 노력을 통하여 상호신뢰를 조성해 나가도록 해야 할 것이다. 경의선 연결을 포함한 남북 연결망의 재구축과 금강산 공동개발, 개성공단 공동건설, 임진강 및 북한강의 수자원 공동개발 등 접경지역의 평화적 이용은 그 자체가 군사적 신뢰구축의 새로운 조성에 해당하는 것이다.

---

27) 이희우, "중동 평화협상 연구", pp. 52~58 참조.

라. 동북아 지역안보를 위한 공동노력의 필요성

이스라엘과 요르단 양국은 안전보장과 관련된 사항에서의 상호이해와 협력의 중요성을 강조하면서 상호신뢰와 공동의 이익 및 협력 위에서 지역평화의 파트너쉽을 유지하기로 결의하였고, 이러한 목표를 달성하기 위하여 공동노력하기로 하였는 데, 이러한 결의와 합의는 2차대전 이후 지역안보적 노력을 통해 성공적으로 실현시킨 지역적 안보모델의 채택을 의미하는 것이었다. 동북아 지역에서의 평화·안정유지와 지역안보를 위한 다자간 협력체제는 이 지역을 재래식 혹은 비재래식 대량살상무기로부터의 안전이 보장될 수 있는 평화지대로 건설하고자 하는 것이다. 이러한 측면에서 남과 북은 새로운 안보관계의 설정과 더불어 지역 안보를 위한 다자간 안보협력체제의 구성에도 관심을 갖도록 해야 할 것이다.[28]

3. 중국-인도 사례의 시사점

가. 접경지역에 적절한 폭의 비무장지대 설치의 필요성

완충지대 없이 직접 접촉하고 있는 쌍방의 적대 군사력은 항상 군사적 충돌의 가능성을 안고 있다. 따라서 여건이 허용되면 쌍방간에 적절한 폭의 비무장 완충지대를 중간에 설치함으로써, 쌍방 군사력의 충돌가능성이나 일방에 대한 기습 가능성을 상당부분 감소시킬 수 있고 군사적 긴장도 완화시킬 수 있을 것이다. 중국-인

---

28) 2002년 11월 11일 한국과 러시아 국방장관은 모스크바에서 동북아 지역의 안보 상황에 능동적으로 대처하는 데 도움이 되는 「상호 군사행동 방지 협정」을 체결하였고, 2002년 11월 14일 한국의 「이준」국방장관은 일본을 공식 방문, 일본 「이시바 시게루」(石破茂) 방위청 장관과 회담을 갖고 지역안보와 관련된 양국 간의 상호관심사에 대해서 논의하였다. 「국방일보」, 2002년 11월 15일.

도간 접경지역 문제에 있어서도, 서부지역은 20㎞의 비무장완충지
대 설치로 군사적 안정이 유지되었지만, 동부지역은 비무장완충지
대가 없던 관계로 1986~1987년 사이 인도군의 대규모 훈련으로
인한 오해로 군사적 긴장이 증대되었던 적이 있다. 지금 한반도의
남북한 접경지역에는 폭 4㎞의 비무장지대(DMZ)가 설치되어 있지
만 제한된 공간조건 때문에 비무장완충지대로서의 기능을 제대로
발휘하지 못하고 수시로 비무장지대내 총격사건이나 그로 인한 긴
장이 발생하고 있다. 이러한 측면에서 우리는 남북한 비무장지대의
적절한 규모의 공간적 조성에 관하여 검토하고 쌍방이 마주앉아 협
의해 나갈 필요가 있는 것이다.

나. 접경지역 병력의 상호감축 및 제한의 필요성

상호 대치상태에 있는 적대 군사력간에 접경지역의 현존병력을
상호합의하에 일정규모로 서로 감축하거나 병력규모를 제한하는 것
은 접경지역의 군사적 안정과 군사적 신뢰구축을 위해 효과적인 방
법이다. 중국과 인도는 접경지역에서의 군사적 신뢰구축을 위해 이
러한 조치를 선택하였는 바, 우리도 접경지역의 군사적 대치상태와
긴장을 완화하기 위하여 이러한 조치를 검토해 볼 필요가 있다고
본다.[29] 만약 남북한이 이러한 조치를 검토하고 채택하게 된다면 그
것은 남북한간의 군사적 신뢰구축과 평화의 정착을 위해 획기적인
전환점이 될 것이다.

---

29) 접경지역 병력의 상호감축 및 제한은 바람직한 조치이긴 하지만 전방지역 병
   력을 후방지역으로 재배치하는 문제는 경제적 비용과 관련하여 전방지역 병력
   의 감축과 동시에 감축된 병력을 해산함으로써 총병력 규모의 감축과 병행해
   나가는 조치가 상호이익이 될 것이다.

다. 접경지역 군사신뢰구축을 위한 협정체결의 필요성

중국과 인도는 1996년 접경지역 군사적 신뢰구축에 관한 협정에 서명함으로써 양국관계는 전환점을 이루게 되었다.[30] 이 협정에서 양국은 접경지역에서의 군사력 불사용과 현존병력감축 및 제한을 포함한 광범위한 군사적 신뢰조치에 관하여 합의하였던 것이다. 남북한도 군사적 신뢰구축과 남북관계의 평화적 전환을 위해 상호 군사력 불사용과 접경지역 병력감축 및 제한조치에 합의하고, 상호 군사자료 교환, 대규모 군사훈련 금지, 특정규모 이상 훈련의 사전 통보 등 접경지역의 군사적 투명성을 보장하고 남북한 군사적 신뢰를 구축하기 위한 남북한간의 합의를 위해 노력하여야 한다. 또한 상호간에 합의된 사항은 성실히 이행함으로써 한반도 평화를 정착시켜야 할 필요성이 있는 것이다.

라. 접경지역 군사 신뢰구축의 한국적 모델의 발전 필요성

접경지역의 대표적인 군사적 신뢰구축 사례로 중국-인도 사례는 시나이 협정 사례와 더불어 우리에게 많은 교훈과 시사점을 안겨주고 있다. 전쟁 또는 적대관계에 있는 인접국가간 군사적 신뢰구축은 접경지역에서 시작되어야 하는 것은 당연한 수순이라고 보아야 하며, 접경지역에서의 양국간 군사적 신뢰구축 노력은 적절하고 효과적인 과정을 통하여 성과를 증대시킬 수 있는 것이다. 양국 정상간의 상호방문 및 정상회담을 비롯한 고위급 정치 군사회담과 실무단의 부단한 접촉과 노력을 통하여 협상의 기반이 마련되는 것이며 양국간의 공동이익과 공동안보협력의 차원에서 적절한 타협안이 합의에 도달할 수 있는 것이다. 우리 남북한도 현재 추진하고 있는 남

---

30) Devabhaktuni, Rudolph, and Sevak, *op. cit.*, pp. 202~203 참조.

북교류와 협력을 보다 증진시키고 상호공존과 공영을 추구하는 공동의 안보이익을 실현하기 위하여 남북한 접경지역 군사신뢰구축의 바람직한 모델을 준비하고 발전시켜 나가야 할 것이다. 그러나 이러한 모델은 접경지역의 군사적 신뢰구축 차원에서만 머무를 것이 아니라 접경지역의 평화적 이용을 통한 남북의 공영과 공동이익을 추구할 수 있는 포괄적인 관점에서 설정되어야 할 것이다.

4. 예멘사례의 시사점

가. 남북간 상호협력 및 교류의 증진으로 평화공존 달성의 필요성

북예멘의 「살레」대통령은 1981년 11월 30일 남예멘의 수도 「아덴」을 방문하여 「알리 낫셀」대통령과 정상회담을 갖고 「남북예멘 협력 및 조정에 관한 협정」을 체결하였다. 이 협정에 의하여 남북예멘은 매년 양국 고위층간의 정기적 회담과 공동각료위원회를 개최하면서 ① 경제문제에 있어서 양국의 경제 및 사회개발계획 조성과 수자원 공동조사 및 개발, 농업협력 공동기구 설치, 남북예멘간 도로 연결, 국경 마을에 공공화합장소 등을 설치하고, ② 교육 및 문화에 관한 문제로서 접경지역에 공공학교 설치, 교과과목 연구 및 통일, 라디오, TV 프로 공동제작 및 동시상영을 실시하고, ③ 상호왕래에 관한 문제로서 양국 국민들에게 서로 양 지역을 왕래할 권리를 부여하고, ④ 외교정책에 관한 문제로서 아랍권에 대한 행동 통일을 지지하는 등, 광범위한 협력을 추진함으로써 장기간 동안 남북간 평화공존을 유지할 수 있었다. 이러한 것들은 우리의 남북협력 발전에 커다란 시사점을 안겨주고 있다.

나. 접경지역의 공동개발로 남북한 상호이익 영역 마련의 필요성

장기간의 전쟁과 경제적 어려움 속에서 고통스럽게 살아온 예멘인들은 접경지역에 대규모 유전이 발견되자, 그들은 접경지역의 유전을 공동개발함으로서 경제적 어려움에서 벗어날 수 있을 것이라는 기대와 믿음을 갖고 오랫동안의 전쟁과 갈등관계를 청산하고 상호공존을 위한 평화와 통일의 길을 선택하였던 것이다. 우리 남북한 접경지역도 비록 그러한 유전은 발견되지 않고 있지만, 만일 남북한이 전쟁과 갈등관례를 청산하고 접경지역의 평화적 이용과 군사적 신뢰구축을 통하여 남북의 공동이익과 번영을 위하여 노력한다면 우리의 접경지역은 예멘 국경지역의 유전보다 결코 적지 않은 혜택을 가져다 줄 수 있을 것이다.[31] 접경지역의 평화적 이용은 접경지역을 연한 남북연결망의 복원을 가져오고 남북공동의 이익을 창출하는 한반도 평화와 번영을 가져올 것이다.

5. 서독사례의 시사점

가. 구서독 접경지역 지원정책의 시사점

접경지역 지원은 통일정책적 차원에서 국민적 관심속에 추진되어야 한다. 또한 이는 반세기동안 발전의 사각지대에서 살아온 이곳 주민들에 대한 지역구조적 차원, 사회·문화적 차원뿐만 아니라,

---

31) 군사분계선 인접지역인 접경지역에서의 경제협력은 남북의 인적·물적 교류협력의 차원을 넘어 민족의 화해와 공존, 나아가 통일의 길을 닦는 상징적인 의미가 깊다. 그것은 정전협정에 의해서 남북의 분단을 제도적으로 규정한 비무장지대 인접지역에서 이루어지기 때문이다. 김영봉, "남북경협 활성화를 위한 접경지역 활용방안", 「통일경제」 (1999. 11).

통일 과정과 통일 이후에 대비해서라도 내실있고 조직적으로 추진
되어야 하는 것이다. 지금부터라도 우리는 접경지역에 개발을 제한
하는 각종의 행정 및 군사적 규제를 완화해 나감으로써 이 지역에
국민적 관심과 지원을 보내주어야 한다. 접경지역 투자유치를 위하
여 주택공급을 확대하고 주거환경을 개선하며 공공복지 시설의 확
충과 교육관련시설에 대한 중앙정부의 지원을 강화해야 하며 이 지
역 주민들이 상대적 박탈감을 갖고 살아가지 않도록 해야 한다. 뿐
만 아니라, 접경지역에 통일에 대비한 공간을 확보하고 서독의 통
일과정에서 발생한 각종 문제점들을 수용하고 해결할 수 있는 근거
지로 삼아야 하는 것이다.

나. 통독이후의 접경지역 정책의 시사점

1989년 11월 9일 베를린의 철조망이 사라지고 동서독 국경이 개
방됨으로써 11개월 후 독일은 통일을 맞이하게 되었다. 이러한 급
작스러운 통일에 대해서는 독일인들 자신들조차도 예측하지 못하였
던 일이었다.[32] 비록 그들은 오랜 기간동안 통일을 위하여 노력해
왔지만 통일이 그렇게 갑자기 도래할 줄을 미처 몰랐던 것이다. 이
러한 통일과정에서 독일은 초기에 여러 가지 문제점에 당면했던 것
이다. 동독주민들의 급격한 접경지역 및 서독지역으로 유입과, 그
로 인한 주택문제, 교통문제, 실업문제 등 전반적인 분야에서 문제
점이 노출되었다. 이러한 통일과정에서이 충격을 적절히 흡수해 내

---

32) 독일인들 자체도 독일통일이 그렇게 빠르게 이루어 지리라고 예상한 사람은
한 사람도 없었다. 독일 통일과정은 대내외적으로 손에 땀을 쥐게 할 만큼 숨
가쁜 속도로 달성되었던 것이다. 베르너 바이덴 펠트 · 칼-루돌프 고르테 엮
음, 임종헌 외 옮김, 「독일통일백서」 (서울: 한겨레신문사, 1999), pp. 19~34
참조.

기 위해서는 지금부터라도 우리는 여기에 대처할 준비를 해 나가야
할 것이다. 그러한 측면에서 남북한 접경지역은 이러한 통일과정에
서의 충격을 흡수할 수 있는 완충지역이 되어야 한다. 따라서 우리
는 접경지역이 그러한 완충역할을 제대로 수행할 수 있도록 공간을
확보하고 사회간접자본을 확충하는 등 통일에 대비하며 준비해 나
가야 할 것이다.

3 국제적 경험의 한반도 적용

　군사적 신뢰구축조치와 접경지역의 평화적 이용과 관련된 국제적 경험들의 한반도 적용가능성 측면에서 볼 때, 우리는 한반도 문제와 관련된 매우 유용하고 적용가능한 구체적 내용들을 발견할 수 있다. 본 절에서는 이러한 국제적 경험 속에서 발견한 유용하고 적용 가능한 내용들을 실제 한반도 실정에 맞도록 어떻게 적용할 수 있을 것인가 하는 것을 고찰해 보고자 한다. 국제적 경험들의 분석을 통하여 그러한 경험들이 보여주고 있는 교훈과 시사점을 한반도에 적용함에 있어서 우리가 반드시 명심해야 할 사항은 군사적 신뢰구축과 접경지역 평화적 이용의 조화와 상승효과의 유도라고 본다. 군사적 신뢰구축과 접경지역의 평화적 이용은 수레에 있어서 두 개의 바퀴처럼 상호 조화롭게 적용되는 과정을 거치면서 발전해 나가야 하는 것이다. 적절한 군사적 신뢰구축조치가 없이는 접경지역 평화적 이용은 불가능한 것이다.

　결국 군사적 신뢰구축조치와 접경지역의 평화적 이용은 상호 성장을 돕는 상호관계를 가진다고 볼 수 있다. 군사적 신뢰구축과 접경지역의 평화적 이용은 상호조화되는 가운데 상승작용을 일으켜 군사적 대결에서 군사적 신뢰 증진으로, 접경지역의 분쟁과 대결에서 접경지역의 평화적 이용으로 발전하는 상승작용을 한다고 볼 수 있다. 따라서 지금까지 살펴본 국제적 경험들의 한반도 적용은 이러한 관점에서 발전시켜 나가야 할 것이다.

1. 군사적 신뢰구축조치의 적용

시나이 협정과 군사적 신뢰구축사례, 그리고 이스라엘 - 요르단 평화구축사례, 중국-인도간 군사적 신뢰구축사례 등에서 살펴본 군사적 신뢰구축조치의 내용 가운데 한반도 문제에 적용 가능한 주요 사항은, 정치적 리더쉽의 결단과 추진의지, 유엔 및 미국과 같은 제 3의 중재자의 역할, 협상을 통한 군사력 이격조치, 즉 적절한 범위의 비무장 완충지대의 설치와 배치제한지대의 운용, 그리고 배치제한조치에 대한 적절한 감시 및 검증체제의 운용이다. 이러한 사항들에 추가하여 접경지역에서 상호 공동이익을 추구하는 쌍방의 노력과 협력 등이 고려될 수 있다.

가. 정치적 리더쉽의 결단과 추진의지

반세기에 걸친 남북 쌍방의 뿌리깊은 불신을 걷어내고 상호체제와 존립의 안정, 그리고 공존과 공영의 새로운 상호관계를 수립해 나가는 데는 무엇보다도 첫째로 남북한의 정치적 리더쉽의 결단과 추진의지가 필요하다.[33] 그러나 정치체제와 정치적 리더쉽의 바람

---

33) 그동안 한반도에 평화체제가 구축되지 못했던 이유는 '방안의 빈곤' 때문이 아니라, 실천하려는 '정치적 의지와 능력의 빈곤' 때문이었음을 우리는 명심할 필요가 있다. 남북한간의 평화구축의지가 확고하고 이행능력이 있음을 명확히 보여줄 때, 주변 관련국의 협력과 지원의 확보는 물론, 한반도 문제해결과 관

직한 유형적 측면을 고려할 때, 자유 민주주의 체제하의 남한의 경
우는 국민적 콘센서스를 형성하는 것이 필요하며 이를 위해서 정치
적 지도자가 확고한 신념을 갖고 정치적 리더쉽을 발휘해야 한다.
뿐만 아니라 북측의 정치적 지도부와 한반도 주변 주요세력을 동참
시킬 수 있는 외교적 역량을 발휘해야 할 필요가 있다.

나. 유엔 및 미국과 같은 제 3 중재자의 역할

이집트와 이스라엘간의 시나이 협정과 이스라엘-요르단간의 평
화체제 구축사례에서 보는 바와 같이 미국은 제 3의 중재자로서 양
측의 협정이 성공적으로 맺어질 수 있도록 처음부터 끝까지 혼신의
노력을 기울여 도와 주었다.[34] 뿐만 아니라 감시 및 검증과정에 있
어서 유엔과 미국은 제3자로서 객관적이고 중립적인 입장에서 중요
한 역할을 담당하였다. 따라서 시나이 사례와 이스라엘-요르단 사
례에서 보는 바와 같이, 유엔은 물론이고 미국과 같은 제 3의 중재
자가 나서서 한반도 평화와 군사적 신뢰구축을 위해 헌신해 줄 수
있는 그러한 상대를 찾아내고 적극적인 협력을 얻어내는 것이 필요
하다. 현재 한반도 정전상황에서 볼 때, 미국은 정전협정의 당사자
라는 제한점이 있기는 하지만 미국의 협력은 어떠한 형태로도 반드
시 필요하다. 따라서 미국의 입장을 보완하고 미국의 역할을 대리

련된 국제적 차원의 복합성도 줄여갈 수 있을 것이다. 이서항, "한반도 평화체
제 구축의 조건과 방향", 「분단을 향해 통일을 향해」 (서울: 건국대학교 출판
부, 2000), p. 137.

34) 중동의 평화체제 구축에는 미국의 노력이 크게 기여하였다. 그 중에서 가장 괄
목할 것은 1978년 9월-17일 사이 캠프 데이비드 회담에서부터 1998년 10월
23일 서명된 와이리버 협정까지 많은 업적들을 이야기 할 수 있다. 그리고 지
금 이 순간에도 미국은 중동에서 평화체제 구축을 위하여 많은 노력을 하고
있다. 송대성·이대우, 「평화체제구축 국제적 경험과 한반도」, p. 94.

해 줄 수 있는 제3의 중재자나 UN과 같은 중재기구를 찾아내는 것
이 필요하다고 본다.[35]

다. 협상을 통한 군사력 이격조치

이집트와 이스라엘의 군사력 이격조치의 성공적인 경험을 한반도
에 어떻게 적용해야 할 것인가는 한반도의 현 실정을 고려한 가운
데 남북 양측이 공감하고 합의 가능한 방안이 우선 제시되어 협상
과정에서 조율되어야 한다고 본다. 그러나 우리가 현단계에서 기본
적으로 상정할 수 있는 것은, 우선 현재의 중무장 상태의 허울좋은
비무장지대(DMZ)를 실질적으로 비무장화시키고 또는 현재 4㎞ 폭
으로 협소하게 설정된 비무장지대의 폭을 보다 확대할 필요가 있다
는 것이다. 뿐만 아니라 비무장 완충지대를 중심으로 남측과 북측
에 적절한 폭의 배치제한지대를 설정하여 상호 군사력 충돌의 가능
성과 기습의 성공가능성을 감소시키는 조치가 포함되어야 한다. 또
한 군사력 이격상태를 감시, 통제하는 기능은 시나이의 예와 같이
유엔 비상군(혹은 평화유지군)이 비무장 완충지대에 배치되어 비무
장을 보장하고, 유엔과 더불어 미국 혹은 제 3의 적절한 국가가 남
북의 군사력 이격상태를 감시·통제해 주는 것이 필요하다고 본다.

다음으로 접경지역에 근접한 수도권의 안전을 고려하여 남한의
수도권과 북측의 개성권에 도달가능한 장거리 화기의 상호배치를
제한하는 조치가 포함되어야 하며 이러한 장거리 화기에는 북측의

---

35) 중동에서 평화체제를 구축함에 있어서 국제평화기구인 UN이 큰 역할을 하였
다. 제 2차 세계대전 직후에 아랍국가들과 이스라엘은 서로 자기의 주장만 내
세우기에 급급하였으며 상대방의 입장이라든가 주장에 대하여는 전혀 이해하
려는 태도를 갖고 있지 못하였다. 이러한 아랍국가들과 이스라엘간의 갈등을
해결하기 위한 중재자 역할을 하기 위하여 등장한 것이 UN이었다. 위의 책,
p. 93.

170mm 포병화기와 240mm 다연장, 그리고 FROG-5 및 7이 포함되어야 하며, 상호 기습의 위협이 되고 있는 기계화 부대의 배치제한선도 검토되어야 할 것이다.[36] 이러한 군사력 이격조치는 점진적으로 상호 신뢰를 구축하는 가운데 단계적으로 발전시켜야 나가야 하며, 궁극적으로 남북한 공존공영의 평화체제 구축과 한반도의 실질적인 통일을 목표로 진행시켜 나가야 할 것이다.

라. 접경지역에서 상호공동이익 추진과 협력

북한의 군사적 위협과 상호불신이 상존하는 현실에서 신뢰구축을 바탕으로 한 다양한 조치들이 선행되지 않고는 본격적인 군사적 신뢰구축과 군비통제조치가 이루어지기 어렵다. 이러한 문제점을 극복하기 위해서라도 접경지역의 평화적 이용을 통해 상호공동이익의 영역을 마련하고, 공존과 공영을 추구하는 협력의 범위를 확대함으로써 남북한간 신뢰의 기반을 강화해 나가는 지혜를 발휘해야 한다. 남북한 군사적 신뢰구축조치와 접경지역의 평화적 이용을 통한 상호공동이익의 확장은 상호간에 상승적 작용을 가져올 수 있으므로, 실천가능한 것부터 점진적·단계적으로 추진하면서 상호 상승효과를 확대할 수 있도록 조화시켜 나가야 할 것이다. 시나이 경험에서 보았듯이 군사적 신뢰구축은 체결한 약속을 서로간에 충실히 이행하게 됨으로서 점차적으로 상호간의 신뢰를 증진시킬 수 있다는 것이 증명되었던 것이다. 따라서 우리는 접경지역의 평화적 이용을 통한 상호공동이익의 영역을 발굴하여 북측과의 공동추진을 제의하고 실천해 나갈 필요가 있는 것이다. 따라서 우리는 우선 접

---

36) 남한의 수도권 지역에 대한 기습적 화력공격이 가능한 장거리화기와 기습공격 시 수도권 작전 수행의 주력부대가 될 기계화부대의 배치제한선의 설정은 반드시 필요하다.

경지역의 평화적 이용과 관련된 시범적 군사력 이격을 비교적 시행이 용이한 일부지역에 시범적으로 실시하여 서로간에 신뢰를 증진시켜 나가면서 지역적인 범위를 확대해 나가는 방법을 신중히 검토해 볼 가치가 있다고 본다.

2. 접경지역 평화적 이용의 적용

예멘의 통일과 접경지역 공동개발 사례, 그리고 서독의 동방정책과 접경지역 지원정책 사례, 이스라엘-요르단 평화구축사례 등에서 살펴본 접경지역의 평화적 이용에 관한 내용 가운데, 한반도 문제에 적용가능한 구체적인 사항은 ① 접경지역 개발을 통한 공동이익영역 발견, ② 통일정책적 차원에서 접경지역에 대한 지원정책의 추진, ③ 양측의 공동이슈에 대한 공동추진을 통하여 협력관계를 증진시키는 내용이다.

가. 접경지역 개발을 통한 공동이익영역 발견

반세기에 걸친 남북간의 군사적 대치상태를 극복하고 공존과 공영의 길로 남북한을 동참시키는 최선의 방법은 접경지역의 평화적 이용과 개발이 가져다 줄 공생공영의 희망을 북측에 확인시켜 주는 것임을 예멘의 통일이 우리에게 가르쳐 주고 있다. 지금과 같은 군사적 대결구조를 풀고 접경지역을 공동개발한다면, 오랜기간의 전쟁준비와 가난에서 오는 고통에서 벗어날 수 있고 남북이 서로 공생공영 할 수 있다는 확신을 북측에 심어줄 수 있을 때 비로소 남북의 대결상태는 종식이 가능해 질 수 있을 것이다.[37] 따라서 우리는

---

37) 북한의 경제적 위기와 엄격한 사회체제 고수는 북한의 체제 붕괴를 예고하는

접경지역의 평화적 이용을 통하여 앞으로 남북이 상호 공동이익을
향유할 수 있는 혜택의 질(質)과 크기를 구체적으로 그리고 믿을 수
있도록 북측에 제시하고 북측이 전쟁준비와 굶주림의 고통에서 벗
어나 잘 살 수 있는 유일한 방법은 군사적 대치상태 속에서 잠자고
있는 접경지역의 소중한 자원들을 남북이 공동으로 개발해야 한다
는 것을 북측에 인식시켜야 한다는 것이다. 뿐만 아니라 그것이 결
코 그들의 존립을 해치거나 방위태세를 약화시키는 것이 아니라,
공생 공영의 길임을 믿을 수 있도록 해주어야 한다. [38]

나. 통일정책적 차원에서의 접경지역정책 추진

독일이 통일되기 오래전부터 서독은 접경지역의 저개발상태와 경
제적 낙후 그리고 열악한 환경에서 연유하는 접경지역 주민들의 생
활상의 고통에 유의하면서 국민적 연대감의 표시로 접경지역지원법

것이다. 장기적인 측면에서 북한은 정치체제의 변화와 경제체제의 재구축을
통해서야만이 "지속적인 경제발전"이 가능할 것이다. 그러나 이것은 특권층과
권력자들의 기득권을 해치기 때문에 어려울 것이다. 한반도에서 남북경쟁이
대세가 결정된 게임(End-Game)으로 끝나게 하지 않으려면 남북한 양측이 동
등한 위치에서 어떤 원칙을 놓고 타협과 절충을 하지 않으면 안된다. 그것이
바로 접경지역의 평화적 이용과 군사적 신뢰구축에 관한 국제적 경험을 수용
하는 것이다. Alvin Magid, "Contemplating Survivalist North Korea",
Asian Perspective, Vol. 24. No. 1, (2000), pp. 103~131 참조.

38) 북한체제의 붕괴가 아닌 북한과 남한의 공존생존을 지향하는 장기간에 걸친
북한개방정책, 그리고 남북간 대화를 통한 북한의 적대적 공격적 행동의 억제
를 포함하는 지속적인 전쟁억제정책, 인도적 차원에서 식량공급과 장기적인
식량원조 차원에서의 농업공동개발은 한반도 평화를 위해서 반드시 필요하고
도 권장할 만한 조치다. Ralph A. Cossa, "The U. S - Korea Alliance:
Today and in The Future," Summary of Korea National Defense
University, *KNDU Review*, Vol. 5, Number 1, (June 2000), pp. 225~
255 참조.

을 제정하였다. 지금 우리의 남북한 접경지역도 자세히 살펴보면, 저개발상태와 경제적 낙후성은 말할 것도 없고, 각종 법규와 행정상 규제로 이 지역 주민들은 저개발의 불편과 고통을 감내하면서 살아가고 있다. 이것은 접경지역의 대부분 지역이 군사시설 보호구역 안에 위치하고 있으며 그 중에 휴전선에 인접한 상당한 지역은 민간인 통제선 안에 포함되어 있으므로 해서 자유로운 출입마저 통제당하고 있는 실정에 연유하는 것이다. 이 지역 주민들에게 가장 절실하고 필요한 정책은 이 지역의 개발을 억제하고 있는 각종 군사적 행정적 규제를 완화해 주는 것이다. 특히 민간인의 출입과 경제적 활동을 극도로 제한하고 있는 민간인 통제선의 조정과 군사시설보호법의 적용범위를 보다 완화해 주는 것이 이 지역에 부여해 줄 수 있는 최고의 정책적 배려가 될 것이다.

이와 더불어 남한의 접경지역을 선개발한다는 개념을 정책적으로 발전시키고 이를 접경지역 개발계획에 구체화시켜 추진해 나갈 필요가 있다고 본다. 남북한 접경지역의 공동개발을 북측에 제안하고 이러한 접경지역의 평화적 이용과 군사적 신뢰구축을 연계시켜 추진해 나가고자 한다면 우선 먼저 남한측 접경지역부터 개발하고 이러한 것을 북측에 제의했을 때 보다 설득력이 있을 것이기 때문이다. 따라서 접경지역의 평화적 이용은 유사시 군사작전을 수행하는데 크게 지장이 없는 범위내에서 남한측 접경지역을 선개발하고 그 성과를 토대로 북한측 접경지역과 비무장지대의 남북한 공동개발을 북측에 제의하는 단계적 추진방법이 보다 설득력이 있을 것이다. 또한 접경지역의 평화적 이용은 남북한 통일 과정 또는 통일 이후를 고려하여야 하며, 독일의 통일 과정에서 직면했던 국경개방에 따른 급격한 인구이동에 대비한 공간 확보, 통일 이후의 급격한 인구유입에 따른 난개발과 교통문제, 주택문제, 실업문제 등에 효과

적으로 대처할 수 있도록 해야 한다. 뿐만 아니라, 접경지역의 평화
적 이용과정에서 이 지역에 산재한 각종 지뢰로부터 국민의 생명과
안전을 확보하기 위한 지뢰제거 문제에 대해 적절한 대비책을 강구
해 나가야 할 것이다.

다. 공동이슈의 공동추진

접경지역의 평화적 이용은 양국의 주요 이슈에 대한 공동협력을
강화함으로써 양국간 실질적인 공동이익을 추구하고 이러한 공동
이슈에 대한 공동노력의 결과로 양국간 신뢰를 증진시키고 평화체
제를 확고히 구축할 수 있어야 한다.[39] 남북한 간에는 지금 금강산
관광사업이 추진중에 있고 개성공단 건설, 경의선 연결사업 등이
추진준비중에 있다. 이외에도 남북한간의 공동이슈는 북한강과 임
진강의 수자원 공동관리문제, 전력・통신・도로・철도 등의 남북
연결망 복원, 철원평야 및 장단지역의 공동농업생산, 개성을 포함
한 서부지역 관광개발, 항공 및 해상수송협력, 연해수역의 공동어
장관리, 최근에 남북한간 주요 이슈로 부각되고 있는 서해안 문제
등 많은 이슈가 앞에 놓여 있다. 이러한 공동이슈들은 남북한 공동
이익의 영역이 되고 군사적 신뢰구축과 연계하여 추진할 수 있는
귀중한 소재가 될 수 있다고 본다.

---

39) 송대성・이대우, 「평화체제구축 국제적 경험과 한반도」, pp. 44~46.

4 한반도 적용모델의 모색

군사적 신뢰구축 및 접경지역의 평화적 이용과 관련된 국제적 경험들의 시사점과 한반도 적용가능성을 앞절에서 검토하여 보았으며 여기서는 이러한 국제적 경험들을 한반도에 어떠한 모양으로 적용해야 할 것인가 하는 측면에서 몇가지 가능한 모델을 모색해 보고자 한다. 여기서 이러한 모델을 모색하는 것은 결코 어떠한 모델을 적용하여야 한다는 결론을 도출하려는 것이 아니라 한반도 적용 가능한 모델들을 사전에 모색해 봄으로써 다가올 미래에 현명하게 대처해 나가는 데 도움이 되기 위해서다.

1. 한반도 모델에 영향을 미치는 요소

남북한간의 군사적 신뢰구축과 접경지역의 평화적 이용을 연계시키고 그 성과를 고양시켜 궁극적으로 한반도 평화체제를 구축하고 평화적 통일의 기반을 이룩하는 사업은 실제 적용단계에서 현실적 상황과 상호작용 과정을 거쳐야 할 것이며 이러한 상호작용 과정을 통하여 구체화 될 수 있을 것이다. 따라서 남북한 군사적 신뢰구축

과 접경지역의 평화적 이용의 모델을 설정하는 데는 현실에 기초한
실현가능성과 남북공존과 공영을 실현한다는 관점에서 출발하여야
할 것이다.

　동북아 국제정세는 아직도 전후의 국제정치적 기존 틀에서 그렇
게 변하지 못하고 있으며 동북아 4대 강국의 권력정치(Power
Politics)는 이 지역의 세력균형(Balance of Power)에 항상 참여하
려 하고 있다.[40] 지금도 남북은 반세기에 걸친 상호불신과 제로섬
게임적(Zero-Sum Game) 사고에서 벗어나지 못하고 '흡수통일',
'무력적화통일'의 상호의심과 욕심을 버리지 못하고 있는 것이 또한
현실이다. 그러나 역사는 노력하지 않는 자의 편에 결코 서지 않았
으며, 노력하는 자에게 승리를 안겨주었다는 사실을 중동과 독일의
국제적 경험은 우리에게 알려주고 있다.

　지금 북한은 1980년대 말 소련과 동구 공산권의 붕괴, 그리고
1990년의 독일의 통일을 목격하고 북한체제의 유지와 생존을 위해
노력하고 있다. 1994년 김일성 사망 후 권력을 장악한 김정일은 그
동안 식량난과 경제위기로 인하여 심각한 체제위기를 겪었지만,
1998년 9월에는 헌법개정을 통해 국가기구를 정비하고 국방위원장
에 재추대되면서, 본격적으로 '김정일 시대'를 열었다.[41] 김정일 시

---

40) 한반도는 지리적으로 중국과 일본에 인접해 있으므로 해서 중국의 세력이 강
　　할 때는 중국의 영향력을 받으며 자치 국가를 유지하여 왔으나, 중국의 세력
　　이 쇠퇴한 13세기부터는 일본이 영향력을 끼치기 시작했고 1894년 청일전쟁
　　에 승리함으로써 일본은 한반도에 대한 주도권을 잡았다. 그 후 일본은 남하
　　하던 러시아와 충돌하여 1904~5년 러일전쟁에 승리함으로써 한반도에 대한
　　일본의 영향력은 확고해 졌다. 그러나 2차대전 후 일본이 패망하자 러시아의
　　한반도 석권을 억제하기 위한 미국세력이 그 자리를 차지하였다. 지난 2000
　　년간 한반도는 압도적인 하나의 세력하에 있거나 혹은 경쟁적인 두 세력의 세
　　력균형 속에 지내왔다. Hans J. Morgenthau, *Politics Among Nations*, 5th
　　Edition (New York: Alfred A. Knopf, 1973), p. 177.

대가 열린 이후, 북한이 가장 중요시하는 정책적 주안점은 체제유
지와 경제회복이다. 체제에 대한 위협이 사라지지 않고 있는 상황
에서 군(軍)의 물리적 강제력에 의존하는 것은 어찌보면 당연한 일
이지도 모르지만[42] 군사위주의 정책만으로 북한의 경제를 구할 수
없을 뿐만 아니라 지금의 체제를 보전하기 어렵다는데 더욱 큰 문
제가 있다. 결국 북한은 체제를 보존하고 경제를 회생시키기 위해
서는 어떠한 형태든 '개혁·개방'의 방향으로 나가는 길 이외는 다
른 방도가 없을 것이다.[43]

국제정치적 측면에서 미국의 한반도에 대한 이해관계는 미국의
아시아정책, 더 나아가 미국의 세계정책의 일부로서 이해되어야 한
다. 부시 행정부는 미국의 국가이익을 확보하기 위하여 힘의 외교
를 추구하고 있으며[44] 미국은 동아시아의 국제관계에 있어서 이 지

---

41) 1998년 북한이 이렇게 헌법을 개정한 것은 군(軍)을 중심으로 김정일의 권력을
강화함과 동시에, 1980년대 후반부터 북한이 직면한 전대미문의 식량난, 경제
위기, 김일성 사망, 자연재해 등으로 북한체제 자체가 커다란 위기에 처하자
이를 타개하기 위하여 국가기구를 전면적으로 정비하기 위한 것이였다. 이로
서 김정일은 북한의 '일체 무력을 지휘통솔'할 뿐만 아니라 '국방사업 전반을
지도'하는 권한이 공식적으로 주어졌을 뿐만 아니라 명실공히 '나라의 정치, 군
사, 경제력의 총체를 통솔 지휘'하는 '국가의 최고 직책'을 확보한 것이다. 한국
정치학회 편, 「21세기 남북한과 미국」 (서울: 삼영사, 2000), p. 13.

42) 북한의 군부의 영향력은 김정일 시대에 접어들어 강화된 군부의 위상과 더불
어 정책결정과정에서 그 비중이 커진 것은 사실이다. 그것은 이른바 '선군정치
(先軍政治)'에 의한 군부 중시의 결과 북한의 권력체계에서 강화된 군부의 위
상과 관련하여 자연스러운 현상으로 보아야 할 것이다. 그러나 북한 군부의
위상이 최소한 제도권 위상이 강화되고 있음은 분명하지만 여기에 반론도 만
만치 않다. 비록 국가권력기구에서 군부의 위상이 올라가고 있지만, 김정일과
당의 군부에 통제는 과거와 마찬가지로 엄격하게 시행되고 있다는 주장이다.
위의 책, pp. 49~59 참조.

43) 위의 책, pp. 38~46 참조.

44) 부시 행정부는 국제적 우호·협력을 증진시키기 위한 외교활동보다 군사·안

역의 균형자로서 역할을 수행하고 있다고 볼 수 있다. 어떤 의미에서 동아시아의 평화는 미·일·중·러의 주요 세력 사이의 일정한 세력균형에 달려 있으며 이것은 미국이 이 지역의 평화와 안정을 유지하는데 중요한 역할을 하고 있다는 것을 의미한다.[45] 그러나 한반도 평화와 통일에 있어 가장 중요한 것은 남북한 당사자간의 화해와 협력을 위한 노력이며 이것을 지원하는 것이 바로 한반도 평화체제 구축에 있어서의 미국의 주된 역할이라고 볼 수 있다.

또한 중국은 역사적으로 한반도와 밀접한 관계를 맺어온 나라이며 지금도 동북아 국제정치에서 현실적인 영향력을 지닌 중요한 정치적 행위자이다.[46] 특히 중국은 1950년대 북한을 지원하며 한국전쟁에 참전했고 휴전시 정전협정의 당사자의 일원으로 서명함으로써 지금도 한반도 문제와 깊이 관련되어 있다. 중국은 한반도 정전체제를 평화체제로 전환하는 문제가 한반도 평화에 유용할 것이라고 판단하고 정전협정체결 당사자의 일원으로써 이 문제에 지대한 관심을 보이고 있으며 한반도 문제에서 일정한 역할을 확보하고자 하는 의지를 나타내고 있다.[47]

보 전략을 중시하는 경향을 보이고 있으며 힘에 바탕을 둔 현실주의적 외교를 강조한다. 김국신, "북미관계의 현안과 향후 전망", 「한반도 군비통제」 (2002년 6월), p. 26~27 참조.

45) 이삼성, "한반도 평화체제의 비전과 요건: 3단계 평화과정의 개념", 「한반도 평화체제의 모색」 (서울: 경남대학교 극동문제연구소, 1997), pp. 136~137 참조.

46) 중국의 한반도 정세에 대한 인식은 국제질서 및 동북아 질서 전반에 대한 인식에 기초하고 있다. 패권주의를 반대하고 세계평화를 유지하는 것은 중국외교정책의 중요한 원칙이다. 1998년 7월에 발간된 국방백서에도 중국의 아·태지역 안전전략 목표는 ① 중국의 안정과 번영, ② 주변지역의 평화와 안정, ③ 아·태 국가들과 대화와 협력이다. 이태환, "중국의 대북정책", 「미·중·일·러의 대북정책」, pp. 56~57 참조.

일본은 현 정전체제의 실질적 당사자가 아니므로 한반도의 현 체제나 평화체제 전환에 관련하여 특별한 제의를 하지 않고 있고 직접적인 역할도 하지 않고 있다. 그러나 일본은 미국의 세계전략 및 아시아·태평양 전략에 응하여 국제사회에서의 역할을 증대시키면서 정치대국화를 추구하고 있으며, 한반도의 평화체제를 위한 기반 조성에 직·간접적으로 영향력을 미치려 하고 있다.[48] 또한 일본은 미국과 긴밀한 동반자적 관계를 유지한 가운데 북한과 국교정상화를 위한 대북한 접근을 통하여 북한의 개방을 유도하고 4자회담이 성사되도록 지원함으로써 한반도 정전체제의 평화체제로의 전환에 긍정적인 역할을 할 수 있다.[49]

동북아시아의 주요 세력의 하나인 러시아는 일본의 군비확장과 중국의 군사적 현대화로 동북아시아의 안보와 안정이 위협받고 있다고 생각하며 극동에서의 현상유지(status quo)를 선호하고 있다.[50] 극동지역에서 한반도의 지정학적 중요성 때문에 러시아는 일

---

47) 한반도 문제와 관련한 중국의 역할론은 북한과 중국이 여전히 전통적 맹방이고 북한의 대중국 정치·경제적 의존도가 높다는 점에서 부정할 수 없으며 한중수교 이후 남한과의 경제관계가 긴밀해지고 그 의미가 더욱 강조될 수 밖에 없다. 그러나 우리가 남북문제를 풀어갈 경우 중국 역할론이 남북한 신뢰구축에 순기능적으로 작용할 수 있도록 노력해 나가야 할 것이다. 이희옥, "한반도 평화체제 구축과 중국의 역할", 「한반도 평화체제의 모색」, pp. 235~254 참조.

48) 배정호, "한반도 평화체제와 일본", 「한반도 평화체제의 모색」, p. 215.

49) 위의 책, p. 221.

50) 지금 러시아는 동북아에서 군사적 안보, 정치적 영향력, 경제적 번영이라는 3가지 목표를 추구하고 있다. 초기에 러시아는 군사적 안보보다는 경제적 번영과 정치적 영향력에 우선 순위를 두었으나 현실주의적 시각으로 복귀하면서 점차적으로 군사적으로 군사적 안보에 가장 큰 비중을 두게 되었다. 러시아는 세력 균형정책을 통하여 자국의 군사적 안보를 보장하려고 하면서 특정 국가, 특히 일본과 중국이 영내에서 지배적인 위치를 차지하는 것을 예방하려고 노력하고 있다. 러시아는 영내 국가들과의 쌍무관계를 강화함으로써 한 국가를

본이나 중국 등 특정국가가 한반도에서 지배적 위치를 차지하는 것
을 반대하고 있다.[51] 또한 많은 러시아 사람들이 중립적인 통일한국
이 러시아의 국가이익에 부합할 것이라고 믿고 있는 데, 그것은 통
일 한국이 일본이나 중국을 견제하는 세력이 될 것으로 기대하기
때문이다. 러시아는 한반도에 대한 전략적 이해관계를 갖고 있으면
서[52] 또한 한반도에서 또 다른 전쟁이 발발하는 것도 원하지 않고
있다.

2. 접경지역 평화적 이용 및 남북공동이익의 영역

지금까지 접경지역의 평화적 이용에 관한 수많은 제의나 제안들
이 있었지만 우리의 기대만큼 제대로 시행되지 못하고 있는 것이

이용하여 다른 한 국가를 견제하는 정책을 추구하고 있다. 주승호, "한반도 평
화체제 구축을 위한 러시아의 역할", 「한반도 평화체제 모색」, pp. 256~263
참조.

51) 2000년 러시아가 발표한 일련의 문건, 특히 '신외교정책개념'은 미국 주도 세
계질서에 대한 러시아의 부정적인 인식 및 이에 대한 대안으로써 유라시아 국
가인 러시아가 균형자로서 중요 역할을 담당하는 다극주의 세계관을 피력하고
있다. 2000년 러시아의 대한반도 정책은 이러한 원칙에서 '북한카드'를 통해
러시아의 대미관계, 그리고 대한관계를 자국에 유리한 방향으로 끌어 가려는
데 목적을 두었던 것으로 보인다. 정은숙, "러시아의 대북정책", 「미·일·
중·러의 대북정책」(서울: 세종연구소, 2001), p. 112.

52) 한반도는 러시아에 대한 공격의 교두보로 이용될 수 있으며 일본과 함께 쓰시
마 해협, 동해에 대한 통제를 공유하고 있다. 러시아는 내한국정책과 관련히어
3가지의 서로 연관된 정책을 추구해 오고 있다. 첫째, 러시아는 한국과의 쌍무
관계를 적극적으로 추진함으로써 동북아에서의 '남한 카드'를 이용하여 세력
균형을 이용하려고 한다. 둘째, 러시아는 아·태 지역에서 자국이 제안한 집
단 안보체제계획에 대한 남한의 지지를 얻고, 이 계획에 남한이 적극적으로
참여하도록 노력하고 있다. 셋째, 러시아는 남한의 도움을 얻어 아·태 공동
체의 명실상부한 일원으로 인정을 받고 아·태 지역의 활력적인 경제체제 속
으로 통합되기를 추구한다. 위의 책, p. 278.

사실이지만 어떤 분야는 이미 남북한 상호간에 실질적인 공동이슈로 등장하여 상호관심사가 되고 있다. 그러나 이러한 남북공동이익의 영역 가운데 남북한 상호간에 중대한 이익을 안겨줄 수 있는 중대한 공동이익의 영역은 ① 남북연결망구축 ② 관광자원공동개발 ③ 남북합작공단건설 ④ 공동농업개발 ⑤ 수자원 공동개발 ⑥ 공동어로작업 등이 우선적으로 고려될 수 있다.

가. 남북 연결망 구축

접경지역의 평화적 이용에서 가장 시급하고 중요할 뿐만 아니라 남북 상호간에 실질적인 공동이익과 번영을 가져올 수 있는 핵심적 사업은 남북 연결망의 구축이다. 남북 연결망의 복원은 반세기 동안 단절되었던 국토의 기능을 복원시켜 정상화시키는 것이다.

〈표 5-1〉 남북한 연결망 구축

구 분	세 부 내 용
철 도 복 원	경의선, 경원선, 금강산선, 동해북부선
도 로 복 구	1, 3, 5, 7 번 도로, 31번, 43번, 453번 도로
에너지와 정보연결망	전력공급선, 파이프라인, 광역 통신망

끊어진 철도와 도로를 연결하여 한반도 남단의 항구에서 시베리아를 거쳐 구라파 지역까지 각종 재화를 수송할 수 있는 산업의 동맥을 구축하고,[53] 또한 전력, 가스, 광역통신망 등 에너지의 연결망

---

53) 남북한 단절된 철도는 경의선, 경원선, 금강산선, 동해선으로 경원선은 실시 설계, 용지매입, 사업실시 계획, 환경 영향평가 등이 완료된 상태이며, 동해북부선은 타당성조사만 완료된 상태로 기본설계 및 실시설계가 필요하다. 또한 우리정부는 한반도 종단철도와 시베리아 횡단철도의 연결을 위해 러시아와의 철도협력을 강화하고 있으며 2001년 12월에는 제1차 한-러 교통협력 위원회를 개최하고 양국간 철도 협정을 체결한 바 있다. 박명식, "남북철도 연결상

을 남북이 연결함으로써 북한의 경제적 번영과정에 필수적인 전력과 에너지 통신분야에 남북이 협력할 수 있는 기반을 마련할 수 있을 것이다.[54]

나. 관광자원 공동개발

남북한 접경지역은 임진강, 북한강, 금강산 등 주옥같은 산천이 펼쳐지고 서울과 개성, 철원 등 고려와 조선의 천년 유적이 근처에 산재하여 세계 어디에 내어놓아도 손색없는 역사적의 관광자원이 숨쉬고 있는 곳이다. 만일 남북한이 접경지역의 이러한 관광자원을 공동으로 개발하여 세계 관광업계에 내어놓을 수 있다면 이곳은 단연코 태국의 방콕이나 일본의 동경, 오사까를 능가하는 세계적 관광지로 발돋움 할 수 있을 것이다. 비무장지대를 중심으로 한 남북한 접경지역을 세계적 관광지대로 만들어 연간 수백만 이상의 외국 관광객이 끊임없이 드나들고 흘러넘치게 한다면 이스라엘의 관광안보노력의 성과에서 보는 바와 같이 남북한은 막대한 관광수입을 벌어들이면서 공동안보의 목적을 달성할 수 있을 것이다.[55]

황", 「통일로」(안보문제연구소, 2002년 8월), pp. 85~86 참조.

54) 정부는 남북한이 공동 조성키로 합의한 북한 개성공단에 전력 10만kw와 가스 1일 12만t 및 전화 2000회선을 공급한다는 구체적 계획을 마련한 것으로 확인됐다. 「조선일보」, 2002년 7월 27일.

55) 이스라엘은 외국인 관광객을 매년 전체인구에 낮먹는 약 500만 명의 외국인 관광객들이 경기도의 2배밖에 안되는 작은 땅에 들어오게 하여 '외국인 관광객들의 인구밀도를 높임으로써' 아랍국들로 하여금 이스라엘에 대한 무력공격을 더욱 부담스럽게 만드는 데 성공하였다. 이렇게 보면 이스라엘을 방문하는 외국인 관광객들은 이스라엘의 안보를 지켜주는 훌륭한 안보역할을 수행하면서 막대한 관광수입을 안겨주고 있는 것이다. 이스라엘의 이러한 관광안보정책에서 우리는 많은 가르침을 받아야 한다. 김학준, "DMZ 평화화와 정치적 구상", 김인영, 김재한 편, 「DMZ」(서울: 소화, 1999), pp. 29~31 참조.

다. 남북 합작공단 건설 (개성)

남북의 자본과 기술 및 인력을 효율적으로 결합하여 세계적 경쟁력을 갖춘 남북 합작공단을 접경지역 개성일대에 건설하고 이 지역을 국제자유경제지대로 설정하면 개성일대는 생산 및 수출기능뿐만 아니라 동북아지역의 중심적 금융, 문화, 관광, 상업도시로 개발되어 외화획득 및 민족경제공동체의 시범적 터전으로 육성할 수 있게 되는 것이다.[56] 만일 북한이 남북의 기업 및 외국의 유수한 기업을 적극적으로 유치하고 자유로운 투자환경을 조성해 나간다면 개성공단은 북한의 경제적 발전에 있어서 주요 거점이 되고 동북아 경제의 중심지가 될 수도 있을 것이다. 개성공단 개발사업은 2000년 6월 해주, 남포, 신의주, 개성 등 4개 후보지 중에 공단부지로 최종 결정하기로 합의하였고 2000년 8월 개성지역을 특별경제지구로 지정, 선포하여 세계적인 경쟁력을 갖춘 공단을 건설하기로 합의된 바 있다.[57]

---

56) 한겨레신문사, 경남대학교 극동문제연구소, 「남북경협사례집」(2002), p. 10.

57) 개성공단위치는 개성직할시 및 판문군 일원의 접경지역이며, 총면적 65.7㎢, (2000만평)에 해당하는 대규모 단지이다. 추진결과는 2000년 8월 합의 후 공업지구건설 및 운영에 관한 합의서를 체결하였고, 동년 11월 한국토지공사와 사업시행 협약서를 체결하였으며, 12월에는 측량 및 토질조사를 실시하고 1단계 사업부지를 확정한 상태다. 사업시행은 3단계로 나누어 9년간 시행하며, 1단계는 초기개발단계로 공장 및 관광시설 투자환경 조성, 시범산업단지 및 시가지를 조성하고, 2단계는 중점개발단계로 사회간접자본 및 산업단지확장, 외국기업 투자유치를 실시하고 마지막 3단계는 첨단산업 입주 및 자유도시를 형성하여 세계적 국제도시로 성장 발전시키는 것이다. 산업유치업종은 경공업, 중화학부분, 전자통신 등 첨단산업을 포함하여 개성지역을 국제적 관광도시로 발전시킨다는 것이다. 위의 책, pp. 11~15 참조.

라. 공동 농업개발

비무장지대를 포함한 접경지역내에는 해방전까지만 해도 비옥한 땅으로 활발한 농업활동이 이루어진 지역도 있으나, 지난 45년 동안 대부분 지역은 농업활동과는 무관한 곳으로 방치되어 왔다. 그 중에 특히 철원평야지대는 농사활동을 하기에 적합한 비옥한 토양을 가진 것으로 알려지고 있다. 최근의 북한의 식량난에 비추어 남북한이 합의하여 공동으로 농사를 수행할 경우 남북한 모두에게 상호이익이 될 수 있을 뿐만 아니라 신뢰구축에도 도움이 될 것으로 보인다. 특히 북한에게는 날로 심화되는 식량문제에 다소나마 도움이 될 수 있을 것이다.[58] 이러한 공동 농업개발사업은 판문점에 인접한 장단지구에서도 실현될 수 있다고 생각된다. 장단지구와 철원지역에서 남북한 공동으로 농업경영을 실시함으로써 유휴농지를 활용하는 방안을 긍정적으로 검토할 필요가 있다.

마. 수자원 공동개발

접경지역의 이러한 수자원 관리와 관련된 문제는 특히 남한측에서 볼 때 최근 심각한 사안으로 인식되고 있는데 그것은, 첫째, 북한강 상류에 북측이 건설한 금강산댐의 붕괴위험과 관련된 수계 연안의 안전에 관한 문제, 둘째, 임진강과 북한강에 대한 남북한간의

---

58) "철원군 번영회"등 철원군민들은 해방전까지 철원평야의 중심지였던 철원군 북면 뜰을 남북한이 공동으로 개발하는 방안을 통일원에 건의한 바 있다는 사실이다. 즉 철원군 주민들은 "600여만 평의 농경지를 농사를 지을 경우, 연간 123,500여 가마의 쌀을 수확할 수 있다"고 하면서 이를 남북공동사업으로 우선 선정·추진해 줄 것을 건의하였다. 사실 45년간 600만 평의 아까운 옥토를 활용하지 않고 방치해 온 것은 남북한 모두에게 손실이라고 할 수 있다. 김인영, 김재한 편, 「DMZ」, pp. 122~124 참조.

수자원 관리와 홍수예방 문제 때문이다. 최근 금강산댐의 안전성 논란이 확산되는 가운데 이 댐의 일부에서 누수현상이 일어나고 있고 유사시 붕괴위험이 예상됨으로써 남북한간의 수자원 공동관리의 필요성이 더욱 증대되고 있다.[59] 따라서 남북한 양측은 남북공동의 이익을 위해 남북한 공유하천에 대한 수자원 공동개발을 추진할 필요가 있다. 공유하천에 대한 배타적 사용은 상호간에 막대한 경제적 피해의 위험을 안겨주고 피해예방을 위한 천문학적인 비용과 비경제적인 노력을 요구하기 때문이다. 남북은 우선 임진강, 한탄강, 북한강, 남강 등 공유하천의 수계에 대한 ① 홍수 및 가뭄 예방, ② 상호 안정적인 수자원 관리, ③ 수자원을 활용한 전력 생산, ④ 하천 오염 방지와 생태계 보호를 위해 공동 노력에 진지하게 임해야 할 필요가 있다고 본다.

바. 공동 어로작업

한강어구와 서해안 및 동해안 연안에 있어서 공동 어로작업은 한강어구로 통한 북측의 수중침투와, 서해 5도를 연한 북방한계선

---

59) 위성사진을 통해서 확인된 상황은 금강산 댐 상부 3곳에 함몰 흔적이 발견되었으며, 지난 2002년 1월 15일부터 20여일간 금강산댐으로부터 3억 5천만톤의 흙탕물이 쏟아져 내려오기도 했다. 전문가의 분석에 의하면, 금강산 댐은 북한강 상류 북한지역에 대규모 홍수가 발생시 붕괴될 위험이 있으며 만일 금강산 댐이 붕괴한다면 남한측의 평화의 댐, 화천댐 유역은 물론이고 수도권까지 대규모 피해가 예상되고 있다. 뿐만 아니라 임진강 상류에도 2001년 3월 15일 DMZ 북방 1㎞ 지점에 「4월 5일 댐」이 완공됨으로써 이 댐에 물을 저장하기 위해 임진강 물을 차단함으로써 평소 가슴까지 차오르던 경기도 연천군 일대 임진강 수위가 겨우 발목 높이까지 낮아졌다. 그 결과 접경지역 주민의 급수 문제가 발생하고 있고 북한지역의 갑작스런 폭우시 홍수의 위험이 증대됨으로써 연천군은 '홍수'와 '물부족'을 동시에 걱정하게 되었다. 「조선일보」, 2002년 5월 3일; 7월 20일.

(NLL)에 대한 남북한 간의 대립과 분쟁[60]뿐만 아니라 남한 어선의 납북 사실 등과 관련하여 남북한 간에 매우 민감한 분야에 해당된다. 그러나 남북한 간에 진정한 평화를 이룩하려고 한다면 정치·군사적으로 민감한 사안마저 상호공동이익과 군사적 신뢰구축의 과정에서 이를 소화해 나가야 할 것이다. 내륙지역에서의 접경지역 평화적 이용과 군사적 신뢰구축이 어느 정도 정착되고 상호신뢰가 쌓이면 결국 한강어구와 서해안 및 동해안 연안도 남북 공동의 평화수역으로 관리되고 이 지역에서 남북의 자유로운 통항이 보장되며 공동 어로작업이 가능한 단계가 실현되어야 할 것은 틀림없다. 이러한 시기의 도래에 대비해서라도 여기에 대한 구체적인 연구가 앞으로 많이 진행되어야 할 것이다.

3. 접경지역의 군사적 신뢰구축 기본모델

접경지역 평화적 이용의 필수요건은 남북한 양측의 군사력 이격 및 비무장 완충지대의 설치다. 어느 일방이 접경지역의 평화적 이

---

60) 지난 1999년 6월의 서해 교전이후 3년이 지난 2002년 6월 29일 북한은 연평도 부근에서 북방한계선(NLL)을 넘어서 아군경비정에 기습적 사격을 감행하는 도발을 자행하였다. NLL은 휴전협정 체결후 유엔군 측이 해군의 작전 수행을 위해 북방한계를 설정하여 확정한 경계선으로 북한측에게 통보되었고, 북한측은 이에 대해 아무런 이의를 제기하지 않았으며 20년간 남북한이 이를 준수하여 왔던 실질적인 해양경계선이며 동시에 군사분계선이였다. 그러나 북한은 1973년 서해 5개 도서군 수역이 자신의 주변수역이라고 주장하기 시작하였던 것이다. 그런데 1992년 2월 19일부터 효력을 발생한 남북기본합의서 11조에서도 남과 북의 불가침 경계선과 구역을 휴전협정에 규정된 군사분계선과 지금까지 쌍방이 관할하여 온 구역으로 한다고 명시하였고, 1992년 9월 17일 발표한 기본합의서 부속서 10조와 11조에도 이러한 내용을 다시 확인한 바 있다. 류병화, "NLL은 군사분계선이다", 「통일로」(안보문제연구소, 2002년 8월), pp. 14~15 참조.

〈그림 5-1〉 접경지역의 군사적 신뢰구축 기본모델

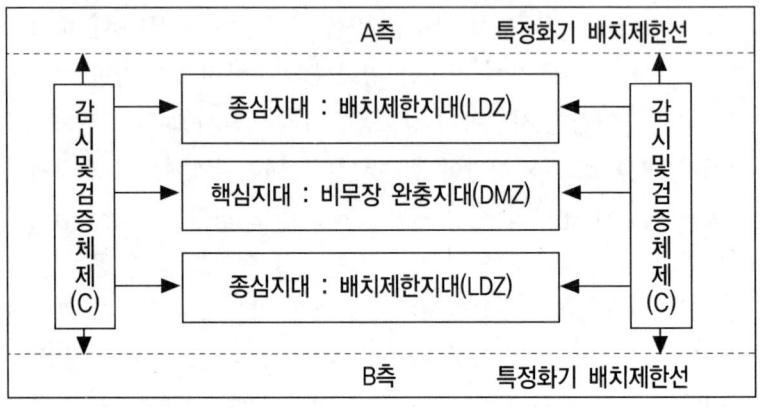

※ 감시 및 검증체제(C)에는 UN 또는 제 3자가 포함되어 운용되는 것이 효과적이다.

용을 아무리 의욕적으로 접근하여도 군사력 이격 및 비무장 완충지
대의 설치라는 군사적 신뢰구축조치가 없이는 탁상공론에 불과하
고, 군사적 신뢰구축조치의 바탕이 없이는 결코 접경지역 평화적
이용의 실질적 성과를 기대할 수 없는 것이다. 그것은 접경지역의
평화적 이용이란 적절한 군사력 이격과 비무장 완충지대의 설치라
는 적절한 군사력 신뢰구축조치의 토양 속에서만 뿌리를 내릴 수
있기 때문이다. 군사력 이격조치에 있어서 비무장 완충지대가 군사
력 이격의 핵심지대라고 한다면 배치제한지대는 군사력 이격의 종
심을 증가시키는 종심지대라고 볼 수 있다. 비무장 완충지대를 중
심으로 무기 및 부대의 배치제한지대가 양측에 적절히 설치되고 일
정한 거리 내에는 장거리 포병화기의 배치를 제한하는 추가적 조치
가 필요하다. 또한 이러한 상태를 유지시킬 수 있는 감시 및 검증이
체계화 될 때 군사력 이격 및 비무장 완충지대 설치라는 군사적 신
뢰구축조치가 이룩되었다고 할 수 있는 것이다. 남북한 접경지역의
군사적 신뢰구축에 있어서는 기본적으로 이러한 조치들이 포함되어

발전되어야 할 것이다.

가. 비무장 완충지대 (Demilitariged Zone : DMZ)

비무장 완충지대는 말 그대로 이 지역 안에는 어느 측의 무기나 부대도 완전 철수하여야 하며 이렇게 조성된 비무장지대에 통상 적절한 규모의 유엔비상군 또는 평화유지군이 상주하면서 비무장지대의 비무장화를 보장하는 임무를 수행한다. DMZ의 폭은 양측의 합의에 의하여 결정하며 지형, 양측의 기동성, 육안 감시거리, 화기의 유효사거리 등을 고려하여야 할 것이다. 그러한 측면에서 현재 한반도에 설치된 폭 4㎞는 폭이 너무 좁아서 우발적 충돌의 가능성을 증대시키는 원인이 되고 있다. 제 1차 시나이 협정에서 보았듯이 10㎞ 정도의 폭은 유지되어야 한다고 볼 수 있다.[61]

나. 배치제한지대 (Limited Deployment Zone : LDZ)

근접배치된 쌍방 군사력의 대치상태를 이격시켜 접경지역의 군사적 안정과 평화상태를 유지하는 핵심은 쌍방간 군사력을 일정거리 후방으로 이격시킨 공간 내에 비무장 완충지대를 설치하는 것이며, 비무장 완충지대를 실질적으로 보장하는 조치로 양측의 일정공간을 배치제한지대로 설정하여 쌍방 군사력의 배치규모를 최소한으로 제

---

61) 김명기 박사는 자주적 통일의 시점에서 남북한의 무력충돌을 방지하기 위해 비무장지대를 설치하고 이를 감시하는 방법을 사전에 강구해 줄 필요가 있다고 강조하면서, 비무장지대는 "현 휴전협정에 의한 비무장지대를 그대로 이용하되 그 폭을 현 4㎞에서 남북 각각 10㎞로 확장하는 20㎞ 방안을 고려해 보아야 한다"고 주장한 것은 우리에게 특별한 시사를 하여 주고 있다. 참고로 휴전협정 체결당시 공산측에서도 군사 분계선 쌍방으로 각기 10㎞를 주장한 바 있고 유엔군측은 북측으로만 20㎞를 제의한 적이 있다. 김명기, "남북한 비무장 지대의 국제적 감시", 「국제법논총」, 제 34권 1호(1989).

한함으로써 쌍방 군사력 충돌의 기회를 감소시켜 상호기습가능성을 약화시켜야 한다. 따라서 배치제한지대내에는 쌍방이 배치하는 화기와 부대의 규모를 제한할 뿐만 아니라 쌍방간에 기습가능성을 감소시킬 수 있도록 적절한 공간을 설정해야 한다.

다. 장거리화기 배치제한선 설정

군사력 이격을 성공시키는 핵심조치는 쌍방 군사력이 이격된 공간을 비무장 완충지대화하는 것이며, 비무장 완충지대화를 보장하는 제 1의 안전장치는 배치제한지대의 설정이며, 제 2의 안전장치에 해당하는 것이 장거리화기 배치제한선의 설정이다. 비무장 완충지대와 배치제한지대의 설정으로 쌍방간의 군사력 충돌의 가능성을 감소시키고 군사적 안정을 증대시킬 수 있지만 이에 추가하여 장거리화기에 대한 배치제한선 설정이 추가적으로 필요하다. 우리의 경우는 북한의 170mm 포병, 240mm 방사포, FROG 5 및 7 미사일 등 전술적 장거리화력체계가 여기에 해당된다고 본다. 이러한 장거리 화기의 배치제한선의 설정은 휴전선에 근접한 남한의 수도권 안전을 보장하기 위해서도 반드시 필요한 조치로 보아야 한다.

라. 감시 및 검증

군사력 이격의 핵심적 조치인 비무장 완충지대화를 보장하기 위한 제 1 및 제 2의 안전조치로 배치제한지대가 설정되고 장거리화기 배치제한선이 설치·운영되더라도 이러한 제반 사항의 이행을 감시하고 감독하는 기능과 체제가 요구된다. 이를 위해 효과적인 감시 및 검증체제가 수립되어 운용되는 것이 반드시 필요하며 감시 및 검증체제는 인적 구성의 측면과 기술 측면, 시스템의 측면에서 그 기능이 제대로 보장되어야 한다. 감시 및 검증은 쌍방 당사자간의 상호감시와 검증도 필요하지만 UN 등 제 3자의 감시 및 검증 기능이 필요하다. 그것은 군사력 이격 조치의 위반사항 발생시 정확한 검증과 적절한 조치를 위해서도 반드시 필요한 것이다.

4. 한반도 모델의 모색

남북한 쌍방이 현재의 상호불신과 군사적 근접대치상태를 극복하고 상호공동이익과 공존공영을 추구하기 위해서 접경지역의 평화적 이용과 군사적 신뢰구축조치를 조화·발전시켜 나가자면, 현실적이고 실용적인 한반도 모델을 사전 모색하고 이를 점검해 볼 필요가 있다고 본다. 이것은 한반도 평화와 한민족의 공존과 공영을 위하여 우리가 준비하고 노력해야 하는 시대적 과제며 이를 위해 우리는 과거와 같은 냉전적 사고와 명분론적 주도권 싸움에서 이제는 탈피해야 한다.[62]

가. 접경지역의 군사적 신뢰구축모델의 모색

우리가 처한 현실적 상황을 고려하여 볼 때, 우리가 선택할 수 있는 군사적 신뢰구축조치의 모델은 시나이 경험에서 보는 바와 같이 비무장지대의 실질적 비무장화와 배치제한지대의 설정을 통한 군사

---

62) 지난 50년을 돌아보면 남북 양측은 그 동안 지나치게 명분주의에 집착하여 왔다. 과거의 남북간의 통일논의와 정책을 반추해 보면, 냉전적 사고속에서 유사한 제안을 갖고 각기 명분론적 주도권 싸움에 치중해 왔다. 우리는 명분주의적 접근방법에서 과감히 탈피하여 실용주의적 접근자세를 취한다면 남북이 가지고 있는 장점을 각자 살리고 결합해서 궁극적으로는 '한민족 경제공동체의 결성'을 가능하게 할 것이다. 백영철, "새천년, 새 세기를 향한 남북협력의 틀", 「분단을 넘어 통일을 향해」 (서울: 건국대학교 출판부, 2000), p. 40.

력 이격조치와 효과적인 감시 및 검증체제의 운용을 통해 상호신뢰
를 증가시켜 나가는 것이며, 평화체제에 대한 점진적이고 단계적인
발전을 추구해 나가는 것이다. 이러한 측면에서 볼 때 우리가 현실
적으로 선택할 수 있는 한반도 모델은 비무장지대의 폭과 배치제한
지대의 폭이라는 두가지 변수를 이용하여 ① 정전체제형, ② 긴장
완화형, ③ 시나이-I 형, ④ 평화체제형 등 4가지 모델로 설정해
볼 수 있을 것이다.

(1) 모델 A : 정전체제형

현재 폭 4㎞의 비무장지대를 중심으로 남북한 쌍방이 아무런 군
사력 배치의 제한없이 화기와 병력을 비무장지대에 근접배치하고
있는 현 상태를 '정전체제형'으로 부를 수 있겠다. 그런데 지금의
현실은 정전협정의 제반 규정마저 제대로 지켜지지 못하고 있다.
이미 오래 전부터 비무장지대는 쌍방이 추진 설치한 각종 군사시설
로 실질적인 비무장지대화가 제대로 실현되지 못하고 있을, 뿐만
아니라 북측은 1996년 4월 '비무장지대의 유지 및 관리 임무 포기
선언'과 함께 1~2개 중대 무장병력을 판문점내 투입하여 무력시위
를 벌이는 등 각종 도발을 계속하고 있다.[63] 최근 북측은 이와 같은
각종도발을 통하여 정전체제를 무력화시키고 북미간의 평화협정을
체결해야 한다고 노골적인 태도를 나타내고 있다.[64] 그러나 남북한

---

63) 김 집, "정전협정 43년 비무장지대의 어제와 오늘", 「북한」 295(1996), pp. 2
    8~34 참조.

64) 지금까지 남북한 관계에서 볼 때, 협상과정을 통하여 어떤 합의에 도달하는 것
    도 힘들지만 합의사항을 이행하는 것은 더욱 힘든 것으로 나타나고 있다. 한국
    전쟁 당시 정전회담에서 유엔군측 수석대표로 참석해서 직접 북한 및 중국측
    의 협상대표와 10개월이라는 긴 시간의 협상을 이끌어 냈던 조이 (C. Turner
    Joy)제독은 그의 경험담에서 '공산주의자들은 싸워서 이길 수 없는 것을 협상

군사적 신뢰구축조치는 기존의 정전체제에서 출발해야 한다는 것이 남한측의 입장이다.[65] 남북한간의 이러한 상호불신과 군사적 근접배치상태에서는 본격적인 접경지역의 평화적 이용이 어렵고 한계가 있는 것이다. 남북한간의 어떠한 협력이나 관계개선도 남북한간의 군사적 문제를 회피하고서는 진정한 발전을 도모할 수 없기 때문이다.

(2) 모델 B : 긴장완화형

이 모델은 폭 4㎞ 비무장지대를 규정한 현재의 정전체제를 실질적으로 보장하고, 비무장지대를 중심으로 상호근접 배치된 남북한간의 군사적 대치상태와 긴장을 상당수준 완화하기 위하여 비무장지대를 중심으로 남북 양측에 각각 4㎞ 내외의 배치제한지대를 설치·운영하는 것이다.[66] 이 모델은 현재의 정전체제에 시나이 협정의 군사력 이격 경험을 매우 제한적으로 적용하는 형태로서 현실과 경험을 동시에 존중하는 입장을 취하고 있는 것이다. 현재의 남북한 군사적 신뢰구축의 답보상태뿐만 아니라 비무장지대 개방 등에 아직 소극적인 북측의 군사중시의 체제유지 노력을 고려할 때[67] 이

을 통해서 얻으려 하고 싸워서 피할 수 없는 것도 협상을 통해 피하려 한다. 어떤 합의도 고의적으로 미리 계획적으로 위반하는 것을 능사로 하며 합의를 한 뒤에도 합의문 해석을 놓고 상대방이 틀리다고 트집을 잡아 억지를 부린다'고 이야기하고 있다. C. Turner Joy, *How Communists Negotiate* (New York: The Macmillan Company, 1995), p. 85.

65) 향후 남북한간의 신뢰구축은 새로운 신뢰구축조치를 도입하는 데 중점을 두기보다는 이미 합의된 사항을 어떻게 성실히 이행하느냐 하는 것과 이미 도입된 신뢰구축조치를 보다 확장하는 데 중점을 두어야 한다. 최강, "남북한 신뢰구축", 「한반도 평화체제 모색」, p. 99.

66) 배치제한지대의 폭을 4㎞로 고정적으로 적용하는 것이 아니라 지형에 따라 적절히 조정될 수 있도록 군사실무협상에서 세부적으로 다루어져야 할 것이다.

모델의 도입이 쉽지는 않을 것이다. 그러나 접경지역의 평화적 이
용을 통한 남북한 공동이익의 영역을 제시하고 상호공존과 공영의
대타협을 시도한다면 가능성이 없지도 않을 것이다. 90년대 이후
극심한 경제난에 허덕이면서 체제유지와 경제문제 해결이라는 중대
과제에 직면하고 있는 북한에게 접경지역의 평화적 이용을 통한 경
제적 문제 해결의 가능성을 제시하고 남북한 공존공영을 통한 체제
유지의 가능성을 인식시킬 수 있다면, 이 모델은 분명히 매력있고
관심을 가질만한 것이다.[68]

그러나 이 모델을 적용하기 위해서는 현 정전체제를 일부 보완하
고 시나이 경험을 상당 부분 도입 적용해야 할 필요가 있다고 본다.
예를 들면, 미국과 같은 제 3국의 적극적인 지원과 협조, 배치제한
지대의 화기 및 병력의 배치규모와 특정화기의 배치제한선 설정,
감시 및 검증을 위한 적절한 시스템의 운용 등 제반 조치가 신중히
검토되어야 할 것이다. 뿐만 아니라 이러한 제한된 군사신뢰조치는
그 자체로 끝날 것이 아니라 이러한 신뢰조치가 쌍방간에 성실히
이행되면 다음 단계로 군사적 신뢰조치를 발전시켜 나가야 할 것이
다.[69]

---

67) 북한군은 김일성 사망 이후, 경제난, 체제난 등 위기 극복과정에서 체제수호의
중추적인 역할을 해오고 있다. 북한은 "인민군대가 혁명적 군인정신으로 우리
식 사회주의의 결정적 승리를 위한 돌파구를 열어나가는 데 핵심적 역할을 수
행하고 있다고 선전하면서 군부 우선의 정치를 의미하는'선군정치'를 강조하고
있다. 김진무, "북한의 정책 결정과정에서 군부의 영향", 국방부, 「한반도 군비
통제」(2002. 6), p. 57.

68) 남북고위급 회담에서 보여주고 있는 북한의 협상전략은 체제생존을 위한 문제
해결의 전략으로 체제공존이 가능한 새로운 남북관계 정립을 시급한 당면 목
표로 삼고, 체제생존을 위해 새로운 남북관계를 모색하는 단계적 접근전략을
구사하고 있다. 곽태환 외, 「북한의 협상전략과 남북한관계」, pp. 110~117
참조.

〈그림 5-2〉 모델 B : 긴장완화형 모델

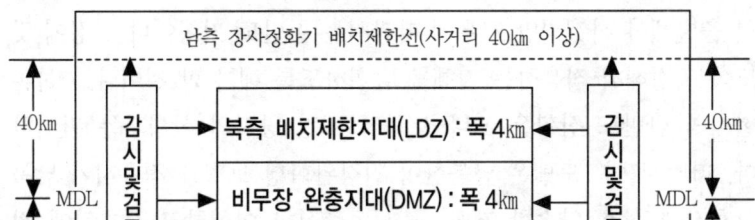

※ 북한측의 40km 이상 장사정화기에는 170mm 포, 240mm 방사포, FROG-5/7, SCUD등
이 포함된다.

(3) 모델 C : 시나이-I형

이 모델은 현재의 정전체제를 획기적으로 변화시켜 남북한 군사
력 대치상태를 제1차 시나이 협정의 수준으로 완화하는 것이다. 이
러한 조치는 남북군사관계의 대전환을 이룩하고 남북한의 공존공영
을 본격적으로 시도하는 것이며, 이 모델을 선택하기 위해서는 남
북한 정치적 리더쉽과 군부의 혁신적 사고의 전환이 수반되었을 때
비로소 가능한 것이다. 이 모델은 현 정전체제의 비무장지대를 보
다 확장하고(폭 10km내외) 비무장지대 양측에 배치제한지대를 동일
한 수준으로 설정함으로써 남북상호간 기습가능성과 무력충돌의 가
능성을 획기적으로 감소시키는 것이다.[70] 이 모델은 제 1차 시나이

---

69) 시나이 경험에서도 제 1차 시나이 협정이 잘 이행·실천되고 양측간에 신뢰가
조성됨에 따라 다시 키신저 미 국무장관의 중개로 이집트와 이스라엘간에 교
섭이 시작되어 제2차 시나이 협정이 체결될 수 있었다. 제성호, 「한반도 비무
장지대론」, pp. 35~36 참조.

협정 당시에 적용되었던 제반이행절차를 충실히 적용시키는 입장에
서 출발해야 하겠지만 경우에 따라서는 한반도 지형이나 실정에 맞
도록 조정해서 적용하는 지혜를 발휘하도록 해야 할 것이다.[70] 물론
현재의 한반도 상황은 시나이 협정 체결 당시의 상황과는 판이하
다. 따라서 이 모델은 남북한이 긴장완화형 모델을 적용시켜 남북
상호간에 상호 약속한 제반 규정을 충실히 이행하고 상호간에 정
치·군사적 신뢰가 상당히 증진되었을 때 가능할 것이다. 그러나
현 정전체제형 모델에서도 남북한 관계를 포함한 북미관계, 동북아
세력관계가 획기적으로 진전을 가져온다면 이 모델의 적용도 가능
하다고 볼 수 있다.

　일반적으로 군축이 진전되기 위해서는 정치적 협력과 일반적인
긴장완화가 선행되어야 한다는 주장과는 달리, 시나이 사례는 군사
적 합의와 이에 대한 성공적인 검증에 따른 신뢰구축이 양측간에
정치적 협력 이전에도 가능하며, 궁극적으로는 정치적 협력에도 기
여할 수 있다는 점을 보여준 것이다.[72] 따라서 한반도에 시나이 모
델을 도입하여 비무장지대 및 배치제한지대를 설치하고 검증체제를

---

70) 비무장지대와 배치제한지대의 폭은 10㎞ 내외에서 지형적 특성을 고려하며 양
　　측의 군사실무자 협상에서 결정해 나갈 문제다.

71) 시나이모델을 한반도에 적용할 경우 우리는 정치·군사·지리적 측면의 제반
　　고려사항을 염두에 두고 추진하여야 한다. 그러한 고려사항으로는 ① 정전관
　　리와 평화구축을 위한 정치적 의지, ② 합의준수의 공정한 검증을 위한 제3자
　　의 참여, ③ 군사적 분리와 검증체제의 사전조치 이행문제, ④ 두 당사국의 군
　　사전략 개념상의 차이, ⑤ 공세전력 배치제한지대(Limited Deployment Zone
　　: LDZ)설정에 대한 입장 차이, ⑥ 조기경보시간의 확대 필요성, ⑦ 부대배치
　　제한과 감축조치의 순서, ⑧ 군사작전지역의 지형 특성 및 군사적 기동축선,
　　⑨ 수도권 안전보장의 확보 등을 들 수 있다. 제성호, 위의 책. p. 51.

72) 이서항, 「세계 군축사례와 한반도 군비통제 단계별 추진과업」 (서울: 외교안보
　　연구원, 1994), p. 32.

적용할 수만 있다면, 남북의 군사적 긴장을 완화하고 기습공격의 기회도 감소시킬 수 있을 뿐만 아니라, 정치·군사적 신뢰구축에도 크게 기여할 수 있을 것이다.

〈그림 5-3〉 모델 C: 시나이-I형 모델

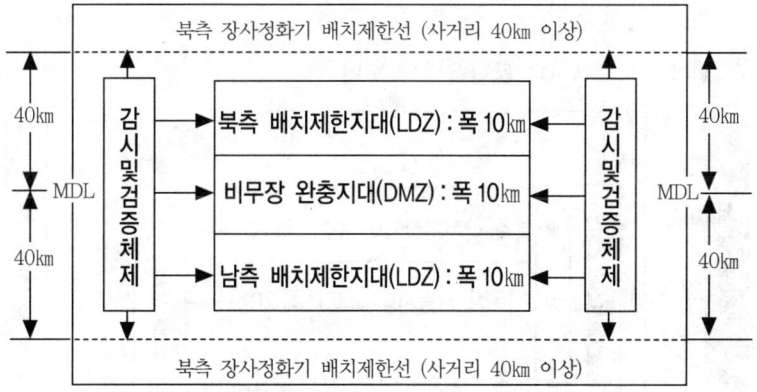

(4) 모델 D : 평화체제형

평화체제 구축이란 역사적인 과정속에서 국제적인 분위기나 역사적 기회를 포착하여 상호공존과 공영의 결단을 이루어 냄으로써 가능한 것이다. 평화체제형 모델 D는 현 정전체제가 긴장완화형 모델 B 혹은 시나이-I형 모델 C를 거쳐서 남북한 상호간에 상당한 정도의 군사적 신뢰가 구축되고, 남북상호가 체제유지와 공동이익 증진의 가능성이 가시화되고 확인됨으로써 남북 상호간에 무력사용의 진정한 포기, 평화적 공존이나 통일의 분위기가 성숙된 단계를 의미한다. 이 단계에서는 한반도 내륙 접경지역 뿐만 아니라 한강하구와 동·서해안 연안지역에 있어서도 평화수역이 지정되고 공동어로 작업이 가능하도록 해야 할 것이다. 이 단계에서 남

북관계는 평화공존 혹은 평화통일을 위한 체제정비가 성숙한 단계
에 도달하고 사실상 통일 단계에 진입한 것이다. 특히 경제적 측면
에서 볼 때, 남북관계는 하나의 한반도 경제권을 형성하고 남북한
간의 인적, 물적 교류가 전반적인 분야에서 확대·개방되는 단계
인 것이다.

〈그림 5-4〉 모델 D: 평화체제형 모델

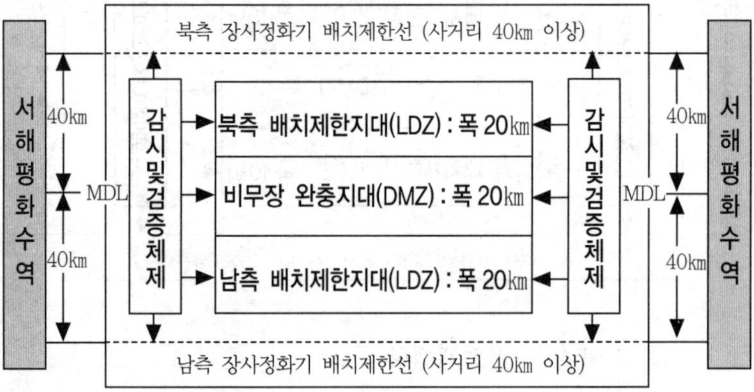

나. 한반도 모델의 발전 유형

남북한 군사적 신뢰구축조치에 대한 한반도 모델의 발전 유형은
점진적인 발전과 도약적 발전이라는 측면에서 볼 때, 점진적인 타
입 I과 도약적인 타입 II로 구분해 볼 수 있을 것이다. 타입 I은 현
재 정전체제형 모델 A에서 긴장완화형 모델 B와 시나이-I형 모델
C를 거쳐 평화체제형 모델 D로 점진적으로 발전하는 유형이며, 타
입 II는 현재의 정전체제형에서 긴장완화형 모델 B를 거치지 않고
바로 시나이-I형 모델 C로 발전한 후, 평화체제형으로 도약적으로
발전하는 유형이다. 남북한 관계는 국내외적 어려운 여건 속에서

〈그림 5-5〉 접경지역의 군사적 신뢰구축 모델의 발전과정

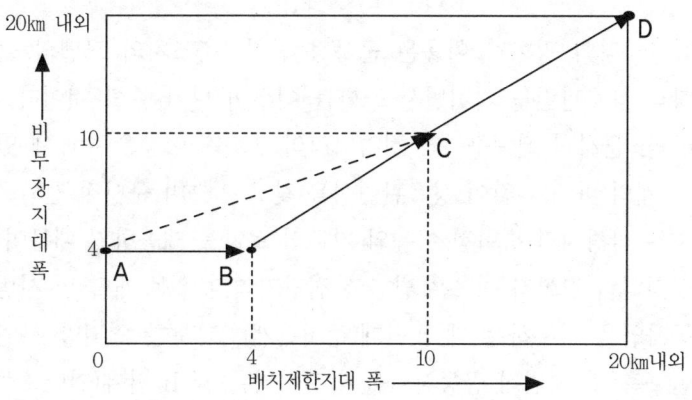

① 모델유형
  모델 A : 정전체제형,   모델 B : 긴장완화형,
  모델 C : 시나이-I형,   모델 D : 평화체제형
② 발전과정
  타입 I : A → B → C → D,   타입 II : A → C → D

점진적인 단계를 거쳐 발전할 것이라고 일반적으로 예상할 수 있
지만, 예멘이나 독일의 통일, 그리고 중동의 평화체제구축의 사례
를 볼 때, 역사의 발전은 항상 어떤 계기를 통해서 예상 밖의 변화
를 가져올 수 있다는 가능성을 항상 갖고 있는 것이다. 동서 독일의
통일과 남북예멘의 통일은 어떻게 보면 20세기말 세계사에 있어서
역사의 선물이였다고 볼 수 있다. 소련의 고르바쵸프의 등장과 동
유럽을 휩쓴 자유화의 바람이 마침내 분단독일의 운명을 하루아침
에 바꾸어 놓은 것이며, 반세기 동안 동족상쟁을 계속하던 남북예
멘의 통일에 중대한 영향을 미쳤던 것이다.[73]

_____

73) 동서독이 그렇게 갑자기 통일을 이루게 된 배경을 묻는 질문에 독일인들은 ①
   고르바쵸프의 역할, ② 동독의 평화적인 혁명이라고 평가받는 개혁운동, ③ 민
   주·복지국가 서독의 경제력이 독일 통일의 원동력이라고 보면서 고르바쵸프
   의 개혁·개방정책이 없었어도 오늘의 통일이 탄생할 수 있었을 것이라고 보

다. 접경지역 평화적 이용의 단계적 추진과정

접경지역의 평화적 이용은 군사적 신뢰구축조치의 모델의 발전 유형과 상호관련을 가지면서 조화를 이루어 나가야 할 것이다. 왜냐하면, 군사적 신뢰구축과 접경지역의 평화적 이용은 수레에 있어서 두개의 바퀴와 같이 상호관련성을 갖고 있으며 군사적 신뢰구축 조치는 접경지역 평화적 이용의 기본적 토양을 제공하기 때문이다. 접경지역의 평화적 이용은 남한측 접경지역의 우선 개발 및 시범적 공동사업을 착수하는 제 I 단계(준비단계), 남북한 연결망 사업의 기반구축 및 시범적 공동사업을 발전시키는 제 II 단계(기반조성단계), 남북연결망 보강 및 본격적인 남북연결망을 추진하는 제 III 단계(활성화단계), 추가적인 남북연결망을 완성시키고 접경지역 전 지역을 평화지대화, 안보관광지대화를 실현하는 제 IV 단계(완성단계)로 현실적으로 가능한 사업을 단계적으로 추진해 나가는 것이 바람직하다고 본다.

〈표 5-2〉 접경지역 평화적 이용의 단계적 추진과정

단 계	군사적 신뢰구축조치 형태	접경지역 평화적 이용
I	정전체제형 모델	준비 단계
II	긴장완화형 모델	기반조성 단계
III	시나이-I형 모델	활성화 단계
IV	평화체제형 모델	완성 단계

접경지역의 평화적 이용은 궁극적으로 남북한간의 군사적 신뢰를

는 사람은 거의 없다는 것이다. 남북예멘도 고르바쵸프의 개혁·개방정책에 따라 남예멘에 대한 소련의 개입이 철회되고, 남북예멘에 대한 사우디아라비아의 간섭이 배체됨으로써 통일의 여건을 조성했던 것이다. 정용길, 「독일통일에서 무엇을 배울 것인가」, pp. 70~71; 김국신, 「예멘통합사례연구」, p. 16.

구축하고 군사적 긴장과 근접배치 상태하에 있는 현재의 남북한 접경지역의 상태를 남북화합과 공존 그리고 공동이익의 실현을 확신할 수 있는 평화의 장소로 탈바꿈시키는 데 목적이 있으며 이러한 과정에서 접경지역은 자동적으로 국가적 통합의 연결부분으로 역할을 하게 되고 남북의 상호이익과 공존공영을 추구하고 실현하는 중심지대가 되도록 하여야 하는 것이다.

(1) 제 I 단계 : 준비단계

제 I단계 준비단계는 현재의 정전체제하에서 접경지역의 평화적 이용을 준비하고 모색하는 단계이다. 지금의 정전체제상황하에서 우리가 할 수 있는 최선의 방책은 현실적으로 가능한 영역에서 실현 가능한 분야를 우선적으로 시작하고 시범적 공동사업을 선별적으로 착수하는 것이다. 구체적으로 말하면 ① 민통선 이남지역에 대한 군사시설보호법의 적용완화, ② 민통선 이북지역에 대한 민간인 출입통제완화, ③ 접경지역에 대한 지원확대 등, 우리 자체로 할 수 있는 영역의 자체 노력과, ④ 금강산 관광개발, ⑤ 경의선 복원 등 시범적 공동사업을 선별적으로 추진해 나가는 것이다. 준비단계에서 우리는 답보상태에 있는 남북한 군사신뢰구축의 활로를 마련하고 남한측 접경지역의 선개발과 본격적인 남북접경지역개발에 대비한 기반을 조성하는 데 주력하여야 할 것이다. 이러한 우리의 자체노력과 성과를 북측에 보여줌으로써 접경지역에 있이시 남북공동이 얻을 수 있는 공동이익의 영역을 제시하고 그들을 동참시킬 수 있을 것이며, 접경지역의 군사적 대치상태를 완화하는 군사적 신뢰구축조치를 유도해 낼 수 있을 것이다.

(2) 제 II 단계 : 기반조성단계

남북이 지금과 같은 상호불신의 장벽을 어느 정도 제거하고 접경지역의 평화적 이용을 통하여 남북의 상호공동이익과 공존공영을 실현해야 한다는 공동의 인식이 확산되면, 남북한은 제한된 범위 내에서 시나이 협정의 한반도 적용을 시험할 수 있을 것이니 그것이 바로 긴장완화형 군사신뢰조치다. 비무장지대의 실질적 비무장지대화를 보장하고 제한된 범위내의 배치제한조치를 적용하는 상황은 남북한 접경지역의 평화적 이용에 대한 본격적인 기반조성에 크게 도움이 될 것이다. 기반조성단계에서 남북한 접경지역의 평화적 이용은 ① 경원선, 금강산선, 동해북부선 등 남북철도의 전면적 복원, ② 문산에서 개성을 연결하는 1번 도로의 연결 사업 등 남북의 육로 수송망의 개설, ③ 북한강, 임진강에 대한 수자원공동관리를 통한 금강산 댐 붕괴위험제거와 임진강 유역 홍수피해방지대책 수립, ④ 남북한 전력공급체제의 협력, ⑤ 개성 합작공단의 설립 등 남북한 연결망 기반구축과 남북공동의 시범사업을 발전시킴으로써 상호공동이익의 실현과 공존공영의 가능성을 상호간에 확인하고 발전시키는 것이다.

(3) 제 III 단계 : 활성화 단계

남북한간에 군사적 신뢰가 상당히 증진되고 접경지역의 공동개발에 의한 추진성과가 가시적으로 나타날 때, 남북은 상호공존과 공영의 가능성에 대하여 확신을 갖게 될 것이며, 한 차원 높은 군사적 신뢰구축조치와 접경지역의 평화적 이용에 대한 성과를 확대하고자 하는 새로운 진전에 합의할 수 있을 것이다. 활성화 단계에는 기반조성단계에서 이룩한 성과를 토대로 접경지역에 비무장화된 공간을 보다 더 확대하고 접경지역 공동사업의 영역을 확대해 나가는 것이다. 활성화 단계에 있어서 접경지역의 평화적 이용의 범위는 ① 기반조성단계에서 실시한 서부지역의 1번 도로의 연결에 이어서 중부지역의 3번 도로, 5번 도로, 동해안 지역의 7번 도로 등, 육로상의 주요간선도로망을 연결하여 육로 교통망을 복원하고, ② 철원 평야와 장단 지구의 비옥한 농토를 공동개발하여 북한주민의 식량사업을 지원토록 하며, ③ 서울-개성-철원을 연결한 서부 및 중부지역 관광벨트를 개발해 세계적 관광지역으로 발전시킴으로써, 이 지역을 관광안보지대화 하는데 주력하는 것이다. ④ 추가적으로 광역통신망의 연결사업을 추진하여 남북한의 공동이익을 위한 경제협력 활동을 지원토록 함으로써 남북한 공동이익과 공영을 위한 사업 영역을 획기적으로 확장해 나가는 것이다.

(4) 제 Ⅳ 단계 : 완성단계

이 단계는 지금까지의 군사적 신뢰구축조치와 접경지역 평화적 이용을 통하여 평화공존 혹은 평화통일을 위한 남북간의 체제정비가 성숙한 단계에 도달하고 경제적 측면에서 사실상 통일 단계에 진입한 단계로 볼 수 있다. 사실상 이 단계는 남북한 평화조약을 체결하고[74] 상호무력사용의 포기와 평화적 동반자로서의 관계를 정립

---

74) 평화협정은 남북한 당사자 원칙이 존중되는 가운데 남북한이 평화협정을 체결하고 이를 보장하는 형식으로 추진하되 합의문의 성격과 형식은 국제법적인 검토를 거쳐, 우리의 기본 입장과 원칙을 확고히 하는 방향으로 결정하는 것이 바람직하다. 그리고 이렇게 체결된 평화협정은 성실한 이행을 보장하기 위해 유엔 안보리에 기탁할 필요가 있다. 그리고 국내적으로 평화협정은 국회에서 비준하는 절차를 밟음으로써 평화협정의 권위와 이행을 제도적으로 보장해야 할 것이다. 평화협정에 포함될 내용은 ① 전쟁상태를 종식시키는 문제, ② 불가침 및 무력불사용에 관한 문제, ③ 경계선 설정문제 (육지, 바다), ④ 분쟁의 평화적 해결, ⑤ 내부문제 불간섭 및 상호체제 존중 문제, ⑥ 기존합의 준

하는 시기며 또한 사회, 문화 등 기타 분야에서도 남북간 이질화를 극복하고 상호 동화작업을 진행해 나가는 사실상의 통일의 시기인 것이다.

이 단계에서 추진해야 할 구체적 사업은 남북한은 추가적인 ① 육상도로망 43번도로, 31번도로, 453번도로 등을 연결하고 ② 남북한 개스 파이프라인을 연결하며, ③ 동부 및 중동부지역을 포함한 접경지역 전지역을 평화지대화, 공동 안보지대화 할 수 있도록 하는 것이다. 뿐만 아니라 ④ 한강수역 및 동·서해안에 있어서도 평화수역을 설정하고 공동 어로작업을 할 수 있도록 발전시켜야 하는 것이다. 이러한 접경지역의 평화적 이용 단계의 발전과정에 있어서 특별히 관심을 가져야 할 사항이 있다면, 첫째, 자연 생태계의 보전을 포함한 환경보존의 측면이 최근 중요한 이슈로 대두되고 있는 것과 관련하여 개발과 보전이 적절히 조화되도록 배려되어야 할 것이다. 둘째, 전방지역에 산재한 수많은 지뢰제거와 관련된 문제다. 남북한간의 군사적 신뢰가 구축되고 접경지역을 평화적으로 이용하려고 하더라도 접경지역에 산재한 지뢰를 제거하지 않으면 많은 인명 손실이 초래될 것을 염두에 두고 거기에 대해 적절한 대책도 마련되어야 할 것이다.[75]

수 및 이행문제 등이 언급되어야 할 것이다. 그러나 우리는 남북한간에 평화협정이 체결된다고 해서 한반도의 평화가 보장되는 것은 아니라는 사실을 잊어서는 안될 것이다. 평화는 결코 「협정문의 잉크」에 의해서 보장되지 않는 것이다. 박용옥, "한반도 평화체제 논의와 국가안보", 「한반도 군비통제」 (2000. 12), pp. 12~13 참조.

75) 독일은 통일 당시, 1,000㎞가 넘는 동서독 국경지대의 지뢰를 제거하는데 5년 이상 소요되었는데, 당시 수십개의 민간 지뢰전문회사들이 참여하여 지뢰제거를 실시하였다. 우리나라에서도 앞으로 기술력을 갖춘 민간 지뢰전문회사의 등장이 기대되고 있다. 이것은 본인이 2000년 12월, 1주일간 독일 국경지대를 방문하고 확인한 사실이다.

〈표 5-3〉 접경지역의 평화적 이용의 단계적 추진 사업

군 사 적 신뢰구축	접경지역의 평화적 이용	추 진 사 업
정전체제형 모델 A	I. 준비단계	· 민통선 이남지역에 대한 군사시설보호법 적용완화 · 민통선 이북지역에 대한 민간인 출입통제 완화 · 접경지역지원 확대 · 금강산 관광개발 · 경의선 복원
긴장완화형 모델 B	II. 기반조성단계	· 경원선, 금강산선, 동해북부선 복원 · 1번도로 연결 · 북한강, 임진강 수자원 공동개발 및 관리 · 전력공급체계 협력 · 개성합작공단 설립
시나이 – I형 모델 C	III. 활성화단계	· 3번도로, 5번도로, 7번도로 연결 · 철원평야, 장단반도 농업공동개발 · 서울-개성-철원 관광안보지대화 · 광역 통신망 연결
평화체제형 모델 D	IV. 완성단계	· 43번도로, 31번도로, 453번도로 연결 · 개스 파이프 라인 연결 · 접경지역 전지역 관광안보지대화 · 한강어구 및 동·서해안 공동 어로 작업

    접경지역의 평화적 이용은 군사적 신뢰구축조치를 성장의 토양으
로 하고 주변 여긴의 발전에 영향을 받으면시 점진적 진진을 이룩
할 수 밖에 없다. 따라서 접경지역 평화적 이용 사업은 군사적 신뢰
구축조치의 진전, 남북관계의 발전, 남북간의 현실적 수용의지, 협
상의 결과 등에 크게 영향을 받으면서 상호관련성을 갖고 진전해
나간다고 보아야 할 것이다. 그러나 접경지역의 평화적 이용은 상

호공동이익의 인식과 상호필요성의 강도에 크게 좌우될 수 밖에 없을 것이며 남북한 상호간에 중대한 공동이익의 영역으로 간주될 수 있는 ① 남북연결망구축, ② 관광자원공동개발, ③ 남북합작 공단 건설, ④ 공동농업개발, ⑤ 수자원 공동개발, ⑥ 공동어로작업과 관련된 각종 사업은 결국 그 사업의 시급성, 중요성, 난이성, 남북 상호간의 필요성에 의해 단계적으로, 점진적으로 진전될 수 밖에 없을 것이다.

5. 한반도 모델의 적용

남북한 접경지역의 평화적 이용과 군사적 신뢰구축조치에 관한 국제적 경험의 한반도 적용가능성의 고찰과정은 분단과 대결의 오랜 역사를 극복하고 통일과 평화를 이룩한 중동지역과 독일의 역사적 경험을 중심으로 그들의 교훈과 시사점을 도출하고 그것을 오늘날 한반도의 분단과 대결의 현실에 어떻게 적용할 수 있을 것인가 하는 문제에 대한 단계적 접근 과정이다. 이러한 접근은 이상과 현실의 조화 위에 냉철한 현실주의적 시각이 보다 더 강조되고 국내 정치와 남북관계, 국제정치적 상황이 균형있게 고려된 점진적이고 단계적인 접근을 지향하는 것이다.[76]

---

76) 평화구축의 진정한 기준은 남북한간의 정치·군사적 신뢰구축과 군사적 대결 구조의 완화 및 해소, 그리고 교류·협력의 이행을 통한 적극적인 평화의 성취에 있다. 결국 한반도의 평화는 협정이나 조약의 체결로 즉각 해결될 수 있는 문제가 아니며, 장기간에 걸쳐 실질적·단계적·점진적으로 이루어질 과제이다. 백진현, "남북한 평화체제 구축방향", 「한반도 군비통제」 (1995), p. 89.

가. 정전체제형 모델(준비단계)

이 모델은 군사신뢰조치의 측면에서 볼 때, 현재의 정전체제 상태를 상정한 것이다. 비무장지대(DMZ)는 사실상 무장지대화 되어 있고,[77] 비무장지대 양측에 근접 배치된 쌍방 군사력은 충돌 가능성을 항상 안고 있다. 접경지역의 평화적 이용의 측면에서 볼 때, 이 단계에서 남한측이 우선적으로 해야 하는 접경지역정책은 남한측 접경지역의 선(先)개발에 주력하는 것이다. 그렇게 하기 위해서는 접경지역지원법을 활성화시키고 낙후되고 침체된 접경지역 개발에 관심을 가져야 한다. 이를 위해 군사적의 여건이 허용되는 한, 이 지역에 대한 군사시설보호법의 적용을 완화하고 민통선의 적용범위를 점진적으로 조정해 나가야 한다. 또한 경의선 연결사업, 금강산 관광사업 등, 시범적 남북 공동사업을 추진함으로써, 접경지역 공동개발사업의 성과를 확대해 나가는 것이 필요하다. 이러한 남한측 접경지역 선(先)개발과 시범적 남북 공동사업의 성과를 토대로 접경지역 개발과 평화적 이용의 경제적 성과를 북측에 실제로 보여 줌으로써, 그들을 상호공동이익과 공존공영의 장으로 동참시켜야 하고 새로운 남북관계를 진전시켜 나가야 한다. 이러한 남한측의 노력은 결국 남북한 군사신뢰조치에도 진전을 가져오고, 접경지역의 평화적 이용에도 상승효과를 가져올 것이다.

---

77) DMZ내의 군사시설 및 장비의 배치현황을 보면 북측은 282개소의 GP 및 OP 그리고 3,362동의 군사시설을 설치하고 있으며 234문의 박격포와 120문의 고사포 및 대전차포가 배치하고 있다. 남측 역시 100개소의 GP 및 OP, 1209동의 지원시설을 설치하고 있다. 남만권·김명진·문광건, "시나이협정 검증체제연구", (국방연구원, 1995), p. 82.

나. 긴장완화형 모델 (기반조성단계)

이 모델은 군사적 신뢰구축의 측면에서 볼 때, 현 정전체제에 시 나이 경험을 제한적으로 적용함으로써, 비무장지대(DMZ)의 비무 장 완충지대화를 이룩하고 비무장지대 양측에 4km내외의 제한된 폭 의 배치제한지대를 설정함으로써, 군사력 이격을 달성하는 것이다. 이러한 조치는 결국 쌍방의 기습공격 가능성과 군사적 충돌 가능성 을 감소시켜 접경지역의 군사적 긴장을 완화시켜 줄 것이다. 뿐만 아니라 비무장지대내에 UN 또는 제 3국의 다국적군으로 구성된 평 화유지군을 일정 규모 상주시킴으로써 비무장지대의 비무장화와 배 치제한지대의 이행상태를 감시 및 검증케 하고, 비무장 완충지대를 중심으로 한 접경지역에 남북공동개발과 평화적 이용의 공간을 조 성하는 것이다.[78] 이 단계에서 접경지역의 평화적 이용은 남북한간 군사적 신뢰조치의 결과로 조성된 공간에 철도, 도로, 전력 등 남북 연결망 복원, 북한강과 임진강의 수자원 공동관리로 금강산 댐 붕 괴위험 제거와 홍수피해 방지, 서부 접경지역에 개성합작공단을 설 립하는 등, 상호공동이익의 실현을 가시화함으로써 남북간 군사적 신뢰를 더욱 증진시키고 남북관계의 새로운 진전을 도모할 수 있을 것이다.

---

78) 자원의 공동개발, 관광특구 설정 등 비무장지대를 평화적으로 이용하기 위해 서는 먼저 비무장지대의 비무장화가 선행되어야 한다. 그러한 점에서 비무장 지대의 비무장화는 평화적 이용을 위해 전제가 되는 가장 기본적인 조건이라 할 수 있다. 또한 비무장지대의 평화적 이용을 통해 남북한간의 신뢰기반을 조성하고, 이를 기초로 하여 비무장지대의 평화적 이용 정도와 보조를 맞추어 점진적·단계적으로 비무장화를 추진해 나가야 한다. 제성호, "비무장지대와 군사적 신뢰구축: 시나이협정I와 II를 중심으로", pp. 229~230 참조.

다. 시나이-I형 모델 (활성화단계)

이 모델은 군사적 신뢰구축의 측면에서 볼 때, 긴장완화형 모델이 새로운 진전을 이룩하거나 정전체제형 모델이 획기적인 진전을 이룩함으로써 남북한간에 제 1차 시나이 협정의 군사신뢰구축 모델을 한반도에 적용하는 것이다 . 이 단계에서는 10km내외의 비무장 완충지대를 설치하고 동일한 폭의 배치제한지대를 양측에 설정할 뿐만 아니라 배치제한선의 일정거리 밖에는 장거리 화기의 배치제한선을 설정함으로써 남북한 접경지역에 그야말로 폭 넓은 평화의 공간을 설정하는 것이다. 또한 비무장 완충지대내에는 비무장상태와 배치제한상태를 감시 및 검증하는 UN 및 다국적국으로 구성된 평화유지군이 일정규모 상주해서 감시 및 검증을 지원하고, 10km내외의 비무장 완충지대를 중심으로 한 접경지역을 남북이 상호 공동이익과 공존공영을 추진함으로써 남북관계를 평화체제로 탈바꿈시켜 나갈 수 있을 것이다. 이 단계에서 접경지역의 평화적 이용은 본격적으로 활성화되고 공존공영의 확신과 접경지역 평화적 이용을 위한 공간이 확대되어 가는 것이다. 이 단계는 국토의 전 지역에 걸쳐 주요 국도가 연결될 뿐만 아니라 광역통신망이 남북간에 설치됨으로써 남북은 이제 하나의 협력시스템으로 발전되는 과정이다. 또한 철원과 장단지구에 대단위 농업공동개발을 추진하고 서울-개성-철원을 연결하는 서부 및 중부 관광벨트를 개발하여 세계적인 관광명소로 변화시켜 나가는 남북관계의 활성화 단계나.

라. 평화체제형 모델 (완성단계)

이 모델의 군사적 신뢰구축 조치는 남북한간에 평화조약이 체결되고 평화체제를 구축하는 단계에 이르게 된다. 이 단계는 남북이 상호무력사용을 포기할 뿐만 아니라, 이 지역에 군사적 안정과 세력균형이 이룩되는 동북아 평화체제가 현실화되는 시기에 이르는 것이다. 이 단계에서 남북한 접경지대는 평화지대로 전환되고 한반도 동·서해안은 평화수역화되어 남북 공동조업이 가능해 지는 그러한 시대가 도래하는 것이다. 뿐만 아니라 한반도가 하나의 경제권으로 접속되고, 남북간 인적, 물적교류가 남북연결망을 통하여 마음껏 교류하는 사실상의 통일의 시대로 진입하는 것이다. 이 단계에 접경지역의 평화적 이용은 남북한을 경제적으로 통합하고 완성하는 단계다. 구체적으로 육상 교통망과 개스 파이프 라인 등, 남북연결망을 완성하고 동부 및 중동부지역을 포함한 전 접경지역을 평화지대화하는 것이며, 이 지역을 남북공동의 관광안보지대화하고 세계적인 관광의 명소로 탈바꿈시킴으로써 연간 수백만의 외국 관광객들이 이 지역에 들어와 한반도에 안보와 외화를 동시에 안겨주는 그러한 단계에 이르는 것이다.[79]

마. 한반도 모델의 이상과 현실

앞에서 상정한 4가지의 한반도 모델은 현재의 한반도 정전체제를 현실로 받아들이는 형태와, 한반도 평화체제의 구축을 이상으로 하

---

79) 이스라엘 정부는 외국인 관광객을 적극적으로 유치하여 매년 이스라엘 전체 인구에 맞먹는 약 5백만 명의 외국인들이 경기도의 2배밖에 안되는 이 작은 땅을 찾게 만들어 외국인 관광객들의 인구밀도를 높임으로써 아랍국들로 하여금 이스라엘에 대한 무력공격을 더욱 부담스럽게 느끼도록 만드는데 성공했다. 이스라엘 정부의 이러한 관광안보정책으로부터 우리는 많은 가르침을 받을 수 있다. 우리도 안보정책과 관광정책을 연계시키자는 뜻이다. 비무장지대를 새로운 관광지대로 개발함으로써 비무장지대에 외국인 관광객들을 유치하는 일은 비무장지대를 사실상 평화롭게 국제화하는 일이 되며, 북한의 군사모험주의를 자제시키는 일이 된다. 김학준, "DMZ의 평화화의 정치적 구상", 「DMZ」(서울: 소화, 1999), pp. 30~31 참조.

는 형태, 그리고 현실과 이상을 어느 정도 조화 절충시켜 나가고자
하는 절충 형태를 모델화한 것이며, 이러한 모델들을 현실과 이상
의 프리즘에 놓고 볼 때, 그들이 지향하고 있는 모습에 따라 나름대
로의 자리에 위치한다고 볼 수 있다.

〈그림 5-6〉 한반도 모델의 이상과 현실

정전체제형 (준비단계)	→	긴장완화형 (기반조성단계)	→	시나이-Ⅰ형 (활성화단계)	→	평화체제형 (완성단계)

현실 ─────── 이상과 현실의 조화 ─────── 이상

　이러한 측면에서 볼 때, 정전체제형(준비단계)모델은 현재의 한
반도 정전체제를 움직일 수 없는 현실로 받아들이고 있으며, 긴장
완화형(기반조성단계)모델은 정전체제의 현실을 인정하면서도 시나
이 협정의 경험을 어느 정도 적용해서 발전적 남북관계를 조성해
보고자 하는 실용적 관점이 내포되어 있는 절충적 모델에 속한다
할 수 있다. 한편 시나이-Ⅰ형(활성화 단계)모델은 한반도 현실을 변
화시켜 가능하다면 시나이 협정의 경험을 적용해 보고자 하는 이상
적 관점에 충실한 모델이라고 볼 수 있으며, 평화체제형(완성단계)
모델은 한반도 평화체제 구축이라는 우리의 이상을 그린 모델이라
고 볼 수 있다.[80]

　이리한 관점에서 선정한 한반도 모델을 놓고 볼 때, 한반도 문제
는 현실적 입장에 기반을 두되 한반도 평화와 통일이라는 민족적

---

80) 한반도에서 평화체제가 구축되어야 할 이유는 첫째, 기존 정전체제의 대체 필
　요성, 둘째, 냉전체제 극복의 필요성, 셋째, 통일에 접근하기 위한 필요성, 넷
　째, 한민족 공동 번영을 위한 장기적 전략으로서 필요성 등으로 요약할 수 있
　다. 이서항, "한반도 평화체제 구축의 조건과 방향", 「분단을 넘어 통일을 향
　해」, pp. 119~120 참조.

이상을 구현하기 위한 점진적인 발전이라는 관점에서 다루어 나가는 것이 바람직하다고 본다. 따라서 우리가 지금 현 단계에서 보다 관심을 가져야 할 모델은 정전체제형 모델을 발전시켜 긴장완화형 또는 시나이-I형 모델로 발전시켜 나가는 것이라고 보아야 할 것이다. 즉 현재의 정전체제형은 남북한간의 미래적 관계의 출발점이 되어야 하지만 이러한 군사적 근접대치상태는 극복되어야 하고, 남북한 접경지역의 평화적 이용과 군사적 신뢰구축을 통하여 한반도 평화를 보다 진척시켜야 하는 것이다. 비무장지대(DMZ)의 실질적인 비무장화를 보장하기 위해서라도 비무장지대 양측에 지금의 DMZ와 동일한 폭의 병력배치제한지대(LDZ)를 설정하는 긴장완화형 모델로 발전시켜 나가야 하는 것이다.

그러나 한반도의 진정한 평화를 진척시키기 위해서는 여기에 안주해서는 안되며 긴장완화형 모델을 남북한 양측이 성실히 이행하여 상호간에 신뢰가 조성되고 남북간의 교류와 협력관계가 상당한 정도로 진척되면 긴장완화형 모델을 좀더 발전시켜 DMZ의 폭과 LDZ의 폭을 4km에서 10km 정도 확대하여 남북한의 협력의 공간을 보다 넓히고 군사적 신뢰관계를 보다 증진시켜 나가야 할 필요가 있을 것이다. 이것이 시나이-I형 모델이다. 이 단계는 남북한간의 평화체제 구축의 완성을 눈앞에 둔 한반도 평화체제의 실현을 목표로 하는 중간단계이다. 다시 말하면 현 단계 남북관계에서 가장 중요한 가치와 이상은 한반도 평화의 실현이며 이를 위해서 우리는 상호체제를 인정하면서 평화을 추구하는 구동존이(求同存異)의 입장에서 남북문제를 생각해야 한다. 우리는 상호체제를 인정하고 남북공존(南北共存)에 걸맞는 평화통일정책과 담론체계를 개발해야 한다.[81]

---

81) 백영철, "새천년 새 세기를 향한 남북협력의 틀", 위의 책, pp. 38~39 참조.

제 **6** 장

결　론

한반도 비무장지대(DMZ)를 중심으로한 남북한 접경지역에는 아직도 대규모 병력이 퇴색한 이데올로기의 깃발아래 대치하고 있다. 뿐만 아니라 접경지역을 연한 비옥한 농토와 값진 자연자원은 무성한 잡초에 파묻혀 있으며 남북을 연결하던 철도와 도로 등 남북의 연결망은 단절된 채 지난 반세기를 지내왔다. 그러나 최근에 이르러 경의선 철도의 연결사업과 금강산 관광개발사업, 개성공단개발사업 등 남북협력사업의 진전이 나타나고 있는 것은 고무적인 현상이다. 이제 우리는 21세기의 새로운 시대를 맞이하여 상호 소모적인 대결을 극복하고 군사적 신뢰구축과 공동이익의 실현을 위하여 마주 앉아야 하며 남북한 접경지역을 남북분단과 대결의 현장이 아니라 남북 공동이익의 영역, 한반도 평화의 진원지로 변화시켜 나가는 데 공동의 지혜를 모아야 한다.

그러한 측면에서 접경지역의 평화적 이용은 남북관계의 새로운 진전과 한반도 평화를 정착시키는 역사적 과업이다. 그것은 한민족 공동이익의 실현이라는 명분이나 비전뿐만 아니라 한민족의 삶에 대하여 실질적 영향을 미칠 수 있기 때문에 더욱 필요한 것이다. 우선 국토의 효율적 이용이라는 측면에서 그 동안 단절되었던 남북연결망을 회복하고 한반도의 경제적 잠재력을 전반적인 분야에서 확대할 수 있는 접경지역의 평화적 이용 그 자체가 군사적 신뢰구축이 될 수 있는 것이며, 그것은 접경지역을 남북교류와 협력의 거점, 한반도 평화와 통합의 장소로 활용할 수 있는 것이다.

그러나 접경지역의 평화적 이용에 대한 우리의 바램이 아무리 크다고 하더라도 남북한간의 군사적 신뢰구축이 없이는 불가능한 것이다. 남북한 군사적 신뢰구축은 반세기에 걸친 남북대결구조와 군사적 대치상태를 극복하고 접경지역의 평화적 이용과 남북협력의 기반을 조성하기 위하여 반드시 필요하다. 한반도 평화를 위한 남

북교류와 협력, 접경지역의 평화적 이용, 이 어느 것도 남북한 군사
신뢰조치가 뒷받침되지 않고는 기본적인 한계를 갖는 것이다. 따라
서 접경지역의 평화적 이용과 한반도 평화를 위해서는 군사적 신뢰
구축을 통하여 지금의 남북대결구조와 군사적 대치상태를 완화하는
것이 핵심적인 과제다. 군사적 신뢰구축조치는 접경지역의 평화적
이용에 기본적 토양을 제공하고 접경지역의 평화적 이용은 군사적
신뢰구축조치의 진전에 활력을 제공하는 것이다. 접경지역의 평화
적 이용과 군사적 신뢰구축은 수레의 두 바퀴와 같이 상호 조화되
고 보완적 기능을 하면서 발전해 나가야 하는 것이다.

　국제적 사례의 분석을 통한 일반적 교훈은, 첫째로 도저히 화해
할 수 없을 것으로 보였던 적대세력간에도 공생과 공영에 대한 상
호의지에 따라서 평화를 이룩할 수 있고, 공동의 안보목표를 달성
할 수 있다는 것이다. 둘째로 인접 적대국간의 군사적 신뢰구축을
위하여는 정치적 리더쉽의 결단과 제 3자의 중재역할이 매우 중요
하다는 것이다. 셋째로 효과적인 군사적 신뢰구축과 검증체제를 통
하여 양국의 군사적 신뢰를 증진시킬 수 있고 이러한 과정을 통하
여 평화체제를 구축해 나갈 수 있다는 것이다. 넷째로는 접경지역
의 평화적 이용을 포함한 교류협력을 증진시켜 나감으로써 서로간
에 쌓였던 적대감을 해소하고 상호 신뢰의 정서를 증진시킬 수 있
다는 것이다.

　군사적 신뢰구축의 공통적 성공요인을 살펴보면 다음과 같은 몇
가지 특징을 발견할 수 있다. 첫째로 상호간에 분쟁의 지속보다 평
화의 선택을 원하는 국민적 공감대가 형성되고 정치적 리더쉽이 강
력한 의지를 갖고 추진해 나갈 때 가능하며, 국제정치적 상황의 동
조와 지원을 받을 때 군사적 신뢰구축과 평화의 실현가능성은 그만
큼 증대된다는 것이다. 둘째로 평화를 위한 노력도 군사적 신뢰구

축을 포함한 경제, 사회, 문화 등 여타 분야에서의 공동이익을 더불어 추구할 수 있는 포괄적 접근을 추구해 나갈 때 그 실현가능성은 더욱 증대된다. 다시 말하면 정치·군사·경제·문화 등 다양한 분야에서의 사실상의 교류협력과 접경지역의 평화적 이용이 군사적 신뢰구축을 증진시키는 데 도움이 되었을 뿐만 아니라 그 자체가 군사적 신뢰구축이 되기도 한다는 것이다. 셋째로 접경지역의 군사적 신뢰구축은 비무장 완충지대와 병력배치 제한지대의 설정을 통한 상호 군사력 이격조치가 매우 중요하며 이와 더불어 병력의 상호감축 및 제한, 감시 및 검증조치 등이 적절히 이행될 때 그 성과가 증대될 수 있다는 것이다.

접경지역의 평화적 이용의 성공요인은 첫째로 접경지역의 평화적 이용에서 중대한 공동이익의 영역이 발견되어야 한다는 것이다. 둘째는 접경지역의 평화적 이용을 위한 군사적 신뢰구축 조치가 뒷받침되어야 한다는 것이다. 접경지역 공동개발을 위한 평화적 공간이 마련되고 그러한 공간은 군사적으로 비무장화조치가 반드시 뒷받침되어야 하기 때문이며 이와 더불어 추가적인 군사적 신뢰구축조치가 뒤따라야 하기 때문이다. 결국 군사적 신뢰조치와 접경지역의 평화적 이용은 상호 보완 및 상생의 관계에 있는 것이다. 군사적 신뢰구축과 접경지역의 평화적 이용은 상호 연관을 가지면서 점진적, 단계적으로 발전하여 나갈 때, 상승효력을 발휘할 수 있는 것이다. 군사적 신뢰구축과 접경지역의 평화적 이용은 수레에 있어서 두 개의 바퀴처럼 상호 보완적이고 상호 조화롭게 기능하는 가운데 상호 발전할 수 있는 것이며, 동전의 양면처럼 때로는 군사적 신뢰구축이 접경지역의 평화적 이용의 내용이 되기도 하고 접경지역의 평화적 이용 그 자체가 군사적 신뢰구축이 되기도 하는 것이다.

군사적 신뢰구축과 접경지역 평화적 이용에 관한 국제적 경험의

교훈과 시사점에 비추어 볼 때, 이러한 경험들의 한반도 적용문제
는 한반도 상황의 특이점과 남북한의 현실적 입장을 고려하여 적절
한 형태로 단계적, 점진적으로 적용되어야 한다는 것이다. 이 때 가
장 중요한 것은 접경지역의 평화적 이용을 통하여 남북의 공동이익
을 제시하고 여기에 북한측을 동참시키는 것이다. 남북연결망의 구
축, 관광자원의 공동개발, 남북합작 공단건설, 농업 공동개발, 수자
원 공동개발 등, 남북이 공동으로 추구함으로써 남북의 공존공영
뿐만 아니라 북한의 경제난 극복과 체제유지에도 도움이 된다는 것
을 인식시키고 동참시키는 노력이 중요한 것이다. 이와 더불어 이
를 뒷받침할 수 있는 접경지역의 군사적 신뢰구축의 조치가 병행되
어야 하는 것이다. 접경지역의 평화적 이용이란 적절한 군사적 신
뢰구축조치, 즉 적절한 군사력 이격과 비무장 완충지대의 실질적
보장이라는 군사적 신뢰구축의 토양 속에서만 뿌리를 내릴 수 있기
때문이다.

　남북한 접경지역의 평화적 이용을 위한 군사적 신뢰구축의 조치
는 근접배치된 쌍방 군사력을 일정거리 이격시켜 적절한 비무장완
충지대를 설치하는 것이 필요하다. 군사력 이격조치에 있어서는 비
무장 완충지대가 군사력 이격의 핵심지대라고 한다면 배치제한지대
는 군사력 이격의 종심을 증가시키는 종심지대라고 할 수 있다. 비
무장 완충지대를 중심으로 무기 및 병력의 제한지대가 양측에 설치
되고 일정한 거리내에는 장거리 화기의 배치를 제한하는 추가적 조
치가 필요하다. 또한 이러한 상태를 유지시킬 수 있는 감시 및 검증
이 효과적, 체계적으로 이행될 때 군사력 이격 및 비무장지대 설치
라는 군사적 신뢰구축조치가 이룩되었다고 할 수 있는 것이다.

　접경지역의 평화적 이용과 군사적 신뢰구축을 위한 한반도 모델
은 국제적 사례의 경험과 교훈을 참고하여 한반도 현실에 맞도록

추진할 수 있는 것이 되어야 한다. 이러한 모델은 한반도 상황에 맞는 적절한 형태가 되어야 하지만 획일적으로 규정할 수 없고 우리의 현실에 가장 맞고 바람직한 모델을 단계적, 점진적으로 추진해 나가면 될 것이다. 또한 군사적 신뢰구축과 접경지역의 평화적 이용의 모델은 상호 관련을 갖고 동일한 맥락에서 추진되는 것이 바람직한 것이다. 군사적 신뢰구축의 모델은 비무장지대의 폭과 병력배치제한지대의 폭을 기준으로 ① 정전체계형 모델, ② 긴장완화형 모델, ③ 시나이-I 형 모델, ④ 평화체제형 모델로 나누어 볼 수 있으며, 이러한 군사적 신뢰구축의 모델과 궤도를 같이하는 접경지역의 평화적 이용은 ① 준비단계, ② 기반조성단계, ③ 활성화단계, ④ 완성단계로 진행된다. 접경지역 평화적 이용은 접경지역의 군사적 대치상태를 보다 완화하고 접경지역의 평화적 이용을 위한 공간을 확보해 나가는 군사적 신뢰구축 단계와 조화되게 점진적으로 발전시켜 나가야 하는 것이다.

군사적 신뢰구축과 접경지역의 평화적 이용의 진전은 제로섬 게임적 경쟁과 대립을 극복하고 상호 공존과 공영의 길을 선택하고자 하는 남북한 당사자의 의지여하에 따라서 그 진척이 결정될 수 있을 것이다. 그러한 서로간의 의지가 약화되거나 봉쇄되면 현재의 단계-정전체제형 군사신뢰구축과 준비단계의 접경지역 평화적 이용-에서 답보하거나 퇴보할 수 있을 것이며, 반대로 서로간의 의지가 합치되고 고양된다면 현재의 상태를 뛰어넘어 군사적 신뢰구축은 긴장완화형이나 시나이-I형으로 접경지역 평화적 이용은 이에 맞추어 기반조성단계, 활성화단계를 맞이하게 될 것이다. 이러한 남북한간의 군사적 신뢰구축과 접경지역 평화적 이용이 지속적으로 확산되고 정착될 때 비로소 한반도에 평화가 정착되는 평화체제형 모델(완성단계)로 이를 수 있을 것이라 본다.

이와 더불어 남북한 접경지역의 평화적 이용이나 군사적 신뢰구축을 추진해 나감에 있어서 본문에서 모색해 본 한반도 모델의 실제 적용은 남북한 접경지역의 지형적 특성에 비추어 구분하여 단계적으로 적용해 나가는 것도 하나의 방법이 될 것으로 생각한다. 저지대 평야와 야산으로 형성된 철원·평강 이서지역(서부 및 중부 접경지역)과 험난한 산악지형으로 형성된 중동부 및 동부 지역은 군사력 이격시 감시 및 검증의 난이도 면에서 현격한 차이를 보일 것이다. 따라서 시나이-I 모델 적용시는 군사력 이격시 감시 및 검증에 유리한 서부 및 중부 접경지역을 우선 실시하고, 신뢰가 증진되고 경험이 축척됨에 따라 중동부 및 동부 지역을 차후에 실시하는 단계화 방법도 고려해 보아야 할 필요가 있을 것이다.

또한 접경지역의 평화적 이용 단계의 발전과정에 있어서 특별히 관심을 가져야 할 사항이 있다면, 첫째, 자연 생태계의 보전을 포함한 환경보존의 측면이 최근 중요한 이슈로 대두되고 있는 것과 관련하여 개발과 보전이 적절히 조화되도록 배려되어야 할 것이다. 둘째, 전방지역에 산재한 수많은 지뢰제거와 관련된 문제다. 남북한간의 군사적 신뢰가 구축되고 접경지역을 평화적으로 이용하려고 하더라도 접경지역에 산재한 지뢰를 제거하지 않으면 많은 인명 손실이 초래할 것을 염두에 두고 거기에 대해 적절한 대책도 마련되어야 할 것이다.

지금의 한반도의 정치·군사적 현실은 그렇게 낙관적이지 못한 것이 사실이다. 핵 및 대량살상무기 뿐만 아니라 재래식 전력 문제에 있어서 북미간의 합의가 아직도 이루어지지 못하고 이에 따른 북미관계의 획기적인 진전도 불투명하다. 이러한 상황은 중동평화의 사례에서 보는 바와 같이 한반도의 평화구축에 있어서 적극적 지원자의 역할에서 빼놓을 수 없는 미국의 전폭적 지원을 받지 못

244 ◀ 접경지역 평화지대론

하는 결과를 초래하고 있으며 오히려 한반도 상황의 새로운 불안정 요인마저 되고 있는 것이 사실이다. 그러나 이러한 문제는 결국 우리가 한반도 평화를 이룩함에 있어서 극복해 나가야 할 과제이며 결코 회피할 수 없는 것임을 명심하고 결코 서두르거나 조급해서는 안될 것이다. 역사의 진전은 항상 스스로 계기를 만들어 갔고 그러한 계기를 통해서 그 진전을 이루어 왔다는 역사의 교훈을 다시 한번 기억해야 할 것이다.

접경지역 평화지대론

부 록

부록 I. 접경지역 지원법

[법률 제 6185호 신규제정 2000. 01. 21.]

제1조 (목적) 이 법은 남북의 분단으로 낙후된 접경지역의 경제발전 및 주민복지향상을 지원하고, 자연환경을 체계적으로 보전·관리하며, 평화통일의 기반을 조성하기 위하여 필요한 사항을 규정함을 목적으로 한다. (시행일 2000. 7. 22)

제2조 (정의) 이 법에서 사용하는 용어의 정의는 다음과 같다.

1. "접경지역"이라 함은 군사시설보호법 제 2조 제 3호의 규정에 의한 민간인통제선 (이하 "민통선"이라 한다) 이남의 시·군 관할구역에 속하는 지역으로서 민통선으로부터 거리 및 지리적 여건·개발정도 등을 기준으로 하여 대통령령이 정하는 지역을 말한다. 다만, 군사분계선 이남 2킬로미터 지점을 잇는 선으로부터 민통선 사이의 지역으로 집단취락지역 등 대통령령이 정하는 지역과 해상의 북방한계선 이남 지역 중 대통령령이 정하는 지역은 접경지역으로 본다.

2. "접경지역종합계획"이라 함은 제4조의 규정에 의하여 수립·확정된 계획으로서 접경지역의 종합적 이용과 주민복지의 증진, 자연환경의 보전·관리 및 통일기반조성에 관한 기본적인 중장기계획을 말한다.

제3조 (다른 법률과의 관계) 이 법은 접경지역 지원에 관한 사항에 있

어 다른 법률에 우선하여 적용한다. 다만, 국토건설종합계획법, 수도권정비계획법 및 군사시설보호법에 의한 군사에 관한 사항은 그러하지 아니하다.

제 4 조 (접경지역종합계획의 수립 · 확정) ①행정자치부장관은 관계 중앙행정기관의 장과 협의하여 접경지역종합계획 (이하 "종합계획"이라 한다)의 수립을 위하여 필요한 접경지역종합계획수립지침(이하 "지침"이라 한다)을 수립하여야 한다.

②행정자치부장관은 제1항의 규정에 의하여 수립된 지침을 해당 광역시장 및 도지사 (이하 "관계시 · 도지사"라 한다)에게 통보하여야 하며, 관계시 · 도지사는 지침에 따라 시 · 도 접경지역계획을 수립하여 행정자치부장관에게 제출하여야 한다. 관계시 · 도지사가 시 · 도 접경지역계획을 수립할 때에는 이해관계가 있는 주민의 의견을 들어야 한다.

③행정자치부장관은 제2항의 규정에 의한 시 · 도접경지역계획을 제출받은 때에는 대통령령이 정하는 바에 의하여 관계 중앙행정기관의 장과 협의를 거쳐 종합계획을 수립한다.

④제3항의 규정에 의한 종합계획에는 다음 각호의 사항이 포함되어야 하며, 접경지역의 자연환경의 보전과 국가안보상의 특수성을 고려하여야 한다.

 1. 종합계획의 목표 및 기본방향
 2. 권역구분 및 지구지정에 관한 사항
 3. 자연생태자원의 조사에 관한 사항
 4. 자연환경의 보전 · 관리 및 환경오염 방지에 관한 사항
 5. 평화통일기반시설 또는 통일지대의 설치에 관한 사항

6. 남북한 교류·협력 활성화을 위한 사업에 관한 사항

7. 군사시설 보전 및 보완대책에 관한 사항

8. 도로·철도 등 교통시설 및 항만 등 사회간접자본시설의 정비 및 확충에 관한 사항

9. 농어업·임업 등 산업기초시설의 확충·개선에 관한 사항

10. 전기·통신·가스 등 생활기반시설의 확충·개선에 관한 사항

11. 교육·의료·후생 등 문화복지시설의 확충에 관한 사항

12. 주택·상하수도 등 주거환경에 관한 사항

13. 풍수해 등 재해방지에 관한 사항

14. 문화재의 발굴과 보존 및 관리에 관한 사항

15. 관광자원의 개발과 관광사업의 진흥에 관한 사항

16. 기타 이 법의 목적을 달성하기 위하여 필요하다고 인정되는 투자계획등 대통령이 정하는 사항

⑤제3항의 규정에 의하여 수립된 종합계획은 제5조의 규정에 의한 접경지역정책심의위원회의 심의를 거쳐 대통령의 승인을 얻어 이를 확정한다. 확정된 종합계획중 대통령령이 정하는 중요한 사항을 변경할 때에도 또한 같다.

⑥행정자치부장관은 종합계획 수립시 필요하다고 인정되는 부분에 대하여는 관계시·도지사의 의견을 청취하여야 하며, 특별한 사유가 없는 한 이를 반영하여야 한다.

제5조 (접경지역정책심의위원회의 설치) ①접경지역지원에 관한 사항을 심의하기 위하여는 국무총리소속하에 접경지역정책심의위원회 (이하 "위원회"라 한다)를 둔다.

②위원회는 다음 각호의 사항을 심의한다.

1. 종합계획의 수립에 필요한 목표 및 지침의 수립에 관한 사항
2. 종합계획의 종합적 조정에 관한 사항
3. 접경지역 지원사업의 우선순위 조정에 관한 사항
4. 기타 이 법의 목적을 달성하기 위하여 위원장이 필요하다고 인정하는 사항

③위원회는 위원장 1인을 포함한 30인이내의 위원으로 구성하되, 위원장은 국무총리가 되고, 위원은 관계 행정기관의 장과 관계 시·도지사 및 위원장이 위촉하는 민간전문가로 한다.

④위원회의 조직·운영 기타 필요한 사항은 대통령령으로 정한다.

제6조 (연도별 사업계획의 수립·확정) ①관계시·도지사는 제4조제5항의 규정에 의하여 확정된 종합계획에 따라 연도별 사업계획 (이하 "사업계획"이라 한다)을 수립하여 행정자치부장관에게 제출하여야 한다.

②행정자치부장관은 제1항의 규정에 의한 사업계획을 관계 중앙행정기관의 장과 협의를 거쳐 이를 확정한다.

③행정자치부장관은 제2항의 규정에 의하여 사업계획을 확정한 때에는 지체없이 관계 중앙행정기관의 장 및 관계시·도지사에게 통지하여야 한다.

④관계시·도지사가 제1항의 규정에 의하여 사업계획을 수립함에 있어서는 관할 시장·군수의 의견을 청취하여야 하며, 특별한 사유가 없는 한 이를 반영하여야 한다.

⑤사업계획의 주요내용과 계획수립에 관하여 필요한 사항은 대통령령으로 정한다.

제7조 (사업의 시행자) 사업계획에 의한 사업(이하 "사업"이라 한다)의 시행자는 다음 각호의 1에 해당하는 자로 한다.

1. 국가
2. 지방자치단체
3. 정부투자기관
4. 제8조의 규정에 의하여 시행승인을 얻은 자

제8조 (사업의 시행승인 등) ①사업을 시행하고자 하는 자(제7조제1호 내지 제3호에 규정된 자를 제외한다)는 시장 또는 군수 (2이상의 시·군에 걸친 사업의 경우에는 시·도지사를 말한다. 이하 "사업권승인자"라 한다)의 승인을 얻어야 한다.

②제7조제4호의 규정에 의하여 승인을 얻은 자가 승인을 얻은 사항 중 대통령령이 정하는 주요사항을 변경하고자 하는 때에는 변경승인을 얻어야 한다.

③제1항 및 제2항의 규정에 의하여 사업승인 또는 변경승인을 얻고 자 하는 자는 대통령령이 정하는 바에 의하여 사업개요 및 투자계획을 사업승인권자에게 제출하여야 한다.

④사업승인권자는 투자의 타당성 등 대통령령이 정하는 기준에 적 합한 자에 대하여는 사업의 시행승인(변경승인의 경우를 포함한다. 이하 이 조 및 제9조에서 같다)을 하여야 한다. 이 경우 사업시행자가 농림어민단체인 경우 우선적으로 그 사업의 시행을 승인할 수 있다.

⑤사업승인권자는 제4항의 규정에 의하여 사업의 시행승인을 한 경 우에는 대통령령이 정하는 바에 의하여 이를 고시하여야 한다.

⑥사업승인권자는 사업의 시행승인을 한 경우 5일 이내에 그 승인내용을 관계중앙행정기관의 장에게 보고하여야 한다.

⑦제6항의 규정에 의하여 보고를 받은 관계 중앙행정기관의 장(2이상의 중앙행정기관의 관련된 사항의 경우에는 관계 중앙행정기관의 장이 협의하여야 한다)은 그 승인내용이 관계법령 또는 종합계획에 위배되었다고 판단되는 경우에는 10일 이내의 사업승인권자로 하여금 그 승인의 취소 또는 보완를 명할수 있다.

⑧제7항의 규정에 의하여 사업시행승인의 취소 또는 보완의 요구를 받은 사업승인권자는 필요한 경우 대통령령이 정하는 바에 의하여 사업시행자에 대하여 그 사업의 보완을 하게 할 수 있다. 이 경우 사업시행자는 특별한 사유가 없는 한 이에 응하여야 한다.

⑨사업승인권자는 다음 각호의 1에 해당하는 경우에는 그 승인을 취소할 수 있다.

　1. 사업시행자가 사업의 시행승인을 얻은 날로부터 2년 이내에 사업에 착수하지 아니하는 경우
　2. 제8항의 규정에 의한 보완명령을 이행하지 아니한 경우
　3. 허위 기타 부정한 방법으로 승인을 얻은 경우
　4. 사정의 변경으로 인하여 사업의 계속적인 시행이 불가능하거나 현저히 공익을 해할 우려가 있다고 인정되는 경우

⑩사업승인권자는 제7항 또는 제9항의 규정에 의하여 사업의 시행승인을 취소할 사유가 있는 경우에는 지체없이 그 사실을 공고하여야 한다.

제9조 (인·허가등의 의제 등) ①사업시행자가 제8조의 규정에 의하여 사업의 시행승인을 얻은 경우에는 다음 각호의 허가·인가·승인·해제·결정·신고수리 등 (이하 "인·허가등"이라 한다)을 얻거나 받은 것으로 본다.

1. 산림법 제 18조의 규정에 의한 보전임지의 전용허가, 동법 제90조의 규정에 의한 산림안에서의 입목벌채 등의 허가와 신고

2. 농지법 제36조의 규정에 의한 농지의 전용허가·협의 및 동법 제37조의 규정에 의한 농지의 전용신고

3. 공업배치 및 공장설립에관한법률 제13조제1장 및 제20조제2항의 규정에 의한 공장설립 등 승인

4. 하천법 제30조의 규정에 의한 하천공사 시행의 허가, 동법 제 33조의 규정에 의한 하천의 점용허가 및 동법 제40조의 규정에 의한 하천예정지 등에서의 행위허가

5. 수도법 제12조의 규정에 의한 일반수도사업의 인가, 동법 제33조의 2의 규정에 의한 공업용수도사업의 인가 및 동법 36조의 규정에 의한 전용상수도 인가

6. 체육시설의설치·이용에관한법률 제12조의 규정에 의한 사업계획의 승인

7. 관광진흥법 제50조의 규정에 의한 관광지 등의 지정, 동법 제 52조의 규정에 의한 조성계획의 승인 및 동법 제53조제3항의 규정에 의한 조성사업의 시행허가

8. 도로법 제25조의 규정에 의한 도로구역의 결정, 동법 제34조의 규정에 의한 도로공사의 시행허가 및 동법 제40조의 규정에 의한 도로점용의 허가

9. 도로계획법 제4조의 규정에 의한 토지형질변경 허가, 동법 제23조의 규정에 의한 도시계획사업시행자의 지정 및 동법 제25조의 규정에 의한 실시계획의 인가

10. 하수도법 제13조의 규정에 의한 공공하수도 공사시행의 허가, 동법 제20조의 규정에 의한 점용허가 및 동법 제24조의 규정에 의한 배수설비의 설치신고

11. 매장및묘지등에관한법률 제16조의 규정에 의한 무연고 분묘 개장의 허가. 다만, 동조의 규정에 의한 공고절차는 생략할 수 없다.

12. 토지구획정리사업법 제9조의 규정에 의한 토지소유자의 시행인가 및 동법 제32조의 규정에 의한 지방자치단체 등의 시행인가

13. 택지개발촉진법 제8조의 규정에 의한 택지개발계획의 승인 및 동법 제9조의 규정에 의한 택지개발사업실시계획의 승인

14. 초지법 제23조의 규정에 의한 초지의 전용허가

15. 사도법 제4조의 규정에 의한 사도개설의 허가

16. 농어촌정비법 제20조의 규정에 의한 농업기반시설의 목적외 사용의 승인, 동법 제67조의 규정에 의한 농어촌휴양지개발 서업의 승인 및 동법 제70조의 규정에 의한 농어촌휴양지사업자의 지정

17. 항만법 제9조의 규정에 의한 항만공사의 시행허가 및 동법 제10조의 항만공사의 실시계획 승인

18. 소하천정비법 제10조의 규정에 의한 비관리청의 소하천공사 시행허가 및 동법 제14조의 규정에 의한 소하천의 점용허가

19. 해운법 제4조의 규정에 의한 해상여객운송사업의 면허

20. 어항법 제12조의 규정에 의한 어항시설사업의 허가

　　21. 유통단지개발촉진법 제10조의 규정에 의한 유통단지개발사업의 시행자 지정 및 동법 제11조의 규정에 의한 유통단지개발실시계획의 승인

②사업승인권자는 제8조의 규정에 의하여 사업의 시행승인을 함에 있어 그 사업개요에 제1항 각호의 1의 사항이 포함되어 있는 경우에는 관계 행정기관의 장(군사시설보호법 제10조의 규정에 의한 행정청의 허가사항에 관한 협의요청을 받은 관할 부대장을 포함한다)과 사전협의하여야 한다.

③제2항의 규정에 의하여 사전협의를 요청받은 관계행정기관의 장은 사업내용이 관계 법령에 부적합하거나 공익을 현저히 저해할 만한 상당한 사유가 없는 한 협의에 응하여야 한다.

제10조 (공공시설의 귀속) ①국가 또는 지방자치단체가 사업시행자인 경우 사업의 시행으로 종전의 공공시설에 대체되는 새로운 공공시설을 설치하는 때에는 다른 법령의 규정에도 불구하고 종전의 공공시설은 사업대행자에게 귀속되고 새로이 설치된 공공시설은 그 시설을 관리할 국가 또는 지방자치단체에 귀속된다.

②국가 및 지방자치단체외의 사업시행자인 경우 사업의 시행으로 새로이 설치된 공공시설은 그 시설을 관리할 국가 도는 지방자치단체에 귀속되고 사업의 시행으로 인하여 공공시설의 기능이 대체되어 용도가 폐지되는 국가 또는 지방자치단체 소유의 재산은 다른 법령의 규정에 불구하고 사업시행자가 새로이 설치하는 공공시설의 설치비용에 상당하는 범위안에서 그 사업시행자에게 이를 무상으로 양도할 수 있다.

③제1항 또는 제2항의 규정에 의하여 귀속 또는 양도의 대상이 되는 공공시설의 재산가치나 평가기준이나 설치비용에 관하여 필요한 사항은 대통령령으로 정한다.

제11조 (사업비의 조성) ①국가 및 지방자치단체는 제6조의 규정에 의하여 확정된 사업계획을 효율적으로 추진하기 위하여 제7조 제4호의 규정에 의한 사업시행자에게 필요한 자금을 보조·융자 또는 알선하거나 기타 필요한 조치를 할 수 있다.

②제1항의 규정에 의하여 지방자치단체가 시행하는 사업에 대한 국가의 보조금은 보조금의예산및관리에관한법률 제10조의 규정에 의한 차등보조율과 다른 법률에 의한 보조율에 불구하고 이를 인상지원할 수 있다. 이 경우 그 보조율은 대통령령으로 정한다.

제12조 (기업 등에 대한 지원) ① 국가 또는 지방자치단체는 종합계획에 따라 접경지역에서 회사를 설립하거나 공장을 신축·증축 또는 이전하는 자에 대하여는 조세특례제한법·지방세법 기타 조세관련법률이 정하는 바에 의하여 조세감면 등 세제상의 지원을 할 수 있다.

②관계중앙행정기관의 장은 접경지역안에 있는 지방중소기업이 업종전환 및 합리화로 존속하거나 기존 근로자와의 고용관계를 계속 유지할 경우 대통령령이 정하는 기준에 의하여 보조금을 지급할 수 있다.

제13조 (사회간접자본 지원) ①관계 중앙행정기관의 장은 접경지역의 산업단지·교통시설·전력 및 상수도시설 등 기반시설의 설치·유

지 및 보수에 있어 우선하여 지원할 수 있다.

②건설교통부장관은 도로법 제56조의 규정에 불구하고 접경지역의
  지방자치단체에서 추진하는 지방도로의 건설에 소요되는 비용의
  일부를 지원할 수 있다.

제 14 조 (민사유치사업의 지원) 국가 또는 지방자치단체는 접경지역에
서 민자유치사업을 시행하는 자에 대하여 지역균형개발및지방중소
기업육성에관한법률에 의한 지원조치를 할 수 있다.

제 15 조 (사회복지 및 통일교육 지원) ①관계 중앙행정기관의 장은 접경
지역에서 양로원 · 장애인복지관 · 보육원 · 병원 · 청소년회관 등
사회복지시설의 설치에 대하여 우선하여 필요한 지원을 할 수 있다.

②통일부장관은 통일교육을 장려하기 위하여 접경지역의 견학 및
  방문사업을 추진하고, 이에 필요한 비용의 일부를 관계기관 또는
  단체에 대하여 지원할 수 있다.

제 16 조 (자연환경보전대책의 지원) ①환경부장관은 남방한계선 이남으
로부터 민통선 이북지역과 접경지역의 무분별한 개발을 방지하고
자연환경을 체계적으로 보전하기 위하여 기초조사를 실시하여야
하며, 이를 기초로 하여 자연환경보전대책을 수립 · 시행하여야
한다.

제17조 (교육 · 문화 · 관광시설에 대한 지원) ①관계 중앙행정기관의
장은 접경지역의 각급 학교, 문예회관 · 도서관 · 박물관 등을 포
함한 문화시설, 관광 · 숙박 · 위락시설 및 체육시설(이하 "교육 ·

문화·관광시설"이라 한다)이 적절히 설치·유치될 수 있도록 하여야 한다.

②제1항의 규정에 따라 접경지역에 교육·문화·관광시설을 설치하거나, 접경지역외의 지역에 설치된 교육·문화·관광시설을 접경지역으로 이전하고자 하는 자에 대하여는 우선적으로 인·허가 등을 할 수 있다.

제18조 (농림해양수산업의 지원) 국가 및 지방자치단체는 접경지역내에서의 농림해양수산업 생산기반의 육성을 위하여 대통령령이 정하는 바에 의하여 지원할 수 있다.

제19조 (지역주민의 고용 및 지원) ①제7조제4호의 규정에 의한 사업시행자는 대통령령이 정하는 바에 의하여 당해 사업장 인근의 지역주민을 우선적으로 고용하여야 한다.

②사업시행자는 사업의 시행에 필요한 토지 등을 제공함으로 인하여 생활의 근거를 상실하게 되는 자를 위하여 공공용지의 취득 및 손실보상에 관한 특례법 제8조의 규정에 의해 이주대책을 수립·시행하여야 한다.

제20조 (수로보수 등의 지원) 국가는 접경지역의 지방1급하천 및 지방2급하천에 대한 수로의 보수와 유지에 소요되는 경비의 일부를 지원할 수 있다.

제21조 (자료제출 및 출입·검사) ①사업승인권자는 필요한 경우 제7조제4호의 규정에 의한 사업시행자에게 자료의 제출을 명하거나, 소

속공무원으로 하여금 사업장에 출입하여 검사하게 할 수 있다.

②제1항의 규정에 의하여 출입·검사업무를 담당하는 공무원은 그 권한을 표시하는 증표를 지니고 이를 관계인에게 내보여야 한다.

제22조 (청문) 사업승인권자는 제8조제7항 및 제9항의 규정에 의하여 승인을 취소하고자 하는 경우에는 청문을 실시하여야 한다.

제23조 (권한의 위임) 이 법에 의한 관계 중앙행정기관의 장의 권한은 그 일부를 대통령령이 정하는 바에 의하여 관계시·도지사 또는 시장·군수에게 위임할 수 있다.

제24조 (과태료) ①제21조제1항의 규정에 의한 자료제출 명령을 이행하지 아니하거나 허위의 자료를 제출한 자 또는 정당한 이유없이 동조동항의 규정에 의한 검사를 거부·방해 또는 기피한 자는 2000만원이하의 과태료에 처한다.

②제1항의 규정에 의한 과태료는 대통령령이 정하는 바에 의하여 시장·군수가 부과·징수한다.

③제1항의 규정에 의한 과태료 처분에 불복이 있는 자는 그 처분의 고지를 받은 날로부터 30일이내의 관할시장·군수에게 의의를 제기할 수 있다.

④제1항의 규정에 의한 과태료 처분을 받은 자가 제3항의 규정에 의하여 이의를 제기한 때에는 관할시장·군수는 지체없이 관할법원에 그 사실을 통보하여야 하며, 그 통보를 받은 관할법원은 비송사건절차법에 의한 과태료의 재판을 한다.

⑤제3항의 규정에 의한 기간내에 이의를 제기하지 아니하고 과태료
를 납부하지 아니한때에는 지방세 체납처분의 예에 의하여 이를
징수한다.

부 칙

①(시행일) 이 법은 공포후 6월이 경과한 날로부터 시행한다.

②(경과조치) 이 법 시행전에 관계법령의 규정에 의하여 건축물의
건축, 공작물 기타시설의 설치 또는 토지의 형질변경 등에 관하
여 인·허가 등을 받거나 얻어 공사 또는 사업에 착수한 자는 이
법의 의한 승인없이 이를 계속 시행할 수 있다.

부록Ⅱ. 한국정전협정

1953년 7월 27일 체결

서 언

국제연합군 총사령관을 일방으로 하고 조선인민군 최고사령관 및 중국 인민지원군 사령원을 다른 일방으로 하는 하기의 서명자들은 쌍방의 막대한 고통과 유혈을 초래한 한국충돌을 정지시키기 위하여 최후적인 평화적 해결이 달성될 때까지 한국에서의 적대행위와 일체 무장행동의 완전한 정지를 보장하는 정전을 확립할 목적으로 하기 조항에 기재된 정전 조건과 규정을 접수하며 또 그 제약과 통제를 받는데 각자 공동상호 동의한다. 이 조건과 규정들의 의도는 순전히 군사적 성질에 속하는 것이며 이는 오직 한국에서의 교전 쌍방에만 적용된다.

제1조 군사분계선과 비무장지대

1. 한 개의 군사분계선을 확정하고 쌍방이 이 선으로부터 각기 2㎞씩 후퇴함으로서 적대군대간에 한 개의 비무장지대를 설정한다, 한 개의 비무장지대를 설정하여 이를 완충지대로 함으로써 적대행위의 재발을 초래할 수 있는 사건의 발생을 방지한다.

2. 군사분계선의 위치는 첨부한 지도에 표시한 바와 같다. (첨부한 지도 제1도를 보라)

3. 비무장지대는 첨부한 지도에 표시한 북 경계선 및 남 경계선으로써 이를 확정한다. (첨부한 지도 제1도를 보라)

4. 군사분계선은 하기와 같이 설립한 군사정전위원회의 지시에 따라 이를 명백히 표식한다. 적대쌍방사령관들은 비무장지

대와 각자의 지역간의 경계선에 따라 적당한 표식물을 세운
다. 군사정전위원회는 군사분계선과 비무장지대의 양경계선
에 따라 설치한 일체 표식물의 건립을 감독한다.

5. 한강 하구의 수역으로써 그 한쪽 강안이 일방의 통제하에 있
고 그 다른 한쪽 강안이 다른 일방의 통제하에 있는 곳은 쌍
방의 민간선박의 항행에 이를 개방한다. 첨부한 지도(첨부한
지도2)에 표시한 부분의 한강 하구의 항행규칙은 군사정전
위원회가 이를 규정한다. 각방 민용선박이 항행함에 있어서
자기측의 군사통제하에 있는 육지에 배를 대는 것은 제한받
지 않는다.

6. 쌍방은 모두 비무장지대내에서 또는 비무장지대로부터, 또는
비무장지대에 향하여 어떠한 적대행위도 감행하지 못한다.

7. 군사정전위원호의 특정한 허가 없이는 어떠한 군인이나 사민
이나 군사분계선을 통과함을 허가하지 않는다.

8. 비무장지대 내의 어떠한 군인이나 사민이나 그가 들어가려고
요구하는 지역의 사령관의 특정한 허가없이는 어느 일방의
군사통제하에 있는 지역에도 들어감을 허가하지 않는다.

9. 민사행정 및 구제사업의 집행에 관련되는 인원과 군사정전위
원회의 특정한 허가를 얻고 들어가는 인원을 제외하고는 어
떠한 군인이나 사민이나 비무장지대에 들어감을 허락하지
않는다.

10. 비무장지대 내의 군사분계선의 이남의 부분에 있어서의 민사
행정 및 구제사업은 국제연합군 총사령관이 책임진다. 비무
장지대 내의 군사분계선 이북의 부분에 있어서의 민사행정
및 구제사업은 조선인민군 최고총사령관과 중국인민지원군

사령원이 공동으로 책임진다. 민사행정 및 구제사업을 집행하기 위하여 비무장지대에 들어갈 것을 허가받은 군인 또는 사민의 인원 수는 쌍방 사령관이 각각 결정한다. 단 어느 일방이 허가된 인원의 총수는 언제나 1,000명을 초과하지 못한다. 민사행정, 경찰의 인원 수 및 그가 휴대하는 무기는 군사정전위원회가 이를 규정한다. 기타 인원은 군사정전위원회의 특정한 허가없이는 무기를 휴대하지 못한다.

11. 본조의 어떤 규정이든지 모두 군사정전위원회·그의 보조인원·그의 공동감시소조 및 소조의 보조인원 그리고 하기와 같이 설립한 중립국감독위원회·그의 보조인원·그의 중립국시찰소조 및 소조의 보조인원과 군사정전위원회로부터 비무장지대로 들어갈 것을 특히 허가받은 기타의 모든 인원·물자 및 장비의 비무장출입과 비무장지대 내에서의 이동의 완전한 자유를 방해하는 것으로 해석하여서는 안된다. 비무장지대 내의 두 지점이 비무장지대 내에 전부 들어 있는 도로로써 연결되지 않는 경우에 이 두 지점간의 반드시 경과하여야 할 통로를 왕래하기 위하여 어느 일방의 군사통제하에 있는 지역을 통과하는 이동의 편리를 허용한다.

제2조 정화 및 정전의 구체적 조치

12. 적대쌍방 사령관들은 육·해·공군의 모든 부대와 인원을 포함한 그들의 통제하에 있는 모든 무장력량이 한국에 있어서의 일체 적대행위를 완전히 정지할 것을 명령하고 또 이를 보장한다. 본 항의 적대행위의 완전정지는 본 정정협정이 조인된 지 12시간 후부터 효력을 발생한다. (본 정전협정의 기타 각항의 규정이 효력을 발생하는 날짜와 시간에 대하여서

는 본 정전협정 제63항을 보라)

13. 군사정전의 확고성을 보장함으로써 쌍방의 한급 높은 정치회
    의를 진행하여 평화적 해결을 달성하는 것을 이롭게 하기 위
    하여 적대 쌍방 사령관들은,

    ㄱ) 본정전협정 중에 따로 규정한 것은 제외하고 본 정전협
        정이 효력을 발생한 후 72시간내에 그들의 일체 군사력
        량, 보급 및 장비를 비무장지대로부터 철거한다. 군사력
        량을 비무장지대로부터 철거한 후 비무장지대 내에 존
        재한다고 알려져 있는 모든 폭파물, 지뢰원 철조망 및
        기타 군사정전위원회 또는 공동감시소소 인원의 통행안
        전에 위험이 미치는 위험물들은 이러한 위험물이 없다
        고 알려져 있는 모든 통로와 함께 이러한 위험물을 설치
        한 군대의 사령관이 반드시 군사정전위원회에 이를 보
        고한다.

        그 다음에 더 많은 통로를 청소하여 안전하게 만들며 결
        국에 가서는 72시간의 기간이 끝난 후 45일내에 모든
        이러한 위험물들은 반드시 군사정전위원회 지시에 따라
        또 그 감독하에 비무장지대 내로부터 이를 제거한다. 72
        시간의 기간이 끝난 후 군사정전위원회의 감독하에서
        45일의 기간내에 제거작업을 완수할 권한을 가진 비무
        장부대와 군사정전히가 특히 요청하였으며 또 적대쌍방
        사령관들의 동의한 경찰의 성질을 가진 부대 및 본정전
        협정 제10항과 제11항에서 허가된 인원이외에는 쌍방의
        어떠한 인원이라도 비무장지대에 들어가는 것을 허락하
        지 않는다.

ㄴ) 본정전협정이 효력을 발생한 후 10일 이내에 상대방의
한국에 있어서의 후방과 연해도서 및 해면으로부터 그들
의 모든 군사력량, 보급물자 및 장비를 철거한다. 만일
철거를 연기할 쌍방이 동의한 이유없이 또 철거를 연기
할 유효한 이유없이 기한이 넘어도 이러한 군사력량을
철거하지 않을 때에는 상대방은 치안을 유지하기 위하여
그가 필요하다고 인정하는 어떠한 행동이라도 취할 권리
를 가진다. 상기한 '연해도서'라는 용어는 본 정전협정이
효력을 발생할 때에 비록 일방이 점령하고 있더라도
1950년 6월 24일에 상대방이 통제하고 있던 섬들을 말
하는 것이다.

단 황해도와 경기도의 도계선 북쪽과 서쪽에 있는 모든
도서중에서 백령도(북위 37도 58분, 동경 124도 40분),
대청도(북위 37도 50분, 동경 124도 42분), 소청도(북위
37도 46분, 동경 124도 46분), 연평도 (북위 37도 38분,
동경 125도 40분) 및 우도(북위 37도 36분, 동경 125도
58분)의 도서군들을 국제연합군 총사령관의 군사통제하
에 남겨두는 것을 제외한 기타 모든 섬들은 조선인민군
최고사령관과 중국인민지원군 사령원의 군사통제하에
둔다. 한국 서해안에 있어서 상기 경계선 이남에 있는
모든 섬들은 국제연합군 총사령관의 군사통제하에 남겨
둔다. (첨부한 지도 제3도를 보라)

ㄷ) 한국 경외로부터 증원하는 군사인원을 들어오는 것을 중
지한다. 단 아래에 규정한 범위내의 부대와 인원의 윤환
임시임무를 담당한 인원의 한국에의 도착 및 한국 경외
에서 단기휴가를 하였거나 혹은 임시임무를 담당하였던

인원의 한국에의 귀환은 이를 허가한다.

'윤환'의 정의는 부대 혹은 인원이 한국에서 복무를 개시하는 다른 부대 혹은 인원과 교체하는 것을 말하는 것이다. 윤환인원은 오직 본 정전협정 제 43항에 열거한 출입항을 경유하여서만 한국에 들어오며, 또 한국으로부터 내어갈 수 있다. 윤환은 1인 대 1인의 교환 기초위에서 진행한다. 단 어느 일방이든지 어느 1개월내에 윤환정책 하에서 한국 경외로부터 3만 5천명 이상의 군사인원을 들어오지 못한다.

만일 일방의 군사인원을 들여오는 것이 해당측이 본 정전협정 효력 발생일로부터 한국으로 들어온 군사인원의 총수로 하여금 같은 날짜로부터 한국을 떠난 해당측의 군사인원의 누계총수를 초과하게 할 때는 해당측의 어떠한 군사인원도 한국에 들어올 수 없다. 군사인원의 한국에의 도착 및 한국으로부터의 이거에 관하여 매일 군사정전위원회와 중립국감독위원회에 보고한다.

이 보고는 입경과 출경의 지점 및 매개지점에서 입경하는 인원과 출경하는 인원의 숫자를 포함한다. 중립국감독위원회는 그의 중립국 시찰소조를 통하여 본 정전협정 제43항에 열거한 출입항에서 상기의 허가된 부대 및 인원의 윤환을 감독하며 시찰한다.

ㄹ) 한국 경외로부터 증원하는 작전비행기, 장갑차량, 무기 및 탄약을 들여오는 것을 정지한다. 단 정전기간에 파괴, 파손, 소모된 작전비행기, 장갑차량, 무기 및 탄약은 같은 성능과 같은 유행의 물건을 1대 1로 교환하는 기초위에서 교체할 수 있다. 이러한 작전비행기, 장갑차량,

무기 및 탄약은 오직 본 정전협정 제43항에 열거한 출입항을 경유하여서만 내어갈 수 있다. 중립국감독위원회는 그의 중립국 시찰소조를 통하여 본 정전협정 제 43항에 열거한 출입항에서 상기의 허가된 작전비행기, 장갑차량, 무기 및 탄약의 교체를 감독하여 시찰한다.

ㅁ) 본 정전협정 중의 어떠한 규정이든지 위반하는 각자의 지휘하에 있는 인원을 적당히 처벌할 것을 보장한다.

ㅂ) 매장지점이 기록에 있고 분묘가 확실히 존재하고 있다는 것이 판명된 경우에는 본 정전협정이 효력을 발생한 후 일정한 기한내에 그의 군사 통제하에 있는 한국지역에 상대방의 분묘 등록 인원이 들어오는 것을 허가하며 이러한 분묘 소재지에 가서 해당측의 이미 죽은 전쟁포로를 포함한 죽은 군사인원의 시체를 발굴하고 또 반출하여 가도록 한다.

상기 사업을 진행하는 구체적 방법과 기한은 군사정전위원회가 이를 결정한다. 적대쌍방 사령관들은 상대방의 죽은 군사인원의 매장지점에 관계되는 얻을 수 있는 일체 재료를 상대측에 제공한다.

ㅅ) 군사정전위원회와 그의 공동감시소조 및 중립국감독위원회와 그 의 중립국사찰소조가 하기와 같이 지정한 그들의 직책과 임무를 집행할 때에 충분한 보호 및 일체의 가능한 방조와 협력을 한다. 중립국감독위원회 및 그의 중립국시찰소조가 쌍방이 합의한 주요 교통선을 경유하여(첨부한 지도 제4도를 보라) 중립국감독위원회 본부와 본 정전협정 제43항에 열거한 출입항간을 왕래할 때와 또 중립

국감독위원회 본부와 본 정전협정 위반사건이 발생하였
다고 보고된 지점간을 왕래할 때에 충분한 통행상의 편리
를 준다. 불필요한 지연을 방지하기 위하여 주요 교통선
이 막히든지 통행할 수 없을 경우에는 다른 통로와 수송
기재를 사용할 것을 허가한다.

ㅇ) 군사정전위원회 및 중립국감독위원회와 그 각자에 속하는
소조에 요구되는 통신 및 운수상 편리를 포함한 보급상의
원조를 제공한다.

ㅈ) 군사정전위원회 본부 부근 비무장지대내의 자기측 지역에
각각 한 개의 적당한 비행장을 건설, 관리 및 유지한다.
그 용도는 군사정전위원회가 결정한다.

ㅊ) 중립국감독위원회와 하기와 같이 설립한 중립국환송위원
회의 전체위원 및 기타인원이 모두 지가의 직책을 적당히
집행함에 필요한 자유와 권리를 가지도록 보장한다. 이에
는 인가된 외교인원이 국제관례에 따라 통상적으로 향유
하는 바와 동등한 특권, 대우 및 면제권을 포함한다.

14. 본 정전협정은 쌍방의 군사통제하에 있는 적대 중의 일체 지
상 군사력량에 적용되며 이러한 지상 군사력량은 비무장지
대와 상대방의 군사통제하에 있는 한국지역을 존중한다.

15. 본 정전협정은 적대 중에 일체 해상 군사력량에 적용되며 이
러한 해상군시력량은 비무상지대와 상대방의 군사통제하에
있는 한국육지에 인접한 해면을 존중하며 한국에 대하여 어
떠한 종류의 봉쇄도 하지 못한다.

16. 본 정전협정은 적대 중의 일체 공중 군사력량에 적용되며 이
러한 공중 군사력량은 비무장지대와 상대방의 군사통제하에

있는 한국지역 및 이 양지역에 인접한 해면의 상공을 존중한다.

17. 본 정전협정의 조항과 규정을 준수하며 집행하는 책임은 본 정전협정에 조인한 자와 그의 후임 사령관에게 속한다. 적대쌍방 사령관들은 각각 그들의 지휘하에 있는 군대내에서 일체의 필요한 조치와 방법을 취함으로서 그 모든 소속부대 및 인원이 본 정전협정의 전체 규정을 철저히 준수하는 것을 보장한다. 적대쌍방 사령관들은 상호 적극 협력하며 군사정전위원회 및 중립국감독위원회와 적극 협력함으로서 본 정전협정 전체 규정의 문구와 정신을 준수하도록 한다.

18. 군사정전위원회와 중립국감독위원회 및 그 각자에 속하는 소조의 사업비용은 적대쌍방이 균등하게 부담한다.

나. 군사정전위원회

1) 구성

19. 군사정전위원회를 설립한다.

20. 군사정전위원회는 10명의 고급장교로 구성되되 그 중의 5명은 국제연합군 총사령관이 이를 임명하며 그 중의 5명은 조선인민군 최고사령관과 중국인민지원군 사령원이 공동으로 임명한다. 위원 10명중에서 각방의 3명은 장급에 속하여야 하며 각방의 나머지는 소장, 준장, 대령 혹은 그와 동급인자로 할 수 있다.

21. 군사정전위원회의 위원은 그 필요에 따라 참모 보조인원을 사용할 수 있다.

22. 군사정전위원회는 필요한 행정인원을 배치하여 비서처를 설치하되 그 임무는 동 위원회의 기록, 서기, 통역 및 동 위원회가 지정하는 기타의 직책의 집행을 협조하는 것이다. 쌍방은 각기 비사처에 비서장 1명, 보조비서장 1명 및 비서처에 필요한 서기 및 전문 기술인원을 임명한다. 기록은 영문, 한국문 및 중국문으로 작성하되 세 가지 글은 동등한 효력을 가진다.

23. ㄱ) 군사정전위원회는 처음에는 10개의 공동감시소조를 두어 그 협조를 받는다. 소조의 수는 군사정전위원회의 쌍방 수석위원의 합의를 거쳐 감소할 수 있다.

ㄴ) 매개의 공동감시소조는 4명 내지 6명의 영관장교로 구상하되 그 중의 반수는 국제연합군 총사령관이 이를 임명하며 그 중의 반수는 조선인민군 최고사령관과 중국인민지원군 사령원이 공동으로 이를 임명한다. 공동감시소조의 사업상 필요한 운전수, 서기, 통역 등의 부속인원은 쌍방이 이를 제공한다.

2) 직책과 권한

24. 군사정전위원회의 전반적 임무는 본 정전협정의 실시를 감독하며 본 정전협정의 어떠한 위반사건이라든지 협의하여 처리하는 것이나.

25. 군사정전위원회는

ㄱ) 본부를 판문점(북위 37도 57분 29초, 동경 126도 40분 00초) 부근에 설치한다. 군사정전위원회는 동 위원회의 쌍방 수석위원의 합의를 거쳐 그 본부를 비무장지대 내

의 다른 한지점에 이설할수 있다.

ㄴ) 공동기구로서 사업을 진행하며 의장을 두지 않는다.

ㄷ) 동 기구가 수시로 필요하다고 인정하는 절차 규정을 채택한다.

ㄹ) 본 휴전협정 중 비무장지대와 한강하구에 관한 각 규정의 집행을 감독한다.

ㅁ) 공동감시소조의 사업을 지도한다.

ㅂ) 본 휴전협정의 어떠한 위반사건이라든지 협의하여 처리한다.

ㅅ) 중립국감시위원회로부터 받는 본 휴전협정 위반사건에 관한 일체 조사보고 및 일체 기타보고와 회의기록은 즉시 적대 쌍방사령관에게 이를 전달한다.

ㅇ) 하기한 바와 같이 설립한 전쟁포로송환위원회와 실향민 귀향협조위원회의 사업을 전반적으로 감독하며 지도한다.

ㅈ) 적대 쌍방사령관간에 통신을 전달하는 중개역할을 담당한다. 단 상기의 규정은 쌍방사령관들이 사용하고자 하는 어떠한 다른 방법을 사용하여 상호통신을 전달하는 것을 배제하는 것으로 해석할 수 없다.

ㅊ) 그의 실무직원과 그의 공동감시소조의 증명문서 및 휘장 또 그 임무집행시에 사용하는 일체의 차량, 비행기 및 선박의 식별표지를 발급한다.

26. 공동감시소조의 임무는 군사정전위원회가 본 휴전협정 중의 비무장지대 및 한강 하구에 관한 각 규정의 집행을 감독함을

협조하는 것이다.

27. 군사정전위원회 또는 그 중의 어느 일방의 수석위원은 공동
    감시소조를 파견하여 비무장지대나 한강 하구에서 발생하였
    다고 보고된 본 휴전협정 위반사건을 조사할 권한을 가진다.
    단 동 위원회 중의 어느 일방의 수석위원이든지 언제나 군사
    정전위원회가 아직 파견하지 않은 공동감시소조의 반수 이
    상을 파견할 수 없다.

28. 군사정전위원회 또는 동 위원회의 어느 일방의 수석위원은
    중립국 감독위회에 요청하여 본 휴전협정 위반사건이 발생
    하였다고 보고된 비무장 이외의 지점에 가서 특별한 감시와
    시찰을 행할 권한을 가진다.

29. 군사정전위원회가 본 휴전협정 위반사항이 발생하였다고 확
    정한 때에는 즉시로 그 위반사건을 적대 雙方사령관에게 보
    고한다.

30. 군사정전위원회가 본 휴전협정의 어떠한 위반사건이 만족하
    게 시정되었다고 확정한 때에는 이를 적대 雙方사령관에게
    보고한다.

3) 총칙

31. 군사정전위원회는 매일 회의를 연다. 雙方의 수석위원은 합
    의하여 7일을 넘지 않는 휴회를 할 수 있다. 단 어느 일방의
    수석위원이든지 24시간 전의 통고로써 이 휴회를 끝낼 수
    있다.

32. 군사정전위원회의 일체 회의기록의 부본은 매번 회의 후 될
    수 있는대로 속히 적대 雙方사령관들에게 송부한다.

33. 공동감시소조는 군사정전위원회에 동 위원회가 요구하는 정기보고를 제출하여 또 이 소조들이 필요하다고 인정하고나 또는 동 위원회가 요구하는 특별보고를 제출한다.

34. 군사정전위원회는 본 휴전협정에 규정한 보고 및 회의기록에 문건전철 두 벌을 보관한다. 동 위원회는 그 사업진행에 필요한 기타의 보고기록 등의 문건철 두 벌을 보관할 권한을 가진다. 동 위원회의 최후 해산 시에는 상기 문건철을 쌍방에 각 한 벌씩 나누어 준다.

35. 군사정전위원회는 적대쌍방사령관들에게 본 휴전협정의 수정 또는 증보에 대한 건의를 제출할 수 있다. 이러한 개정건의는 일반적으로 더 유효한 휴전을 보장할 것을 목적으로 하는 것이어야 한다.

다. 중립국감시위원회

1) 구성

36. 중립국감시위원회를 설립한다.

37. 중립국감시위원회는 4명의 고급장교로 구성하되 그 중의 2명은 국제연합군사령관이 지명한 중립국, 즉 스웨덴 및 스위스가 이를 임명하며, 나머지 2명은 조선인민군최고사령관과 중국인민지원군사령원이 공동으로 지명한 중립국, 즉 폴란드 및 체코슬로바키아가 이를 임명한다. 본 휴전협정에서 쓴 중립국이라는 용어의 정의는 그 전투부대가 한국에서의 적대행위에 참가하지 않은 국가를 말하는 것이다. 동 위원회가 임명하는 위원은 임명하는 국가의 군대로부터 파견될 수 있다. 매개 위원은 후보위원을 1명 지정하여 그 정위원이 어떤

이유로 출석할 수 없게 되는 회의에 출석하게 된다. 이러한
후보위원은 그 정위원과 동일한 국적에 속한다. 일방이 지명
한 중립국위원의 출석자 수와 다른 일방이 지명한 중립국위
원회의 출석자 수가 같을 때에는 중립국감시위원회는 곧 행
동을 취할 수 있다.

38. 중립국감시위원회의 위원은 그 필요에 따라 각기 해당 중립
국가가 지원한 참모 보조인원을 사용할 수 있다. 이러한 참
모 보조인원은 본 위원회의 후보의원으로 임명될 수 있다.

39. 중립국감시위원회에 필요한 행정인원을 제공하도록 중립국
에 요청하여 비서처를 실지하되 그 임무는 농 위원회에 필요
한 기록, 서기, 통역 및 동 위원회가 지정하는 기타 직책의
집행을 협조하는 것이다.

40. ㄱ) 중립국감시위원회는 처음에는 20개의 중립국감시소조를
두어 그 협조를 받는다. 소조의 수는 군사정전위원회의
쌍방 수석위원의 합의를 거쳐 감소할 수 있다. 중립국
감시소조는 오직 중립국감시위원회에 대해서만 책임을
지며 그에 보고하며 또 그 지도를 받는다.

ㄴ) 매개 중립국감시소조는 최소 4명의 장교로 구성하되 이
장교는 영관으로 하는 것이 적당하며 그 중의 반수는 국
제연합군사령관이 지명한 중립국에서 내고, 그 중의 반
수는 조선인민군최고사령관과 중국인민지원군총사령원
이 공동으로 지명한 중립국에서 낸다. 중립국감시소조
에 임명되는 조원은 임명하는 국가의 군대에서 이를 낼
수 있다. 각 조의 직책 집행을 편리하게 하기 위하여 정
황의 요구에 따라 최소 2명의 조원으로 구성하는 분조를

설치할 수 있다. 그 두 조원 중의 1명은 국제연합군사령
관이 지명한 중립국에서 내며 1명은 조선인민군최고사
령관과 중국인민지원군사령원이 공동으로 지명한 중립
국에서 낸다. 운전수, 서기, 통역, 통신원과 같은 부속인
원 및 각조의 임무집행에 필요한 비품은 쌍방사령관이
비무장지대 내 및 자기측 군사통제지역 내에서 수요에
따라 이를 공급한다. 중립국감시위원회는 동 위원회 자
체와 중립국감시소조들에 그가 요망하는 상기의 인원
및 비품을 제공할 수 있다. 단 이러한 인원은 중립국감
시위원회를 구성한 그 중립국의 인원이여야 한다.

2) 직책과 권한

41. 중립국 감시위원회의 임무는 본 휴전협정 제 13항 ㄷ)목, 제
13항 ㄹ)목 및 제 28항에 규정한 감독, 감시, 조사 및 시찰
의 기능을 집행하여 이러한 감독, 조사 및 시찰의 결과를 군
사정전위원회에 보고하는 것이다.

42. 중립국감시위원회는

ㄱ) 본부를 중립국감시위원회의 본부의 부근에 설치한다.

ㄴ) 그가 수시로 필요하다고 인정하는 절차규정을 채택한다.

ㄷ) 그 위원 및 그 중립국감시소조를 통하여 본 휴전협정 제
43항에 열거한 출입항에서 본 휴전협정 위반사건이 발
생하였다고 보고된 지점에서 본 휴전협정 제 28하에 규
정한 특별 감시와 시찰을 진행한다. 작전비행기, 장갑차
량, 무기 및 탄약에 대한 중립국감시소조의 시찰은 소조
로 하여금 증원하는 작전비행기, 장갑차령, 무기 또는

탄약을 한국으로 들여옴이 없도록 확실히 보장할 수 있
게 한다. 단 이 규정은 어떠한 작전비행기, 장갑차량, 무
기 또는 탄약의 어떠한 비밀설계 또는 특징을 시찰 혹은
검사할 권한을 주는 것으로 해석할 수 없다.

ㄹ) 중립국감시소조의 사업을 지도하며 감독한다.

ㅁ) 국제연합군사령관의 군사통제지역 내에 있는 본 휴전협
정 제 43항에 열거한 출입항에 5개의 중립국감시소조를
주재시키며 조선인민군최고사령관과 중국인민지원군사
령원의 군사통제지역 내에 있는 본 휴전협정 제 43항에
열거한 출입항에 5개의 중립국감시소조를 주재시킨다.
처음에는 따로 10개의 중립국 이동감시소조를 후비로
설치하되 중립국감시위원회 본부 부근에 주재시킨다.
그 수는 군사정전위원회의 쌍방 수석위원의 합의를 거
쳐 감소할 수 있다. 중립국 이동감시소조 중 군사정전위
원회의 어느 일방 수석위원의 요청에 응하여 파견하는
소조는 언제나 그 반수를 초과할 수 없다.

ㅂ) 보고된 본 휴전협정 위반사건을 전목규정의 범위 내에서
지체없이 조사한다. 이에는 군사정전위원회 또는 동 위
원회 중에서 어느 일방 수석위원이 요청하는 보고된 본
휴전협정 위반사건에 대한 조사를 포함한다.

ㅅ) 그의 실무요원과 그의 중립국감시소조의 증명문건 및 휘
장 또는 임무 시행시에 사용하는 일체차량, 비행기 및
선박의 식별표지를 발급하도록 한다.

43. 중립국 감시소조는 하기한 각 출입항에 주재한다.

　 　-국제연합군의 군사통제지역

　 　 　● 인천(북위 37도 28분, 동경 126도 38분)

　 　 　● 대구(북위 35도 52분, 동경 128도 36분)

　 　 　● 부산(북위 35도 06분, 동경 129도 02분)

　 　 　● 강릉(북위 37도 45분, 동경 128도 52분)

　 　 　● 군산(북위 35도 59분, 동경 126도 43분)

　 　-조선인민군과 중국인민지원군과의 군사통제지역

　 　 　● 신의주　(북위 40도 06분, 동경 124도 28분)

　 　 　● 청진　(북위 41도 46분, 동경 129도 49분)

　 　 　● 만포　(북위 41도 09분, 동경 126분 18분)

　 　 　● 신안주　(북위 39도 36분, 동경 125도 36분)

　이 중립국 감시소조들은 첨부한 지도에 표시한 지역내와 교통선에서 통행상 충분한 편리를 받는다. (지도 5 생략)

3) 총칙

44. 중립국감시위원회는 매일 회의를 연다. 중립국감시위원회 위원은 합의하여 7일을 초과하지 않는 휴회를 할 수 있다. 단 어느 위원이든지 24시간 전의 통고로써 이 휴회를 끝낼 수 있다.

45. 중립국 감시위원회 일체 회의 기록과 부본은 매번 회의 후 될 수 있는대로 속히 군사정전위원회에 송부한다. 기록은 영문, 한국문 및 중국문으로 작성한다.

46. 중립국감시소조는 그의 감독, 감시, 조사 및 시찰의 결과에 관하여 중립국감시위원회가 요구하는 정기보고를 동 위원회에 제출하며 또 이 소조들이 필요하다고 인정하거나 동 위원

회가 요구하는 특별보고를 제출한다. 단 고 소조의 개별적 소조원 1명 또는 수명이 이를 제출할 수 있다. 단 개별적 소조원 1명 또는 수명이 제출한 보고는 다만 참고적 보고로 간주한다.

47. 중립국감시위원회는 중립국감시소조가 제출한 보고의 부본을 그가 접수한 보고에 사용된 언어로서 지체없이 군사정전위원회에 송부한다. 이러한 보고는 번역 또는 심의결정수속 때문에 지체시킬 수 없다. 중립국삼사위원회는 실제 가능한 속히 이러한 보고를 심의결정하며 그의 판정서를 우선적으로 군사정전위원회에 송부한다. 중립국감사위원회의 심의결정을 접수하기 전에는 군사정전위원회는 이런 어떠한 보고에 대하여서도 최종적 행동을 취하지 못한다. 군사정전위원회의 어느 일방 수석위원의 요청이 있을 때에는 중립국감시위원회의 위원과 그 소조의 소조원들은 곧 군사정전위원회에 출두하여 제출된 어떠한 보고에 대해서든지 설명한다.

48. 중립국감시위원회는 본 휴전협정이 규정하는 보고 및 회의 기록의 문서철 두 벌을 보관한다. 동 위원회는 그 사업 진행에 필요한 기타의 보고 기록 등의 문건철 두 벌을 보관할 권한을 가진다. 동 위원회의 최후 해산 시에는 사익 문건철을 쌍방에 각 한 벌씩 나누어준다.

49. 중립국감시위원회는 군사정전위입회의 본 휴전협성의 수정 또는 증보에 대한 건의를 제출할 수 있다. 이러한 개정 건의는 일반적으로 더 유효한 정전을 보장할 것을 목적으로 하는 것이어야 한다.

50. 중립국감시위원회 또는 동 위원회의 매개 위원은 군사정전
    위원회의 임의의 위원과 통신 연락을 취할 권한을 가진다.

제3조 전쟁포로에 관한 조치

51. 본 휴전협정이 효력을 발생하는 당시에는 쌍방이 수용하고
    있는 모든 전쟁포로의 석방과 송환은 본 협정 조인 전에 쌍
    방이 합의한 하기규정에 따라 집행한다.

  ㄱ) 본 휴전협정이 효력을 발생한 후에 60일 이내에 쌍방은
  그 수용하에 있는 송환을 주장하는 모든 전쟁포로를 포
  로된 당시에 그들이 속한 일방에 집단적으로 나누어 직
  접 송환 인도하여 어떠한 방해도 가하지 못한다. 송환은
  본조의 각항 관계 규정에 의하여 완수한다. 이러한 인원
  의 송환수속을 촉진시키기 위하여 쌍방은 휴전협정 조
  인 전에 직접 송환될 인원의 국적별로 분류한 총수를 교
  환한다. 상대방에 인도되는 전쟁포로의 각 집단은 국적
  별로 작성한 명부를 휴대하되 이에는 성명, 계급(계급이
  있으면) 및 수용번호 또는 군번을 포함한다.

  ㄴ) 쌍방은 직접 송환하지 않는 나머지 전쟁포로를 그 군사
  통제와 수용으로부터 석방하여 모두 중립국송환위원회
  에 넘겨 본 휴전협정 부록 "중립국송환위원회의 직권의
  범위"의 각 조의 규정에 의하여 처리케 한다.

  ㄷ) 세 가지 글을 병용함으로 인하여 발생할 수 있는 오해를
  피하기 위하여 본 휴전협정 용어로써 일방이 전쟁포로를
  상대방에 인도하는 행동을 그 전쟁포로의 국적과 거주지
  의 여하를 불문하고 영문중에는 "Repartiation", 한국문

에는 "송환", 중국문에는 "쳰반(遣返)"이라고 규정한다.

52. 쌍방은 본 휴전협정의 효력 발생에 의하여 석방되며 송환되는 어떠한 전쟁포로든지 한국의 전쟁에서 전쟁행동에 사용되지 않을 것을 보장한다.

53. 송환을 원하는 모든 상병포로(傷兵捕虜)들은 우선적으로 송환한다. 가능한 범위 내에서 포로된 의무인원을 상병포로와 동시에 송환하여 도중에 의료와 간호를 제공하도록 한다.

54. 본 휴전협정 제51항 ㄱ)목에 규정한 모든 전쟁포로의 송환은 본 휴전협정이 효력을 발생한 후 60일의 기한 내에 완료한다. 이 기한내에 쌍방은 그가 수용하고 있는 상기 전쟁포로의 송환을 가능한한 속히 완료한다.

55. 판문점을 쌍방의 전쟁포로의 인도, 인수지점으로 정한다. 필요한 때에는 전쟁포로송환위원회는 기타의 전쟁포로 인도, 인수지점(들)을 비무장지대에 증설할 수 있다.

56. ㄱ) 전쟁포로위원회를 설립한다. 동 위원회는 영관급 장교 6명으로 구상하되, 그 중 3명은 국제연합군사령관이 이를 임명하며, 그 중 3명은 조선인민군최고사령관과 중국인민지원군사령원이 공동으로 이를 임명한다. 동 위원회는 군사정전위원회의 전반적 감독과 지도하에 책임지고 쌍방의 전쟁포로송환에 관계되는 구체적 계획을 조절하며 쌍방이 본 휴전협정 중의 전쟁포로송환에 관계되는 일체의 규정을 실시하는 것을 감독한다. 동 위원회의 임무는 전쟁포로들이 쌍방 전쟁포로 수용소에서부터 전쟁포로 인도, 인수지점(들)에 도달하는 시간을 조절하며; 필요할 때에는 상병 전쟁 포로의 수송 및 후생

에 요구되는 특별한 조치를 취하며; 본 휴전협정 제 57
항에 설립된 공동적십자소조의 전쟁포로송환협조사업을
조절하며; 본 휴전협정 53항과 54항에 규정된 전쟁포로
실제송환조치의 실시를 감독하며; 필요할 때에는 추가
적인 안전조치를 취하며; 전재포로송환에 필요한 기타
관계임무를 집행하는 것이다.

ㄴ) 전쟁포로송환위원회는 그 임무에 관계되는 어떠한 사항
에 대하여 합의에 도달하지 못할 때에는 이러한 사항을
즉시로 군사정전위원회에 제기하여 결정하도록 한다.
전쟁포로송환위원회는 군사정전위원회 본부 부근에 그
본부를 설치한다.

ㄷ) 전쟁포로송환위원회가 전쟁포로 송환계획을 완수한 때
에는 군사 정전위원회가 즉시로 이를 해산시킨다.

57. ㄱ) 본 휴전협정이 효력을 발생한 경우 즉시로 국제연합군에
군대를 제공하고 있는 각국의 적십자사 대표를 일방으
로 하고 조선민주주의 인민공화국 적십자사 대표와 중
화인민공화국 적십자사 대표를 다른 일방으로 하여 조
직하는 공동적십자소조를 설립한다. 공동적십자소조는
전쟁포로의 복리에 요망되는 인도주의적 봉사로써 쌍방
이 본 휴전협정 제 51항 ㄱ)목에 규정한 송환을 주장하
는 모든 전쟁포로의 송환에 관계되는 규정을 집행하는
것을 협조한다. 이 임무를 완수하기 위하여 공동적십자
소조는 전쟁포로 인도, 인수지점(들)에서 쌍방의 전쟁포
로 인도, 인수사업을 협조하여 쌍방의 전쟁포로수용소
를 방문하여 위문하며 전쟁포로의 위문과 전쟁포로의

복리를 위한 선물을 가지고 가서 분배한다. 공동적십자
소조는 전쟁포로수용소에서 전쟁포로 인도, 인수지점
(들)로 가는 도중에 있는 전쟁포로에게 봉사를 제공할
수 있다.

ㄴ) 공동적십자소조는 다음과 같은 규정에 의하여 조직한다.

1) 한 조소는 쌍방의 본국 적십자사로부터 각기 대표 10
명씩을 내어 쌍방 합하여 20명씩으로 구성하며 전쟁
포로 인도, 인수지점(들)에서 쌍방의 전쟁포로의 인
도, 인수를 협조한다. 동 소조의 의장은 쌍방 적십자
사 대표가 매일 윤번으로 담당한다. 동 소조의 사업
과 봉사는 전쟁포로송환위원회가 이를 조절한다.

2) 한 소조는 쌍방의 본국 적십자사로부터 각기 대표 30
명씩을 내어 쌍방 합하여 60명으로 구성하며 조선인
민군 및 중국인민지원군 관리하의 전쟁포로수용소를
방문하여 또 전쟁포로수용소에서 전쟁포로인도, 인수
지점(들)으로 가는 도중에 있는 전쟁 포로에게 봉사
를 제공할 수 있다. 국제연합군에 군대를 제공하고
있는 한나라의 적십자사 대표가 동 소조의 의장을 담
당한다.

3) 한 소조는 쌍방의 본국 적십자사로부터 각기 대표 30
명씩을 내어 쌍방 합하어 60명으로 구성하며 국제연
합군 관리하의 전쟁포로 수용소를 방문하며 또 전쟁
포로수용소에서 전쟁포로 인도, 인수지점(들)으로 가
는 도중에 있는 전쟁포로에게 봉사를 제공할 수 있
다. 국제연합군에 군대를 제공하고 있는 한나라의 적

십자사 대표가 동 소조의 의장을 담당한다.

4) 각 공동적십자소조의 임무 집행의 편의를 위하여 정
황상 필요로 할 때에는 최소 2명의 소조원으로 구성
하는 분조를 구성할 수 있다. 분조 내에서 쌍방은 동
등한 수의 대표를 가진다.

5) 쌍방사령관은 그의 군사통제지역 내에서 사업하는 공
동적십자소조의 운전수, 서기 및 통역과 같은 부속인
원 및 각 소조가 그 임무 집행상 필요로 하는 장비를
공급한다.

6) 어떠한 공동적십자소조든지 동 소조의 쌍방 대표가
동의하는 때에는 그 인원수를 증감할 수 있다. 단 이
는 전쟁포로송환위원회의 인가를 거쳐야 한다.

ㄷ) 쌍방사령관은 공동적십자소조가 그의 임무를 집행하는
데 충분한 협조를 주며 또 그의 군사통제지역 내에서 책
임지고 공동적십자소조 인원들의 안전을 보장한다. 쌍
방사령관은 그의 군사통제지역 내에서 사업하는 이러한
소조에 요구되는 보급, 행정 및 통신망의 편의를 준다.

ㄹ) 공동적십자소조는 본 휴전협정 51항 ㄱ)목에 규정한 송
환을 주장하는 모든 전쟁포로의 송환계획을 완수되었을
때에는 즉시로 해산한다.

58. ㄱ) 쌍방사령관은 가능한 범위 내에서 속히, 그러나 본 휴전
협정이 효력을 발생한 후 후 10일 이내에 상대방 사령관
에게 다음과 같은 전쟁포로에 관한 자료를 제공한다.

1) 제일 마지막 번에 교환한 자료의 마감한 일자 이후에
탈영한 전쟁포로에 관한 완전한 자료

2) 실제로 실행할 수 있는 범위 내에서 수용기간 중에
사망한 전쟁포로의 성명, 국적, 계급별 및 기타의 식
별자료 또한 사망일지, 사망원인, 매장지점에 관한
자료

ㄴ) 만일 위에 규정한 보충자료의 마감한 일자 이후에 탈영
하였거나 사망한 어떠한 전쟁포로가 있으면 수용한 일
방은 본조 제 58항 ㄱ)목의 규정에 의하여 관계자료를
전쟁포로 인도, 인수계획을 완수할 때까지 10일에 한번
씩 제공한다.

ㄷ) 전쟁포로 인도, 인수 계획을 완수한 후에 본래 수용하고
있던 일방에 다시 돌아온 탈영하였던 어떠한 전쟁포로
도 이를 군사정전위원회에 넘기어 처리한다.

59. ㄱ) 본 휴전협정이 효력을 발생하는 당시에 국제연합군사령
관의 군사통제지역에 있던 자로서 1950년 6월 24일에
본 휴전협정에 확정된 군사분계선 이북에 거주한 모든
민간인에 대하여서는 그들의 귀향하기를 원한다면 국제
연합군사령관은 그들이 군사분계선 이북지역에 들어가
는 것을 허용하며 협조하여야 한다. 본 휴전협정이 효력
을 발생하는 당시에 조선인민군최고사령관과 중국인민
지원군사령원의 군사통제지역에 있던 자로서 1950년 6
월 24인에 본 휴전협정에 확정된 군사분계선 이남에 거
주한 모든 민간인에 대해서는 그들이 귀향하기를 원한
다면 조선인민군최고사령관과 중국인민지원군사령원은
그들이 군사분계선 이남지역에 들어가는 것을 허용하며
협조한다. 쌍방사령관은 책임지고 본목 규정의 내용을

그의 군사통제지역에 광범히 선포하며 또 적당한 민정당국을 시켜 귀향하기를 원하는 이러한 모든 민간인에게 필요한 지도와 협조를 주도록 한다.

ㄴ) 본 휴전협정이 효력을 발생하는 당시에 조선인민군최고사령관과 중국인민지원군사령원이 군사통제지역에 있는 모든 외국적 민간인 중 국제연합군사령관의 군사통제지역으로 가기를 원하는 자에게 그가 국제연합군사령관의 군사통제지역으로 가는 것을 허용하며 협조한다. 본 휴전협정이 효력을 발생하는 당시에 국제연합군사령관의 군사통제지역에 있는 모든 외국적의 민간인 중 조선인민군최고사령관과 중국인민지원군사령원의 군사통제지역으로 가기를 원하는 자에게는 그가 조선인민군최고사령관과 중국인민군지원사령원의 군사통제지역으로 가는 것을 허용하며 협조한다. 쌍방사령관은 책임지고 본 목 규정을 그의 군사통제지역에 광범히 선포하며 또 적당한 민정당국을 시켜 상대방 사령관의 군사통제지역으로 가기를 원하는 이러한 모든 외국적의 민간인에게 필요한 지도와 협조를 주도록 한다.

ㄷ) 쌍방의 본조 제 59항 ㄱ)목에 규정한 민간인의 귀향 및 본조 제 59항 ㄴ)목에 규정한 민간인의 이동을 협조하는 조치는 본 휴전협정이 효력을 발생한 후 될 수 있는 한 속히 개시한다.

ㄹ) 1) 실향민귀향협조위원회를 설립한다. 동 위원회는 영관급 장교 4명으로 구성하되 그 중 2명은 국제연합군사령관이 이를 임명하며 그 중 2명은 조선인민군최고사

령관과 중국인민지원군사령원이 공동으로 이를 임명
한다. 동 위원회는 군사정전위원회의 전반적 감독과
지도 밑에서 책임지고 상기 민간인의 귀향을 협조하
는데 관계되는 쌍방의 구체적 계획을 조절하며 또 상
기 민간인의 귀향에 관계되는 본 휴전협정 중의 일체
규정을 쌍방이 집행하는 것을 감독한다. 동 위원회의
임무는 운송조치를 포함한 필요한 조치를 취함으로써
상기 민간인의 이동을 촉진 조절하며; 상기 민간인이
군사분계선을 통과하는 월경지점(越境地點)을 선정하
여; 월경지점(들)의 안전조치를 위하여 또 상기 민간
인의 귀향을 완수하기 위하여 필요한 기타 임무를 집
행하는 것이다.

2) 실향민귀향협조위원회는 그의 임무와 관계되는 어떠
한 사항이든지 합의에 도달할 수 없을 때에는 이를
곧 군사정전위원회에 제출하여 결정하게 한다. 실향
민귀향협조위원회는 그의 본부를 군사정전위원회의
본부 부근에 설치한다.

3) 실향민귀향협조위원호가 그의 임무를 완수할 때에는
군사정전위원회가 즉시로 이를 해산한다.

제4조 쌍방 관계정부들에의 건의

60. 한국문제의 평화적 해결을 보장하기 위하여 쌍방사령관들은
쌍방의 관계 제국 정부에 휴전협정이 조인되고 효력을 발생
한 후 3개월 내에 각기 대표를 파견하며 쌍방의 한급 높은
정치회담을 소집하고 한국으로부터 모든 외국군대의 철수

및 한국문제의 평화적 해결 등의 문제들을 협의할 것을 이에
건의한다.

제5조 부칙

61. 본 휴전협정에 대한 수정과 증보는 반드시 적대 쌍방사령관
    들의 상호 협의를 거쳐야 한다.

62. 본 휴전협정의 각 조항은 쌍방이 공동으로 접수하는 수정 및
    증보 또는 쌍방의 정치적 수준에서의 평화적 해결을 위한 적
    당한 협정 중의 규정에 의하여 명확히 대체될 때까지는 계속
    효력을 가진다.

63. 제 12항을 제외한 본 휴전협정의 일체 규정은 1953년 7월
    27일 22:00부터 효력을 발생한다.

1953년 7월 27일 10:00시에 한국 판문점에서 영문, 한국문 및 중
국문으로 작성한다. 이 3개 국어의 각 협정본문은 동등한 효력을
가진다.

조선인민최고사령관 조선인민주의인민공화국 원수 ; 김일성
중국인민지원군사령관 ; 팽덕희
국제연합군총사령관 미국육군대장 ; 마크 W. 클라크

참석자
조선인민군 및 중국인민지원군 대표단 수석대표 조선인민군대장 : 남일
국제연합군 대표단 수석대표 미국육군준장 : 월리엄 K. 해리슨 2세.

부록Ⅲ. 제1차 시나이 군사력 분리협정

1974년 1월 18일 발효

A. 이집트와 이스라엘은 유엔안보리가 요구한 지상, 해상, 공중에서의 휴전을 신중히 준수하며, 본 협정 서명 직후부터 상대방에 대하여 모든 군사적 준군사적 행위를 삼가한다.

B. 이집트와 이스라엘의 군사력은 다음 원칙에 따라 분리 배치된다.

1. 수에즈운하의 동쪽에 배치된 모든 이집트 군은 별첨 지도상에 line A로 표시된 선의 서쪽에 재배치된다. 수에즈운하와 Bitter Lake의 서쪽에 배치된 모든 이스라엘군은 별첨지도상에 line B로 표시된 선의 동쪽에 재배치된다.

2. 이집트와 이스라엘측 line사이의 지역은 분리지대 (Zone of Disengagement)로 불리우며, 이 지대에는 유엔비상군(The United Nations Emergency Force: UNEF)이 주둔한다.

3. 이집트 line과 수에즈운하 사이에의 지역은 무기 및 부대의 배치가 제한된다.

4. 이스라엘 line (별첨 지도상의 line B)과 별첨지도상에 line C로 표시된 line(기디 및 미트라 통로가 위치한 산악지대의 Western Base를 연해 위치한) 사이의 지역은 무기 및 부대의 배치가 제한된다.

5. 상기 3항과 4항에 언급한 제한사항들은 UNEF에 의한 사찰 대상이 된다. 이집트와 이스라엘의 UNEF 연락장교의 배치와 UNEF 활동에 관한 기존절차의 적용은 지속된다.

6. 양측의 공군은 상대방으로부터 방해를 받지 않고 각측에 해당하는 line까지 운용될 수 있다.

C. 본 협정에서 규정한 군사력 분리의 세부적인 이행사항은 본 절차의 이행단계에 회동하는 이집트와 이스라엘의 군사대표단에 의해 수립된다. 이들 대표단은 본 목적을 위해 배치되는 UNEF의 호위하에 Kilometer-101 협상에 의한 본 협정의 서명 이후 48시간 이내에 소집된다. 양측 대표단은 5일 이내에 이 임무를 완료한다. 군사력 분리작업은 군사대표단의 실무작업 완료후 48시간 이내에 그리고 본 협정 서명이후 7일 이내에 개시되어야 한다. 군사력 분리과정은 작업 개시후 40일 이내에 종료되어야 한다.

D. 본 협종은 이집트와 이스라엘간의 최종적인 평화협정으로 간주하지 않는다. 이 협정은 안보리결의 338호의 규정에 따라 그리고 제네바회의의 기본 틀 내에서 하나의 최종적이고 공정하며, 공고한 평화를 향한 첫 단계를 구성하는 것이다.

부록Ⅳ. 제 2차 시나이 군사력 분리협정

1975년 9월 4일 체결

1. 이집트-이스라엘 협약 본문

이집트정부와 이스라엘정부는 다음 사항을 합의하였다.

제1조

중동지역 국가간의 분쟁은 평화적 수단이 아닌 군사력에 의해서 해결될 수 없다. 제네바 평화회의의 틀에 기초하여 1974년 1월 18일 양국이 체결한 1차 협정은 1973년 10월 22일 안보리결의안 338호 규정에 의거 공정하고 공고한 평화에로의 일보를 구성하였고, 양측은 안보리결의안 338호에 의해 요청된 협상수단을 통해 최종적이고 공정한 평화정착에 도달하는 데 합의함에 따라 본 협정은 그러한 목표를 향한 중요한 단계가 됨을 확인하였다.

제2조

양측은 상대방에 대해 위협을 가하거나 군사력을 사용하거나 또는 군사적 봉쇄행위를 하지 않을 것을 약속한다.

제3조

(1) 양측은 지상, 행상, 공중에서의 종전유지를 면밀하고 지속적으로 준수하며, 상대방에 대한 일체의 군사적 및 준군사적 행위를 삼간다.

(2) 양측은 또한 부록에 포함된 의무사항이 체결될 때 의정서로 명명하며, 그것은 본 협정의 일부분임을 확인한다.

제4조

A. 양측의 군사력은 다음 원칙에 의거 배치한다.

(1) 모든 이스라엘군은 별첨 약도상에 line J 및 M으로 지정된 선의 동쪽에 배치한다.

(2) 모든 이집트군은 별첨 약도상에 line E로 지정된 선의 서쪽에 배치한다.

(3) 별첨 약도상에 line E와 F로 지정된 두 선사이의 지역과 line J와 K로 지정된 두 선사이의 지역에는 무기(Armament)와 부대(Forces)의 배치가 제한된다.

(4) 상기 (3)에서 언급한 지역내에서의 무기/부대 배치제한은 별첨 부록에 기술한 바와 같이 합의한다.

(5) 별첨 약도상에 line E와 J로 지정된 두 선사이의 지역은 완충지대가 될 것이다. 이 지대에는 유엔비상군(UN Emergency Forces)이 1974년 1월 18일 이집트–이스라엘간 협정에 따라 그 임무를 지속적으로 수행할 것이다.

(6) 별첨 약도상에 지정된 k와 같이 line E의 남쪽과 line M의 서쪽 지역에는 별첨 부록에 명시된 바와 같이 군사력 배치를 금지한다.

B. 새로운 line에 관한 세부사항, 부대의 재배치 및 재배치기간, 무기 및 부대의 제한, 공중정찰, 조기경보/감시장치의 운용 및 도로사용, 유엔비상군의 기능 및 기타사항은 본 협정의 부록과 규정과 별첨 약도와 연관하여 정해지며 양측이 체결할 때 의정서로 정하고 본 협정의 일부분이 된다.

제5조

유엔비상군은 본 협정의 이행을 위한 기본부대이며 그 기능을 지속적으로 수행하고 활동기본지침은 매년 확정된다.

제6조

양측은 본 협정기간 동안 하나의 공동협의단을 설치한다. 이 공동협의단은 본 협정의 이행에서 야기되는 문제를 검토하고 유엔비상군의 임무수행을 지원하기 위해 중동지역에서 유엔평화유지임무(UN Peace-Keeping Missions)의 주 협조자의 자격으로 기능을 수행한다. 공동협의단은 별도의 의정서에서 수립된 절차에 따라 기능을 수행한다.

제7조

이스라엘 지역을 통과하는 비군사 화물은 수에즈운하를 통해서만 허용된다.

제8조

(1) 양측은 본 협정을 공정하고 지속적인 평화를 위한 중요한 단계로 인식한다.
(2) 양측은 유엔 안보리결의안 338호에 의거 제네바 평화회의의 틀내에서 최종적인 평화협정을 협상하기 위한 노력을 지속한다.

제9조

본 협정은 서명직후 유효하며 새로운 협정으로 대체될 때까지 효력을 갖는다.

2. 조기경보체제에 대한 미국측 제안

이집트-이스라엘간의 협정 (이후 기본협정으로 명명) 제 4조와 연관된 조기경보체제에 관하여 기본협정의 일부로써 미국은 다음사항을 제안한다.

1. 별첨 약도에 제시된 지역내에서 기본협정 제 4호에 따라 수립될 조기경보체제는 미국이 책임지며 세부지침은 다음사항을 따른다.

   A. 전략조기경보를 제공하기 위해 2개의 감시소(Surveillance Station)를 운영하되 1개는 이집트 요원이, 다른 1개는 이스라엘요원이 운영한다. 이들 위치는 기본협정 별첨 약도에 표기된 바와 같다. 각 감시소는 250명 이내의 기술/행정요원이 배치된다. 그들은 해당 감시소내에서 시각/전자적 감시활동 기능을 수행한다.

   B. 이들 감시소를 전술조기경보와 검증제공으로 지원하기 위해 3개의 경계소(watch station)를 합의된 약도에 표기한 바와 같이 미트라/기디통로상에 미국에 의해 설치된다. 이들 경계소는 미국 민간요원이 운용한다. 이들 경계소 지원에서 각 통로의 양 끝, 경계소 부근/도로상에 3개의 무인전자센서지대를 설치한다.

2. 미국적 민간요원은 이들 감시/경계소의 운영/유지를 위해 다음 임무를 수행한다.

   A. 상기 1.A에서 언급한 2개의 감시소에서 미국적 감시요원은 감시소의 운영과 주변의 이동상태를 검증하고 인가된 시각/전자적 감시임무 수행에서 의심스러운 사항을 탐지할 경우

이를 즉시 기본협정 당사국과 UNEF에게 보고한다.

B. 상기 1.B에서 언급한 각 경계소에서 미국요원들은 각 통로상에서 UNEF가 아닌 타 부대의 이동 및 이동준비 상태를 즉시 기본협정 당사국과 UNEF에게 보고한다.

C. 본 제안이 규정한 기능에 할당되는 모든 미국적 민간요원 수는 200명 이내여야 한다. 오직 민간요원만이 본 제안에 규정된 기능에 할당된다.

3. 본 제안이 규정한 감시소 및 기타관련시설에 자위를 위한 소화기 이외에 다른 어떤 무기도 반입/사용할 수 없다.

4. 조기경보체제에 종사하는 미 감시요원은 해당지역내에서 자유로운 이동이 허락된다.

5. 미국과 그 요원은 기능수행에 필요한 시설을 사용할 수 있다.

6. 미 감시요원은 해당지역의 범죄, 민법, 조세, 관세 관련 사법권의 면책을 받으며, 1957년 2월 13일 UNEF협정이 규정한 기타 면책특권을 갖는다.

7. 미국은 기본협정 기간내에 위에 언급된 기능을 지속적으로 수행할 것을 확인한다.

8. 미국은 본 제안의 규정에도 불구하고 안전에 위험이 있거나 또는 임무지속이 불필요하다는 결론에 도달할 경우 그들 요원을 철수할 수 있다. 후자의 경우, 미국은 기본협정 당사국이 다른 대안을 마련할 기회를 주기 위해 이를 통고한다. 만약 기본협정 당사국들이 미국에 본 제안에 따른 임무를 종결하도록 요청할 경우, 미국은 이러한 요청을 자신의 임무종결로 간주한다.

9. 경계소의 위치에 관한 기술적 문제는 미국과의 협의로 해결한다.

3. 시나이 분리협정 부록(Annex)

시나이 분리협정 서명이후 5일 후에 두 당사국의 대표들은 협정 이행을 위한 세부의정서를 준비하기 위해 제네바에서 중동평화회의의 군사실무팀이 만나도록 한다. 협정의정서 준비와 그 이행을 촉진시키고 휴전상태의 면밀한 준수와 기타 협정요소들을 유지하도록 지원하기 위해, 두 당사국들은 실무팀을 위한 지침으로서 기본협정의 일부로써 다음 원칙에 합의하였다.

1. Line과 Area의 정의

기본협정 제 4조에 언급된 부대배치 Line, 부대/무기 배치제한지역, Line E의 남쪽 및 Line M의 서쪽 해당지역, 기타 지정지역, 일반적인 사용도로 및 기타사항은 별첨 약도 (1:10만 미국판)상에 표기한다.

2. 완충지대(Buffer Zone)

(1) 완충지대에 대한 접근은 실무단과 UNEF가 수립한 절차에 따라 UNEF의 통제를 받는다.

(2) 각 당사국의 항공기는 각 당사국의 전방 Line까지 자유로운 비행이 허락된다. 각 당사국의 정찰기는 합의된 계획표에 따라 Line E 및 J사이에 완충지대 중간선까지는 비행이 가능하다.

(3) Line E 및 J 사이의 완충지대내에서, 본 협정의 일부인 별도 제안이 세부적으로 평가한 바와 같이, 미국 민간요원에게 위임된 조기경보체제가 기본협정 제 4조에 의거 설치된다.

⑷ 인가된 요원은 조기경보체제 안팎으로의 이동을 위해 완충지
대로 접근할 수 있고, 이러한 이동의 통제는 실무단 및 UNEF
에 의해 수행된다.

3. Line E와 남쪽지역의 Line M의 서쪽지역

⑴ 이 지역에서 유엔긴급군은 여하한 유형의 정/준군사력, 축성/
군사시설이 없음을 확인하고 체크 포인트를 설치하며, 이러한
기능 수행에 필요한 이동의 자유를 갖는다.

⑵ 이집트 민간인과 제3국의 민간인 오일지대 근무요원은 완충지
대 2A, 2B 및 UN기지 이외에 위에 언급된 지역에 출입하거
나 생업에 종사할 권리를 갖는다. 이집트의 민정경찰은 의정
서가 규정한 무기 및 장비를 소지하고 민간인 집단에서 정상
적인 민간경찰기능을 수행할 수 있다.

⑶ 이 지역에 대한 지상, 공중 또는 해상 경로상의 유출입은
UNEF 체크 포인트를 통해서만 허용된다. UNEF는 또한 의
정서에 명시된 정확한 위치와 개소에 따라 도로, 지역을 분리
하는 Line 및 기타 지점에 체크 포인트를 설치한다.

⑷ 영공 및 해안지역에 대한 접근은 실무단이 합의한 바대로 해
당지역의 민간활동에 포함된 비무장 이집트 민간선박과 비무
장 민간헬기/수송기로 제한한다.

⑸ 이스라엘측은 기존의 모든 민간시설 및 구조물을 그대로 유지
한다.

⑹ 수에즈만을 연한 해안도로의 일반적인 사용절차는 실무단 및
의정서지침에 의해 결정된다.

296 ◀ 접경지역 평화지대론

4. 공중감시 (Aerial Surveillance)

기 실시중인 전차와 동일하게 협정대상지역에 대해 미국은 지속적으로 공중정찰을 이행한다. 공중정찰의 임무는 각 당사국 또는 UNEF의 사전요청에 의거 통상 매 7일에서 10일당 1회 빈도로 수행한다. 미국은 임무수행결과를 작성하여 이스라엘, 이집트, 중동의 UN평화유지임무 단장에게 신속히 전달한다.

5. 부대/무기의 제한(Limitation of Forces/Armaments)

(1) 부대/무기의 배치제한지역내에서 주요 제한사항은 다음과 같다:
  - 8개 보병대대
  - 전차 75대
  - 화포 60문 (구경 120mm 이상 박격포 포함, 사거리 12㎞ 이하)
  - 병력 8,000명 이하
  - 상대방의 Line에 도달하는 사거리를 가진 무기 배치금지
  - Line J 및 K 사이의 지역, Line A 및 E 사이의 지역에 합의된 수준이상의 부대를 위한 축성, 또는 군사시설 구축 금지
(2) 부대/무기 배치제한지역 이외의 주요 제한사항
  - 지역내 상대방 Line에 도달하는 사거리를 가진 무기의 배치금지
  - Line K의 동쪽과 Line F의 서쪽 10㎞까지의 지역에 대공미사일 배치금지
(3) 유엔 평화유지군은 이들 지역내에 합의된 배치제한의 유지상태를 확인하기 위해 사찰을 이행한다.

6. 이행과정 (Process of Implementation)

기본협정, 부록 및 의정서가 규정한 부대 재배치의 세부 이행절
차/시간, 유전지대의 반환, 기타 조정사항은 실무단에 의해 결정된
다. 실무단은 이집트부대의 Line E까지 단계별 이동, 이스라엘 부
대의 Line J까지 단계별 이동을 포함한 제반 부대재배치의 단계별
과정을 결정한다. 그 첫 단계는 유전지대 및 부대시설의 이집트로
의 전환이다. 이 과정은 필요한 기술자의 참여로 의정서 서명 2주
이내에 개시되고 개시후 8주 이내에 종료되어야 한다. 세부 작업단
계는 군사실무단에서 수립된다. 부대재배치의 이행은 의정서 서명
후 5개월 이내에 완료되어야 한다.

부록Ⅴ. 이집트-이스라엘 평화조약

1979년 3월 26일 조인

1. 평화조약 본문

UN 안보리결의 242호/338호를 기초로 하여, 공정하고 포괄적이며 항구적인 중동평화 확립의 긴급한 필요성을 확신하고, 1978년 9월 17일의 캠프 데이비드에서 합의된 평화의 기틀을 견지할 것을 재확인한다.

위에서 적절히 표현된 기틀이 이집트-이스라엘간의 평화의 기초에 바탕을 둔 평화교섭을 이행할 준비가 된 여타 아랍제국과 이스라엘간의 평화에도 기초인 점에 유의하고, 중동 제국간의 전쟁상태를 종결시켜서 동 지역내 모든 국가들이 안전하게 생존할 수 있는 평화확립을 추구하며, 이집트-이스라엘간의 평화조약 체결이 이 지역 전면적 평화와 아랍-이스라엘 분쟁의 전반적 해결의 추구에 중요한 일보임을 확신하고, 분쟁에 관련된 여타 아랍 당사국이 상기 제원칙에 의거한 이스라엘과의 평화교섭에 참가하기를 호소한다.

동시에 유엔헌장과 평화시의 국제관계를 규정한 국제법 원칙에 따라서 이 국가들의 우호 및 협력관계를 발전시키고, 이집트-이스라엘간의 평화조약 체결을 위한 기틀을 이행하기 위하여 이집트-이스라엘 양국은 국가주권의 자유스러운 행사로서 다음 조항에 합의한다.

제1조

1. 본 조약의 비준서 교환과 동시, 양 당사국간 전쟁상태는 종결
   되고 평화가 확립된다.
2. 이스라엘은 군사 부속의정서에 따라서 자국의 모든 군대와 민
   간인을 시나이반도로부터 이집트와 구 팔레스타인 위임통치령
   간의 국경선 후방으로 철수시키고, 이집트는 시나이반도에서
   완전한 주권을 회복한다.
3. 부속의정서상에 규정된 잠정철수 완료와 동시에 양 당사국은
   제3조 3항에 의거 정상적이고 우호적인 관계를 확립한다.

제2조

　이집트-이스라엘간의 항구적인 국경은 가자지구의 최종적인 지
위에 관한 권리를 침해함이 없이, 부속의정서-II의 지도표시에 따
라서 이집트와 구 팔레스타인 위임통치령간에 승인된 국경선으로
한다. 양 당사국은 이 국경선이 불가침선임을 확인한다. 쌍방은 영
해, 영공을 포함하여 서로의 영토보전을 존중한다.

제3조

1. 양 당사국은 유엔헌장과 평화시의 국제관계를 규정한 국제법
   의 제 원칙을 상호적용한다. 특히,
   A. 양 당사국은 상호주권, 영토보전, 정치적 독립을 인정하
      고, 또한 앞으로도 이를 존중할 것이며,
   B. 양 당사국은 안전한 것으로 인정된 국경내에서 평화롭게
      살 권리를 상호 인정하고, 또한 앞으로도 이를 존중할 것
      이며,
   C. 양 당사국은 상호 직접-간접을 불문하고 무력 위협이나

행사를 억제하며, 양 당사국간의 모든 분쟁을 평화적 수단
으로 해결한다.

2. 각 당사국은 상대국의 주민, 시민, 재산에 관한 교전, 적대, 폭
력행위나 위협이 자국 영토내 또는 자국이 지배하고 있는 어
떤 군대나 자국영토내에 주둔하는 어떤 군대로부터 발생하지
않을 것임을 보장한다. 또한 각 당사국은 어떠한 경우에도 상
대국에 대한 교전, 적대, 전복, 폭력행위나 위협을 위한 결사,
교사, 선동, 원조에의 가담을 억제할 것을 보장하고, 나아가서
그러한 행위를 범한 자를 재판에 회부할 것을 보장한다.

3. 쌍방은 양 당사국간에 수립된 정상적인 관계가 완전한 승인,
외교적-경제적-문화적 관계 및 경제적 배척의 종식, 국민과
재산의 자유로운 이동에 대한 차별적인 장벽을 철폐할 것을
포함하며, 나아가 양국시민이 적절한 법적용을 향유할 수 있
도록 보장하는 것임을 합의한다. 본 조약의 기타사항의 이행
과 병행하여 그와 같은 관계달성과정은 부속의정서-III에 상
술되어 있다.

제4조

1. 상호주의를 기초로 한 양 당사국의 최대한의 안전을 보장하기
위하여 이집트-이스라엘 영내의 병력제한지대, 유엔군 및 감
시요원(그 성격과 시기에 관한 상세내용은 부속의정서-I에
기술, 기타 양 당사국이 합의한 안전보장조치를 포함하여 쌍방
합의하에 의한 안전보장조치를 확립한다.

2. 양 당사국은 부속의정서-I에 규정된 지역에 유엔파견단 주둔
을 합의한다. 양 당사국은 유엔파견단의 철수를 요구하지 아
니하며, 또한 유엔파견단은 안보리 5개 상임이사국의 찬성투

표에 의해 승인되고, 양 당사국이 별도로 합의하지 않는 한 퇴
거할 수 없음에 합의한다.

3. 본 조약의 수행을 용이하게 하기 위하여 부속의정서-I의 규정
에 따라 합동위원회가 설치된다.

4. 본 조약 1, 2항에 규정된 안전보장조치는 당사국 일방의 요청
으로 재검토되어 쌍방합의에 의해 수정된다.

제5조

1. 이스라엘 국적의 선박 및 동국으로 출입하는 선박은 모든 국가
에 적용되는 1888년 콘스탄티노플 조약에 따라, 수에즈 운하
및 동 운하에 이르는 수에즈만과 지중해의 자유항항권을 향유
한다. 이스라엘 국민, 선박 및 하물은 동국으로 출입하는 인
원, 선박 및 화물과 함께 운하사용에 관한 어떠한 사항에 관해
서도 차별대우를 받지 아니한다.

2. 양 당사국은 티란해협 및 아카바만을 모든 국가에 대하여 방
해받지도 않고, 정지될 수도 없는 항해 및 비행의 자유가 인정
되는 국제수로로 간주한다. 양 당사국은 티란해협 및 아카바
만을 통과하여 양국으로 향하는 항해 및 비행의 상호권리를
존중한다.

제6조

1. 본 조약은 유엔헌장에 따른 양 당사국의 권리, 의무에 대하여
어떠한 영향도 미치지 않으며, 또한 영향을 미치는 해석도 할
수 없다.

2. 양 당사국은 어떠한 제3자가 행동을 취하든, 취하지 않든 간에
본 조약 이외의 어떠한 문서로부터도 독립하여 본 조약이 규

정한 쌍방의 의무를 성실하게 수행할 것을 보장한다.

3. 쌍방은 각각 가입하고 있는 다자조약의 규정을 양국관계에 적
   용하기 위하여 필요한 모든 조치를 취할 것을 보장하며, 여기
   에는 유엔사무총장 및 동 협정이 수탁기관에 적절히 통고하는
   것도 포함된다.

4. 양 당사국은 본 조약과 상반되는 어떠한 의무도 지지 않을 것
   임을 보장한다.

5. 현 조약에 따른 양 당사국의 의무와 기타 어떠한 의무 사이에
   대립이 발생할 경우, 유엔헌장 제 103조에 따라 본 조약의 의
   무가 구속력을 지니고 이행되어야 한다.

제7조

1. 본 조약의 적용이나 해석과정에서 발생하는 분쟁은 협상을 통
   하여 해결되어야 한다.

2. 협상으로 해결될 수 없는 어떠한 분쟁이라도 조정에 의해 해
   결되던가 중재에 붙여져야 한다.

제8조

1. 양 당사국은 모든 재산권 청구문제를 상호 해결하기 위하여 청
   원위원회를 설치한다.

제9조

1. 본 조약은 비준서 교환과 동시에 발효된다.

2. 본 조약은 1975년 9월 이집트-이스라엘간의 정전협정을 대치
   한다.

3. 본 조약의 모든 문서, 부속의정서 및 지도는 본 조역을 구성하는 전체의 일부분으로 간주된다.

4. 본 조약은 유엔헌장 제 102조의 규정에 따른 등록을 필하기 위하여 유엔사무총장에게 통고한다.

각각 정본인 아랍어, 영어, 히브리어 본으로 1979년 3월 26일 워싱턴에서 체결한다. 해석상 어떤 차이가 발생할 경우 영문본이 우선한다.

2. 평화조약 부속의정서 1

"이스라엘 철수와 안전보장조치에 관한 의정서"

제1조 "철수의 개념"

1. 이스라엘은 모든 군대 및 민간인을 시나이반도에서 철수시키는 작업을 본 조약 비준서 교환일로부터 3년 이내에 완료한다.

2. 이스라엘의 단계적 철수는 당사자의 상호안전보장의 확보를 위하여 본 의정서 및 지도#1에 따라 결정된 군사적 조치 및 대상지역에 대한 규정에 따라 실시된다.

3. 시나이반도 철수는 다음 2단계로 나누어 실시한다.
   A. 지도#2에 표시된 엘 아리쉬 동쪽으로부터 라스무하마드에 이르는 선까지의 중간철수는 본 조약 비준서 교환일로부터 9개월 이내에 이행한다.
   B. 시나이반도에서 국경선까지의 최종철수는 본 조약 비준서 교환일로부터 3년 이내에 이행한다.

4. 철수기간중의 활동 및 일정을 감시 조정하고, 제3항에 의해 확인한 시한내에 필요한 계획 및 일정을 조정하기 위하여 본 조약 비준서 교환직후 공동협의단이 설치된다. 본 공동협의단에 관하여는 부속문서 제4조에 상세히 규정되어 있다. 공동협의단은 이스라엘의 시나이반도 철수가 완료될 때 해체된다.

제2조 "최종철수선 및 지역의 확정"

1. 최종철수 완료후에 이집트-이스라엘 쌍방이 최대한의 안전을 보장받기 위하여 지도에 표시된 여러 경계선 및 지역은 다음과 같은 방법으로 운영된다.

   A. 지대 A

   (1) 지대 A는 지도#1에 표시된 바와 같이 Line A의 서쪽 및 수에즈 운하의 동쪽, 수에즈만 동안으로 둘러싸인 지역이다.

   (2) 지대 A는 이집트군 기계화보병 1개사단 및 그에 따른 장비, 야전축성(Field Fortifications)이 설치된다.

   (3) 기계화보병사단의 주요구성은 다음과 같다.

   -3개 기계화보병여단

   -1개 기갑여단

   -126문 이하의 화포를 장비한 7개 야전포병대대

   -개인용 지대공미사일 및 구경 37mm 이상의 대공포 126문 이하를 장비한 7개 대공포대대

   -230대 이하의 전차

   -480대 이하의 각종 병력 수송용 장갑차량

   -합계 2만2천명 이하의 병력

B. 지대 B

  ⑴ 지대 B는 지도#1에 표시된 바와 같이 동쪽은 Line B, 서쪽은 Line A로 둘러싸인 지역이다.

  ⑵ 경화기 및 차량을 보유한 이집트 4개 국경경비대대가 지역 B의 치안유지를 담당하는 민정경찰을 보좌하고 안전보장을 담당한다.

  ⑶ 본 지역 해안에는 제한된 사거리의 소화기만을 장비한 육상국경경비대의 해안경계초소를 설치할 수 있다.

  ⑷ 지대 B에는 위의 4개 국경경비대대용의 축성 및 군사시설이 설치된다.

C. 지대 C

  ⑴ 지대 C는 지도#1에 표시된 바와 같이 서쪽은 Line B, 동쪽은 국제경계선 및 아카바만으로 둘러쌓인 지역이다.

  ⑵ 지대 C에는 유엔군과 이집트 민정경찰만이 주둔할 수 있다.

  ⑶ 이 지대에서 이집트 민정경찰은 경무장한 채 정상적인 경찰기능을 수행한다.

  ⑷ 지대 C에는 유엔군이 배치되어 이 부록의 6조에 명시된 바와 같은 기능을 수행한다.

  ⑸ 유엔군은 지도#1에 표시한 다음과 같은 주둔지역에 위치한 캠프에 주로 주둔하되 상세한 위치는 이집트와 상의후 결정한다.

    (a) 지중해와 국경선 인접해서 20km에 놓여있는 시나이 지역의 일부

(b) Sharm과 Sheikh 지역

D. 지역 D

    (1) 지대 D는 지도#1에서 보는 바와 같이 동쪽은 선 D(청색선)와 서쪽은 국경선으로 둘러쌓인 지역이다.

    (2) 이 지대에는 제한된 이스라엘의 군사력, 즉 4개의 보병대대와 그 군사시설 및 야전축성, 그리고 유엔참관단이 배치된다.

    (3) 지대 D의 이스라엘 군사력에는 전차, 야포와 대공 미사일은 포함되지 않는다.

    (4) 이스라엘의 4개 보병대대는 장갑차 180대, 병력 4,000명으로 구성된다.

2. 국경선을 넘어 상대방 쪽으로의 입국은 양측이 지정한 입국검문소의 통제하에 검문소를 통해서만 허용된다. 그같은 입국은 각국의 법률에 따라야 한다.

3. 이 부록에서 특별이 허용한 야전축성, 군사시설, 병력 및 무기만이 이 지대에 배치할 수 있다.

제3조 "공중 군사 조약(Aerial Military Regime)"

1. 이집트와 이스라엘의 전투기 및 정찰기의 비행은 A 및 D지대에서만 각각 가능하다.

2. 오직 이집트와 이스라엘의 비무장 항공기만 A 및 D지대에 각각 주둔할 수 있다.

3. 지대 B에서는 이집트 비무장 수송기만 이착륙할 수 있으나, 이 지대에서 운영유지할 수 있는 비무장 수송기만 이착륙할 수 있으나, 이 지대에서 운영유지할 수 있는 비무장 수송기는

8대 이내이다. 이집트 국경수비대는 지대 B에서 그들의 기능을 수행하기 위해 비무장 헬기를 보유할 수 있다.

4. 이집트 민정경찰은 지대 C에서 정상적인 경찰기능을 수행하기 위해 비무장 헬기를 보유할 수 있다.

5. 배치제한지대에는 민간비행장만 건설할 수 있다.

6. 이 조약의 각 조항을 침해함이 없이, 이 부록에 의해서 특별히 허용되는 군사항공정찰만 배치제한지대와 영행상 공중에서 가능하다.

제4조 "해군조약(Naval Regime)"

1. 이집트와 이스라엘은 각각 지대 A 및 D 해안을 따라 해군기지를 설치하고 함정을 운용할 수 있다.

2. 이집트의 경무장한 해안경비정은 이 지대에서 그들의 기능을 수행함에 있어 국경수비대를 지원하기 위해 지대 B의 영해에 주둔하여 작전할 수 있다.

3. 소형 주정을 보유하고 있고 경무장한 이집트 민간경찰은 지대 C의 영해내에서 정상적인 경찰기능을 수행한다.

4. 이 부록의 어떠한 규정도 상대방의 함정 무해통항권을 저해하지 않는다.

5. 지대내에는 오직 민간인 상선용 항구와 시설만을 설치할 수 있다.

6. 이 조약의 타 조항을 침해함이 없이, 이 부록에서 특별히 허용된 해군활동만 이 지대와 그들의 영해에서 가능하다.

제5조 "조기경보체제"

이집트와 이스라엘은 각각 지대 A 및 D에만 조기경보체제를 설치하고 운운영할 수 있다.

제6조 "유엔활동"

1. 양국은 이 부록의 수행을 감독하기 위해 병력과 참관단을 보내
   줄 것과 위반을 방지하기 위해 최선을 다해줄 것을 유엔에 요
   청할 수 있다.

2. 유엔군 및 참관단에 관해 필요시 양국은 다음과 같은 협약을
   요청하는데 합의할 수 있다.
   a. 국경선과 선 B, 그리고 지대 C내에서의 검문소 운영, 정찰
      을 위한 순찰 및 관측소 운영
   b. 이 부록의 집행에 대한 주기적 검증은 양국에 의해 특별히
      합의하지 않는 이상 월 2회 미만을 수행할 수 없다.
   c. 상대방의 요청을 접수한 후 48시간내에 추가적인 검증
   d. 평화조약 제5조에 따라 Tiran해협의 항해자유 보장

3. 각 지대에 대해 본 조에서 언급한 협약은 지대 A, B 및 C에서
   는 유엔군이 수행하고 지대 D에서는 유엔참관단이 수행한다.

4. 유엔검증팀에는 각국의 연락장교가 동반한다.

5. 유엔군 및 참관단은 결과를 양측에게 통보한다.

6. 지대에서 활동하는 유엔군 및 참관단은 그들의 임무수행에 필
   요한 경우 자유롭게 이동하면서 시설을 임의로 사용할 수 있
   다.

7. 유엔군 및 참관단에게 국경선을 통과할 수 있는 권한은 허용되
   지 않는다.

8. 양국은 유엔군 및 참관단을 모집할 수 있는 국가에 관해 합의
   한다. 유엔군 및 참관단은 유엔 안보리 상임이사국 이외의 국

가로부터 차출한다.

9. 양국은 유엔이 그 책임의 효과적 수행을 원활하게 보장할 수 있는 지휘협약을 만들어야 한다는데 뜻을 같이 한다.

제7조 "연락체제"

1. 공동협의단이 해체되는 즉시 양국간 연락제도가 설치된다. 이 제도는 현행 부록의 의무사항을 수행함에 있어 진척을 평가하고 수행도중 야기되는 문제를 해결함에 효과적인 방법을 제공하며 기타 해결되지 않는 문제에 대해 양측의 군 고위당국자에게 고려할 사항들을 언급하기 위해 설치된 것이다. 또한 상대방의 실수나 오해로부터 야기될 수 있는 상황을 예방하기 위한 목적도 있다.

2. 이집트의 연락사무소는 El-Arish시에, 이스라엘의 연락사무소는 Beer-Sheba에 각각 둔다. 각 사무소는 1명의 각국 책임자를 두고 그 예하에 다수의 보좌장교를 둔다.

3. 두 사무소간에는 직통전화를 설치하며 또한 유엔군사령부와도 양측 장교에 의해 직통전화를 유지한다.

제8조 "전쟁기념물 존중(Interim Arrangement)"

각 국은 상대방이 장병을 기념하기 위해 세운 전쟁기념물 즉, 이스라엘이 시나이에 세운 것과 이집트가 이스라엘에 세운 것을 좋은 상태로 보존할 것을 약속하고 이러한 유적지의 접근을 허용한다.

제9조 "경과조치"

잠정철수선 뒤의 이스라엘군과 민간인 철수, 그리고 최종철수에

앞서 양측군과 유엔의 행동은 첨부된 별첨과 지도#2 및 #3을 따른
다.

3. 평화조약 부속의정서 1의 부속문서

"시나이반도에서의 행동규정"

제1조 "철수원칙"

1. 이스라엘군의 시나이반도 철수는 부속의정서 1 제 1조에 규정
   된 바와 같이 2단계로 이루어진다. 철수에 대한 설명과 시기는
   본 부속문서에 포함된다. 그 이상 상세한 것은 최소한 각 단계
   별 철수 1개월전에 합동위원회가 결정하여 중동주둔 유엔군수
   석조정관에게 제출한다.

2. 쌍방은 일련의 군사행동에 관하여 다음 원칙에 합의한다.

   A. 본 조약 제9조 2항의 규정에도 불구하고 1975년 9월 이집
      트-이스라엘 정전협정으로 정해진 현재의 경계선으로부터
      잠정철수선까지 이스라엘이 철수를 완료할 때까지는 본 부
      속문서에 별도로 규정된 군사조치를 제외하고는 동 정전협
      정에 바탕을 둔 모든 군사협정은 효력을 지속한다.

   B. 이스라엘군이 철수하면 유엔군은 양국군을 분리시킬 목적
      으로 지도 #2, #3에 각각 표시된 잠정완충지대를 설치하기
      위하여 곧 동 철수지역에 진주한다. 유엔군의 배치는 동
      위치로의 다른 어느 요원의 활동보다도 우선적으로 이루어
      져야 한다.

   C. 지대 A의 여하한 지점에서든지 이스라엘군이 철수하면 그

이후 7일이내에 본 부속문서 제 2조의 규정에 따라 이집트
군이 배치된다.

D. 지대 A 또는 지대 B의 여하한 지점에서든지 이스라엘군이
철수하면 그 이후 7일 이내에 본 부속문서 제 2조의 규정
에 따라 지도에 표시된 잠정완충지대까지 이집트 국경부대
가 배치될 수 있고, 국경부대는 부속의정서 1 제 2조의 규
정에 따른 업무를 수행한다.

E. 유엔군의 진주 이후에는 정상적인 경찰기능을 수행하기 위
한 이집트의 민정경찰이 곧 동지역으로 진입한다.

F. 이집트의 해군부대는 본 부속문서 제 2조 규정에 따라 수
에즈만에 배치된다.

G. 이스라엘이 잠정철수선까지 철수를 완료하면, 상기활동을
제외한 이집트군의 배치와 부속의정서 1에 규정된 활동이
철수지역에서부터 실시된다.

제2조 "잠정철수단계"

1. 잠정철수선까지의 철수는 본 조항에 규정되고 지도#3에 표시
된 세부단계를 통해 실시된다. 각 세부단계는 본 조약 비준 교
환일로부터 규정된 시한내에 완수될 것이다.

A. 제1단계: 이스라엘군은 2개월이내에 지도#3의 I 지역으로
표시된 엘아리쉬 및 비행장을 포함한 엘아리쉬 지역에서
철수한다.

B. 제2단계: 이스라엘군은 3개월이내에 1975년 정전협정선과
지도#3의 II지역의 Line A간의 지역에서 철수한다.

C. 제3단계: 이스라엘군은 5개월이내에 지도#3의 IV지역으로

표시된 시나이반도 남단에서 철수한다.

  E. 제 5단계: 이스라엘군은 9개월 이내에 지도#3의 V지역으로 표시된 산타카트리나지역과 기디 및 미트라 이동지역을 포함한 잠정철수선 서쪽의 기타지역에서 철수한다. 이로서 잠정철수선까지의 이스라엘군 철수는 완료된다.

2. 이집트군은 이스라엘군이 철수한 지역에 다음과 같이 배치된다.

  A. 잠정철수 완료시까지 I지역내 A지역에는 1975년 정전협정에 따른 시나이반도의 이집트군은 1/3이하만 배치된다. 그 이후 부속의정서 1 제 2조에 규정된 이집트군은 잠정완충지역 경계선까지 지대 A에 배치된다.

  B. 2-4단계 철수가 각각 완료되면 II, III, IV지역의 연안을 따라 부속의정서 1 제 4조에 규정된 이집트 해군의 활동이 개시된다.

  C. 1단계 철수가 완료되면 부속의정서 1 제 2조에 규정된 이집트 국경부대중 1개대대가 I지역에 배치된다. 2단계 철수가 완료되면 제2의 대대가 II지역에 배치된다. 3단계 철수가 완료되면 제3의 대대가 III지역에 배치된다. 상기 제2, 3의 대대는 시나이반도 남부철수지역에 임의로 배치될 수 있다.

3. 1975년 정전협정상의 완충지역인 I 지역내의 유엔군은 1단계 철수가 완료되면 상기 이집트군의 배치를 가능하게 하기 위하여 재배치되거나 본 부속문서 제 1조에 규정된 바와 같이 잠정철수 완료시까지 잔여지역에서 동 협정의 규정에 따른 활동을 단속한다.

4. 이스라엘 호송대는 이스라엘의 병력과 장비를 소개시키기 위하여 잠정철수시 완료시까지 엘아뤼시 동부 주요도로 교차점의 남측 및 동측 도로를 사용할 수 있다. 동 호송대는 이집트 연락단과 유엔군의 4기간 이전에 통고하여 주간에만 통과하며, 유엔군의 호위를 받는 한편 일정에 따라 공동협의단의 조정을 받는다. 동 이동이 방해받지 않도록 이집트 연락장교가 호위대에 동참승한다. 공동협의단은 호송을 위한 다른 조치를 승인할 수 있다.

제3조 "유엔군"

1. 양 당사국은 이스라엘의 최종철수가 완료될 때까지 본 부속문서에 규정된 기능을 수행하기 위한 유엔군의 배치를 요청한다. 그러한 목적을 위하여 양 당사국은 현 유엔 특별경비대의 재배치에 합의한다.
2. 유엔군은 본 부속문서 규정의 수행을 감독하고 본 조약에 대한 어떠한 위반도 방지하기 위하여 최대의 노력을 기울인다.
3. 본 부속문서 제 1조와 2조 규정에 따라 유엔군이 배치될 때, 유엔군은 본 부속문서 제 6조에 따라 병력제한지대에 검문소, 정찰대, 감시소를 설치한다. 잠정완충지대에서 유엔군의 기능은 본 부속문세 제 5조에 규정되어 있다.

제4조 "공동협의단 및 연락업무"

1. 본 조약 제 4조에 언급된 공동협의단은 본 조약의 비준서 교환일로부터 이스라엘의 시나이 최종철수 완료시까지 활동한다.
2. 공동협의단은 고위장교를 수석으로 하는 각 당사자의 대표들로 구성된다. 동 협의단은 유엔에 관한 문제를 토의할 때나 어

느 일방 당사자가 유엔의 출석을 요구할 때에는 유엔대표를 초청한다. 공동협의단의 결정은 이집트, 이스라엘간의 합의를 통해 이루어진다.

3. 공동협의단은 부속의정서 I과 본 부속문서에 규정된 조치의 수행을 감시한다. 이 목적을 위하여 양 당사자의 합의에 따라 동 협의단은 다음 사항을 이행한다.

A. 본 부속문서에 규정되어 있는 군사행동을 조정하고 그 수행을 감독한다.

B. 부속의정서 1과 본 부속문서의 수행과정에서 발생하는 어떠한 문제일지라도 그 해결책의 모색을 권고하며, 유엔군 및 참관단이 보고하는 어떠한 위반사항에 대해서도 이를 토의하고 미해결사항은 이집트 및 이스라엘정부에 통고한다.

C. 유엔군 및 참관단의 임무의 완수를 지원하며, 또한 부속의정서 1 및 본 부속문서에 규정된 바와 같이 당사자가 통고했을때 정기적인 점검일정을 정한다.

D. 부속의정서 1과 본 부속문서에 규정된 국경선과 모든 경계선 및 각 지역을 확정한다.

E. 이스라엘로부터 이집트로의 시나이반도, 주요시설 인도를 감독한다.

F. 이집트-이스라엘 양국 군인들의 행방불명 유해의 발견 및 반환에 필요한 조치를 결정한다.

G. 부속의정서 III 제 4조 규정에 의해 엘아리쉬-라스무하마드 선을 따라 입국검문소를 설치 운용한다.

H. 상설 연락단에서 파견된 이집트-이스라엘 대표 각 1명으로 구성된 합동연락단을 통하여 그 활동을 운영하며,

상설연락단은 공동협의단의 지시에 따라 활동한다.

 I. 조약규정을 수행하는 유엔군지휘관과 연락을 취하며, 또한 공동협의단을 통해 특정지역에 주둔한 유엔군 및 특정지역 감시를 담당하고 있는 유엔참관단에 대하여 필요한 어떤 지원도 할 수 있도록 지역내의 조정/협력태세를 유지한다.

 J. 양 당사국의 합의에 따라 제시하는 기타 어떠한 문제라도 토의한다.

4. 공동협의단 회의는 적어도 매월 1회 개최한다. 당사국 어느 일방 또는 유엔군지휘관이 특별회의를 요청해 올 경우, 그 회의는 24시간 이내에 소집된다.

5. 공동협의단은 잠정철수 완료시까지 완충지대내에서 또한 그 후에는 엘아리쉬와 베르세바에서 교대로 개최한다. 제 1회 회의는 본 조약 발효후 2주일 이내에 개최된다.

제5조 "잠정완충지대와 그 역할에 관한 규정"

1. 유엔군이 이집트-이스라엘 양측을 분리시키기 위해 설정한 잠정완충지대는 이스라엘군 철수와 잠정철수선 후방에서의 배치가 완료된 후, 지도#2에 표시된 잠정철수선 서측에 인접하여 설정된다. 경화기를 휴대한 이집트 민정경찰은 이 지역내에서 일상적인 경찰업무를 수행한다.

2. 유엔군은 본 조항 규정을 수행을 보장하기 위하여 잠정완충지대내에서 검문소, 정찰대 및 감시소를 운영한다.

3. 양 당사국이 합의하고 공동협의단의 협조를 얻어 결정된 사항에 따라서 이스라엘측 요원은 지도#2에 T1, T2, T3, T4로 지

정된 4개의 특정지점에서 다음과 같은 원칙아래 군사기술시설
을 운영한다.

A. 기술시설에는 자체 방호용으로 필요한 소화기(연발권총,
   라이플총, 경기관총, 수류탄, 탄약)로 무장한 기술/행정
   요원이 배치된다 요원의 수는 다음과 같이 정한다.
   - T1 : 150명 이내의 요원
   - T2 및 T3 : 350명 이내의 요원
   - T4 : 200명 이내의 요원

B. 이스라엘 요원은 개인용 휴대가 허용된 상관을 제외하고는
   시설지역 외부에서 무기를 휴대할 수 없다.

C. 이집트-이스라엘 쌍방이 인정하는 제3자만이 완충지대내
   의 기술시설지역을 출입, 조사한다. 본 3자는 적어도 매
   월 1회씩 부정기적으로 조사를 한다. 조사는 이들 시설,
   무기, 인원의 운영성격을 검증한다. 제3자는 동 시설의
   육안 및 전자정찰 또는 통신기능에 변동이 있을때에 즉시
   쌍방에 통보한다.

D. 동 시설에 대한 보급, 기술, 관리 목적의 방문과 인원 및
   장비의 교체는 유엔군의 감찰을 받은 이후 검문소로부터
   기술시설지역까지 유엔군의 호위하에 이루어 진다.

E. 이스라엘이 동시설 및 요원의 적절한 기능에 필요한 물자
   들을 기술시설내에 반입하는 것이 허용된다.

F. 공동협의단의 결정에 따라 이스라엘은 다음 사항이 허용
   된다.
   (1) 동 시설내에서 소화기, 일반 용기는 물론 시설유지에
       필요한 관리용 차량 및 이동식 공작장비를 유지한다.

차량은 일체 무장하지 않는다.

(2) 동 시설 및 완충지대내에 동 시설을 위한 도로, 수도, 통신용 테이블을 유지한다. 3개의 시설지점 각각에서의 동 시설 유지에는 2대 이내의 비무장차량, 중장비를 포함한 필요장비를 휴대한 12명 이내의 비무장요원의 배치가 허용된다. 이에 대한 정비작업은 특별한 문제가 없는 한 매주 3회 실시하고, 4시간 전에 유엔에 통고해야 한다. 정비단은 유엔군의 호위를 받는다.

G. 기술시설에의 출입은 주간에만 실시할 수 있으며, 다음과 같이 실시한다.

(1) T1: 유엔검문소를 통과하고 지도#2에 표시된 아부아베일과 161㎞ 교차로를 연결하는 도로를 경유한다.

(2) T1, T2: 유엔검문소를 통과하고 완충지대를 거쳐 지도#2에 표시된 제벨카트리나로 향하는 도로를 경유한다.

(3) T2, T3, T4: 공동협의단에 의해 합의된 비행약도를 따라 회랑지대를 비행하는 헬리콥터를 이용한다. 헬리콥터는 시설외부에 위치한 착륙장에서 유엔군의 검문을 받는다.

H. 이스라엘은 시설을 출입하는 각각의 계획된 행동을 최소한 4시간 이전에 유엔군에 통보한다.

I. 이스라엘은 유엔군에 통부를 발한 후 언제라도 환자 및 부상자를 소개시킬 수 있으며, 의료전문가와 의료진을 호출할 수 있다.

4. 본 조항의 상기 원칙 및 양 당사자간의 조정이 필요한 기타사항에 관한 상세한 것은 공동협의단에서 처리한다.

5. 이스라엘군이 잠정철수선으로부터 철수했을 때나, 혹은 양 당 사국간에 합의된 시기에 기술시설을 철수시킨다.

제6조 "시설 및 군사장벽 배치"

시설 및 군사장벽 배치는 다음 원칙에 따라 양 당사자간에 의해 결정된다.

1. 이집트측의 관리로 넘어가는 구조물, 물품에 관하여 합의하고, 관리이양의 준비를 하기 위하여 공동협의단은 어떠한 지역에 서든지 이스라엘군의 철수 2주전까지 이집트-이스라엘의 연 락 및 기술반이 모든 해당기지에 대한 합동조사를 할 수 있도 록 준비를 한다. 그때, 이스라엘은 각 기지내의 시설이나 물품 의 처분계획을 신고한다.

2. 이스라엘은 그들이 동의한 하부구조물, 시설, 기타 (특히 공 항, 수로, 급수시설, 항구)를 현상태대로 이집트에게 이양할 것을 보장한다. 이집트 기술반은 이양 2주전까지 동 시설의 운 전을 관찰 습득할 수 있다.

3. 이스라엘이 엘아리쉬와 엘토르 주변의 군용수원을 양도할 때 이집트 기술반은 공동협의단이 사전 결정한 질서있는 절차에 따라 이 시설과 부속장비를 인수한다. 공동협의단에서 별도의 합의가 있는 경우를 제외하고 이집트는 이스라엘이 자국 국경 선안으로 철수하는 동안 모든 급수지에서 현 시점에서 가능한 만큼의 물을 계속 공급할 것을 보증한다.

4. 이스라엘은 철수하려는 지역 및 인접지역에서 다음 사항에 따 라 장애물이나 지뢰 등을 포함한 모든 군사장벽을 최선을 다하 여 제거하든지 파괴한다.

A. 우선 인구밀집지역, 도로, 주요기지, 설비의 주변지역에 있는 군사장벽을 제거한다.

B. 철수이전에 제거할 수 없는 장애물이나 지뢰에 대하여 이스라엘은 유엔군 진주 15일 전까지 공동협의단을 통하여 이집트와 유엔에게 상세한 지도를 제공한다.

C. 유엔군이 사전제출된 이집트의 계획에 따라 장애물 제거작업을 수행하기 위하여 동 지역으로 진주한 이후에 이집트 군사기술자가 동 지역으로 진입한다.

제7조 "정찰활동"

1. 철수기간중 동 지역에 대한 공중정찰활동은 다음과 같이 실시한다.

   A. 양 당사국은 이스라엘이 최종철수를 완료할 때까지 사전결정된 합의에 따라 정찰비행을 계속하도록 미국에 요청한다.

   B. 병력과 무기에 대한 제한을 감시하기 위한 정찰비행은 한정된 군사지역에 대하여 실시하여 군비제한을 감시하며, 부속의정서 1 제 2조 및 지도#2, #3에 나타난 지역에서 철수한 이스라엘 병력이 경계선 후방에 존재하는지의 여부를 확인한다.

   C. 부속의정서 1과 본 부속문서에서 양 당사국이 규정한 주요 부분만 부고된다.

2. 양 당사국은 기디 및 미트라 동쪽지역에서의 이스라엘 철수가 완료될때까지 사전합의에 의해 유엔시나이파견대가 활동을 계속하도록 요청한다.

제8조 "이집트의 주권행사"

　이집트는 본 조역 제 1조에 규정된 이스라엘군의 철수와 동시에 시나이반도내의 동 지역에 대한 완전한 주권을 행사할 수 있다.

부록Ⅵ. 이스라엘 공화국과 요르단 하쉬마이트 왕국간 평화 협정

1994년 10월 26일

서문

이스라엘 공화국 정부와 요르단 하쉬마이트 왕국 정부는 :

양측이 1994년 7월 25일 서명한 워싱턴 선언을 존중하고 ;

안전보장이사회 결의안 242와 338에 기반한, 정당하고 항구적이며 포괄적인 중동 평화의 달성을 목표로 하고 ;

자유, 평등, 정의 그리고 기본적인 인권 존중을 기반으로 하여 심리적인 장벽을 극복하고 인간의 존엄성을 추구하도록 하는 평화의 유지, 강화의 중요성을 새기고 ;

양국 그리고 다른 모든 국가들이 안전하고 공인된 국경하에서 평화롭게 살아갈 권리와 의무를 인정하고 유엔헌장의 목적과 원칙을 재확인하고 ;

평화시의 국제 관계를 규정하는 국제법의 원칙에 따라 그들간의 친목과 협력을 발전시키기를 소망하고 ;

양국의 지속적인, 특히 양국간의 위협이나 무력의 사용을 피하기 위한, 안전의 보장을 소망하고 ;

1994년 7월 25일의 워싱턴 선언을 통해 양국간의 교전 상태의 종결을 선언했음을 확인하고 ;

본 평화 협정에 따라 양국간에 평화를 수립하기로 결정하면서 ;

다음과 같이 동의하였다 :

제1조

평화의 수립

이로써 이스라엘 공화국과 요르단 하쉬마이트 왕국(이하 "당사자
들")간에 평화가 수립되었다. 이는 본 협정 비준서의 교환과 함께
효력을 발생한다.

제2조

일반 원칙

당사자들에게는 유엔헌장의 조항과 평화시 국가간의 관계를 규정
하는 국제법의 원칙이 적용된다. 특히;

1. 당사자들의 상대국의 주권, 영토, 그리고 정치적 독립을 인정
   하고 존중한다.
2. 당사자들은 상대국이 안전하고 공인된 국경하에서 살아갈 권
   리를 인정하고 존중한다.
3. 당사자들은 지속적인 안전을 보장하기 위하여 이웃간 긍정적
   협력의 관계를 발전시키고, 상대국에 대한 위협이나 무력의
   사용을 자제하며, 양국간의 모든 분쟁을 평화적 수단으로 해
   결한다.
4. 당사자들은 지역 내 모든 국가들의 주권, 영토, 그리고 정치적
   독립을 인정하고 존중한다.
5. 당사자들은 지역적 그리고 양국간의 관계에 있어 인간 발전과
   인간 존엄성이 지니는 중추적 역할을 인정하고 존중한다.
6. 더 나아가 당사자들은 그들의 통제하에, 상대국의 안전을 위
   협하는 주민의 강제이동은 허가되어서는 안 된다는 점에 동의
   한다.

제3조

국제적 국경선

1. 이스라엘과 요르단간의 국제적 국경선은, 첨부 Ⅰ (a)의 지도와 좌표에 나타나 있는 국경선에 정의에 따라 정해진다.

2. 첨부 Ⅰ (a)가 제시한 국경선은 이스라엘과 요르단의 영구적이고 확고하고 공인된 국제적 국경선이며, 이는 1967 이래 이스라엘 군사 정부의 지배를 받는 지역의 지위에 영향을 주지 않는다.

3. 당사자들은 국제적 국경선과 상대국의 영토, 영해, 영공을 불가침의 것으로 인정하고 존중하며 그에 따른다.

4. 국경선의 분계는 본 협정의 서명일로부터 9개월이 지나지 않는 시한내에 첨부 Ⅰ의 부록(Ⅰ)에 명시된 대로 이루어진다.

5. 국경선이 강을 따라 결정되는 경우, 첨부 Ⅰ(a)에 명시된 것과 같이 강줄기 위치에 자연 변화가 생기면, 국경선은 강줄기의 새로운 위치를 따른다. 그 밖의 다른 어떠한 변화도 양측의 동의 없이는 국경선에 영향을 미치지 못한다.

6. 본 협정의 비준서의 교환이 이루어지는 즉시, 각 당사자들은 첨부 Ⅰ(a)에 명시된 국경선의 각자의 위치로 이동한다.

7. 각 당사자들은 본 협정의 서명일로부터 9개월 이내에 아카바만(the Gulf of Aqaba)의 해양 경계선의 위치에 관한 협정을 해결하기 위해 협상을 시작하기로 한다.

8. 요르단의 주권하에서 특별히 이스라엘의 사유권이 인정되는 나하라임/바쿠라(Naharayim/Baqura)지역을 고려하여, 당사자들은 첨부 Ⅰ(b)에 명시된 조항들을 적용하기로 동의하다.

9. 조파/알-가믈(Zofar/Al-Ghamr)지역에 관하여는, 첨부 Ⅰ(c)에 명시된 조항들을 적용한다.

제4조
안보
1.
  a. 양당사자들은, 안보 관련 문제에 있어 상호 이해와 협력이
     양국간관계의 중요한 부분을 형성하고 더 나아가 지역 내
     안보를 강화한다는 점에 동의하기에, 그들의 안보 관계를
     상호 신뢰와 공익추구 그리고 협력에 기반할 것과 평화적인
     지역 협력을 지향하기로 결의한다.
  b. 당사자들은 이러한 목표를 달성하기 위해 유럽 공동체와 유
     럽 연합이 유럽안보협력회의(CSCE)의 발전을 통해 얻은 성
     과들을 인정하고 중동 지역에 중동안보협력회의(CSCME)
     를 창설하기 위해 노력하기로 한다. 이러한 결의는 세계대
     전 이후 시대에, 지역적 안보안정 지대를 통해 성공적으로
     실현된 지역적 안보 모델의 채택을 수반하는 것이다.
2. 본 조항의 의무 사항들은 유엔헌장에 따른 자국 방위의 고유
   한 권리를 손상시키지 않는다.
3. 본 조항의 규정에 따라 당사자들은 다음 사항들을 약속한다:
  a. 상대에 대한 위협이나 무력의 사용, 재래식, 비재래식, 혹
     은 그 밖의 다른 어떠한 형태의 무기의 사용, 그리고 상대
     의 안보에 악영향을 미치는 행위나 활동을 자제한다;
  b. 상대에 대한 교전, 적대 행위, 전복, 폭력 등을 계획, 선동,
     유발, 지원, 참여하는 위협을 자제한다;
  c. 상대에 대한 교전, 적대 행위, 전복, 폭력 등의 행위나 위
     협이 당사자들의 영토 내에서 발생하거나 범해지지 않도록
     필요하고 효과적인 조치들을 취한다.(여기에 "영토"라 함
     은 영해와 영공을 포함한다.)

4. 평화의 시기, 그리고 지역적 안보를 형성하고 침략과 폭력을 방지, 회피하기 위한 노력과 동일선상에서 당사자들은 또한 다음 사항들을 자제하기로 한다:

　a. 본 협정에 위배하여 상대국에 대해 군사적 적대 행위나 침략을 포함하는 목적이나 활동을 위해 제3국과 군사적 혹은 안보적 동맹, 조직, 연합 등을 결성, 지원하거나 추진하는 행위

　b. 그들의 영토 내에 상대국의 안전을 손상시키는 제3국의 군대나 대원 혹은 군수품의 입국, 배치 그리고 활동을 허용하는 행위

5. 양 당사자들은 필요하고 효과적인 조치들을 취할 것이며 모든 종류의 테러를 제재함에 있어 협력할 것이다. 당사자들은 다음 사항들을 약속한다:

　a. 각자의 영토 내에서 일어나는 혹은 영토에서 기인하는 상대국에 대한 교전, 적대 행위, 전복, 폭력 등의 행위를 제재하기 위해 필효하고 효과적인 조치들을 취한다. 그리고 그러한 활동, 혹은 그 활동을 하는 자를 규제하기 위해 필요한 효과적인 조치들을 취한다.

　b. 폭력적인 수단을 사용하거나 폭력을 유발하여 상대국의 안보를 위협하는 모든 집단이나 단체 그리고 그 조직이 당사지의 영토 내에 입국, 주둔, 협력하는 행위를 방지하기 위해, 표현과 협조에 대한 기본권을 손상하지 않는 한도 내에서, 필요하고 효과적인 조치들을 취한다.

　c. 국경 침범을 방지, 제재하기 위해 협력한다.

6. 본 조항의 이행과 관련된 모든 문제는 연락 체계, 검증, 감독 등을 다루는 협의기구(A Mechanism of Consultations)와 필요에 따라 그 밖의 협의기구, 그리고 고위 협의기구를 통하여 다루어진다. 협의기구에 관한 자세한 사항은 본 협정 비준서의 교환일로부터 3개월 이내에 양측에 의해 타결될 협정에서 다룰 것이다.

7. 당사자들은 다음 사항들은 최우선 과제로 간주하여, 군비통제와 지역안보를 위한 다자간 협력체제(the Multilateral Working Group on Arms Control and Regional Security)의 맥락 속에서 가능한 한 빠른 시일 내에 공동의 노력을 통하여 다음 사항들이 달성될 수 있도록 함께 노력하기로 한다:

   a. 적대적 동맹이나 연합으로부터 벗어난 중동지역 만들기.
   b. 포괄적이고, 지속적이며, 그리고 안정된 평화라는 맥락 속에서, 무력사용의 중지, 화해, 친선으로 특징 지워지는 맥락 속에서 재래식 혹은 비재래식 할 것 없이 대량살상무기로부터 안전하게 보호될 수 있는 중동 만들기.

제5조

외교와 그 밖의 양국 관계

1. 당사자들은 완전한 외교, 영사 관계를 수립하고 본 협정 비준서의 교환일로부터 1개월 이내에 주재 대사를 교환하기로 한다.

2. 당사자들은 그들의 정상적 관계가 차후 경계, 문화적 관계로까지 포함하게 될 것을 동의한다.

제6조

수자원

양측간의 모든 수자원 문제를 포괄적이고 영구적으로 해결하기 위해 :

1. 당사자들은 요르단강, 야르무크(Yarmouk)강의 수자원과 아라바(Araba)지역의 지하수가 합의를 본 후 수용되어질 수 있는 원칙, 수량, 그리고 수질에 따라 첨부 II에서와 같이 정당하게 배분되었음을 상호 인정한다. 당사자들은 그것을 존중하고 따라야 한다.

2. 당사자들은 수자원 문제에 관한 실질적이고 정당하며 동의된 해결안의 필요성을 인지하고 수자원 문제가 양측관계의 발전에 기반이 된다는 견해를 갖고서 각자의 수자원 경영과 개발이 어떤 형태이든 상대국의 수자원을 해치지 않는다는 점에 확신할 것을 확약한다.

3. 당사자들은 수자원이 그들의 필요를 충족시키기에 부족하다는 사실을 인정한다. 따라서 지역적, 국제적 협력 사업을 포함한 다양한 경로를 통하여 추가의 수자원이 공급되어야 한다.

4. 본 조항의 3에 비추어, 수자원 관련 협력은 당사자들 모두에게 이익이 되고 양측의 수자원 부족을 완화시키며 모든 수자원 문제는 국가간 수자원 이동의 가능성을 포함해 그들의 영토내에서 전제적으로 다루이져야 한다는 견해하에서, 양 당사자들은 수자원 부족을 완화하기 위한 방안을 모색하기 위해 노력하고 아래와 같은 분야에서 서로 협조하기로 한다.

   a. 기존 혹은 새로운 수자원의 개발, 적절한 지역적 협력 등을 통한 수자원 공급의 증가, 수자원 사용 연결망을 통한 수자

원 낭비의 최소화;

b. 수자원 오염의 방지;

c. 수자원 부족을 완화하기 위한 상호 보조;

d. 수자원 문제에 관한 정보교환, 공동연구개발, 수자원 개발
   과 활용방안의 향상을 위한 가능성 모색

5. 본조항과 관련된 당사자들의 약속이행은 첨부 II에서 구체적으
   로 명시되어 있다.

제7조

경제관계

1. 경제 발전과 번영은 평화와 안보, 그리고 국가 민족 개인간 화
   목한 관계의 기반이 된다는 견해를 갖고서 당사자들은 이러한
   견해의 공동의 이해를 고려해 당사자들간, 더 나아가 지역적인
   경제협력을 증진시키고자 하는 양측의 희망을 확인한다.

2. 이와 같은 목적을 달성하기 위해, 당사자들은 다음 사항들을
   동의한다.

   a. 정상적인 경제관계를 저해하는 모든 차별의 철폐, 상대국
      을 겨냥한 경제적 보이콧의 종식, 제3국을 동원하여 당사
      자에 대한 경제적 보이콧을 종식시키기 위한 협력.

   b. 상품과 서비스들의 자유롭고 방해받지 않는 흐름에 대한
      원칙이 양국간의 관계를 좌우한다는 점을 인정하면서 당
      사자들은 무역과 자유무역지대의 설립, 투자, 금융, 산업
      협동, 노동력 등 분야에서 경제협력에 대한 협정에 도달하
      기 위한 협상을 시작한다. 이러한 경제협력은 유익한 경제
      관계를 증진시키기 위함이며, 지역적 차원에서의 인간개

발에 대한 고려를 포함해 다른 여러 동의된 원칙들에 기반
해야 함.

c. 각국의 경제와 지역 내 국가간의 경제 관계를 위한 양국간
그리고 다국적 협력.

제8조

난민과 강제 퇴거민

1. 중동 분쟁으로 인해 양 당사자들이 떠안게 된 방대한 인간 관
련 문제들, 그리고 이들의 고통을 줄이기 위해 양국의 공헌을
인식하기에 각 당사자들은 양자간 일어나는 이러한 문제들을
해결하기 위해 더욱 노력하기로 한다.

2. 위에서 언급한 중동분쟁으로 인한 인간 관련문제들이 양자간
의 노력만으로는 완전히 해결될 수 없음을 인식하는 당사자들
은 적절한 포럼에서 국제법에 따라 해결될 수 있도록 노력할
것이다. 포럼이라 함은 이하를 포함한다.

a. 강제 퇴거민 문제를 해결하기 위한 이집트와 팔레스타인
포함 4자 위원회.

b. 난민 문제를 해결하기 위한

i. 난민을 위한 다자간 협력 체제;

ii. 본 협정의 제3조에서 언급된 영토 관련 최종 지위 협상
과 동일선상에서, 양자간 혹은 그 밖의 합의된 틀에 의
해 진행되는 협상들

c. 합의된 유엔 프로그램과 다른 국제 경제 프로그램의 이행을
통해 거주지원 정책을 포함해 난민, 강제퇴거민과 관련한
문제들 해결

제9조

역사·종교적 중요지역

1. 각 당사자들은 종교·지역적 중요 장소를 자유롭게 왕래할 수 있다.

2. 이러한 의미에 있어서, 워싱턴 선언에 따라, 이스라엘은 예루살렘 회교도 성지에서 현재 요르단 하쉬마이트 왕국의 역할을 특별히 존중한다. 본 장소와 관련 항구적인 지위에 대해 교섭들이 진행될 경우에, 이스라엘은 본 성지에 대해 요르단의 역사적인 역무에 대한 높은 우선권을 줄 것이다.

3. 당사자들은 세 개의 유일신 종교간의 종교를 뛰어넘는 관계를 증진시키기 위해서 함께 노력할 것이다. 이는 종교적 이해, 도덕적 신념, 예배의 자유, 그리고 관용과 평화를 목적으로 한다.

제10조

문화·과학적 교류

분쟁기간 쌓인 편견들을 극복하고자 하는 당사자들은 모든 분야에 있어서 문화·과학적 교류의 유익성을 인식하기 때문에 양국간 정상적인 문화적 관계를 설립하기로 합의한다. 따라서 당사자들은 본 협정 비준서의 교환일로부터 9개월이 지나지 않는 시점까지 가능한 빠른 시일 내에 문화 과학 협정을 타결하기 위한 협상을 하기로 한다.

제11조

상호이해와 주변 우호지역과의 관계

1. 당사자들은 그들의 공유하고 있는 역사적 가치관에 기반한 상

호 이해와 관용을 증진시키기 위해 노력하기로 하며 그에 따라 이하를 약속한다:

    a. 상대를 겨냥한 적대적이고 차별적인 비방은 삼가한다. 또한 양국 영역 내의 어떠한 집안 혹은 개인의 비방을 막기 위해 가능한 모든 법적, 행정적 조치를 취하기로 한다.

    b. 본 협정 비준서의 교환일로부터 3개월이 지나지 않은 시점까지 가능한한 빠른 시일 내에, 각자의 법률에 존재하는 모든 차별적 언급이나 적대적 표현들을 폐기한다.

    c. 정부 출판물에서 그러한 언급이나 표현을 삼가한다.

    d. 각자의 사법 제도나 재판에 있어 상대국의 시민들이 성낭한 절차를 누릴 수 있도록 보장한다.

2. 본 조항의 1 (a)는 시민권과 정치권에 관한 국제 규약에서 언급된 표현의 자유를 제약하지 않는다.

3. 본 조항의 위반에 대한 어느 한 당사자의 주장을 검토하기 위해 공동위원회가 설립된다.

제12조

범죄, 마약의 단속

당사자들은 범죄 단속에 있어 협조하며 특히 밀수 단속에 중점을 둔다. 또한 불법 마약의 생산, 거래활동을 단속, 차단하기 위해 가능한 모든 조치들을 동원하여 생산, 거래자는 재판에 회부하도록 한다. 이 점에 있어서는 첨부 III에 따라 양국간 도달한 합의를 참고하며 본 협정 비준서의 교환일로부터 9개월이 지나지 않는 시점까지 관련된 협정을 타결하기로 약속한다.

제13조

운송기관과 도로

운송기관과 관련해 이미 진전된 사항들을 유념하면서, 당사자들은 운송기관과 관련해서 상호 선린의 관계를 이룩하는 것이 상호 이익을 위해 중요함을 인식하고, 본 분야와 관련해 양국간 관계를 증진시키기 위해 다음의 조치를 취할 것을 동의한다:

1. 당사자들은 각각의 영토에 자국과 상대국 운송 수단의 입국이나 통과를 허가한다. 쌍방은 어느 쪽도 자국에서 상대국으로 이동하는 사람이나 차량에 대하여 차별적인 세금이나 제한 사항들을 강요하여서는 안된다.

2. 당사자들은 양국을 잇는 도로나 다른 통로들을 개방, 유지하고 추가적인 도로나 철로의 건설을 고려한다.

3. 당사자들은 위에서 언급한 분야나 그 밖의 분야, 예를 들어 공동프로젝트, 교통안전, 교통기분이나 법규, 운송 수단의 면허, 육로, 화물의 수송과 적하, 기상학 등에서 상호 협정을 매기 위한 협상을 지속적으로 한다. 상호협정은 본 협정 비준서의 교환일로부터 6개월이 지나지 않는 시점까지 타결이 되어야 한다.

4. 당사자들은 이집트, ,이스라엘, 그리고 요르단간 에이라트 (Eilat)근교에 건설, 유지될 예정인 고속도로를 위한 협상을 계속하기로 한다.

제14조

항해의 자유와 항구의 이용

1. 제3항에 규정된 기득권을 침해하지 않는 범위 내에서, 당사자

들은 국제법에 따라 각자의 영해를 상대국의 선박이 지날 수 있도록 인정한다.

2. 당사자들은 상대국의, 혹은 상대국을 출발하거나 목적지로 하는, 선박이나 화물이 항구를 정상적으로 이용할 수 있도록 한다. 이러한 이용 권한은 다른 국가들의 선박이나 화물과 같은 조건이어야 한다.

3. 당사자들은 티란(Tiran) 해협이나 아카바 (Aqaba)만에 대해 모든 국가들이 항해와 비행의 자유를 지속적으로 누릴 수 있는 국제적 수로로 간주한다. 당사자들은 티란 해협과 아카바만에서 상대국의 항해와 비행의 자유를 존중한다.

제15조

민간항공

1. 당사자들은 그들의 참여하에 1944년 타결되었던 국제민간항공협약 (the Convention on International Civil Aviation: 시카고 협약)과 국제항공서비스협정(the International Air Service Transit Agreement)에 의해 인정된 권리, 혜택과 의무를 서로에게 적용한다.

2. 한 당사자가 시카고 협약 89조에 따라 국가긴급상황을 선언할 경우 상대 당사자에게만 차별적으로 선언할 수 없다.

3. 당사자들은 워싱턴 선언에 따라 양국간 개방될 국제 항공로에 대한 협상에 관심을 갖고 협상을 위해 노력한다. 더 나아가 당사자들은 본 협정의 비준과 동시에 민간항공협정의 타결을 위한 협상에 들어간다. 이상의 모든 협정들은 본 협정 비준서의 교환일로부터 6개월 이내에 체결이 되어야 한다.

제16조

우편과 정보통신

당사자들은 워싱턴 선언에 따라 양국간의 직통 전화선을 개통한
다. 협상이 이미 종결된 우편망은 본 협정의 서명과 함께 운영에
들어가기로 한다. 더 나아가 당사자들은 케이블, 라디오와 위성
을 이용한 일반적인 무선 통신, 케이블 통신, 그리고 텔레비전 대
체 서비스를 모든 관련 국제 조약과 규범에 따라 양국간에 개설
하기로 동의한다. 본 사항과 관련된 협상들은 본 협정 비준서의
교환일로부터 9개월을 넘기지 않고 결론지어야 한다.

제17조

관광

당사자들은 관광 분야에서 상호 협력의 증진이 양국 모두에게 이
익이 됨을 확신한다. 이러한 목표를 성취하기 위하여 당사자들은
양국간 관광분야에 관련해 체결된 여러 합의를 고려해 상호 관광
을 증진시키고 제3국의 관광객을 유치하기 위한 협정을 체결하기
로 한다. 본 협정 비준서의 교환일로부터 3개월안에 협정의 체결
을 위한 협상을 시작한다.

제18조

환경

당사자들은 자연보호나 환경오염의 방지 등, 그들이 커다란 중요
성을 부여하는 환경관련 문제들과 관련해 첨부 IV에 명시된 것과
같은 협력을 할 것이다. 이를 위한 협정을 본 협정 비준서의 교환
일로부터 6개월 안에 체결하기 위하여 협상을 시작하기로 한다.

제19조

에너지

1. 당사자들은 에너지 자원의 개발을 위해 협력한다. 이는 태양열의 활용과 같은 에너지 관련 프로젝트의 개발을 포함한다.
2. 양국간 Eilat-Aqaba 지역의 전력그리드 (Elecric grids)연결을 위한 협상을 종결한 당사자들은 본 협정의 서명과 동시에 연결을 실행할 것이다. 당사자들은 연결 단계를 더욱 폭 넓은 양국간 그리고 지역적 구도의 일부분으로 여기며 그리드 연결의 확신을 위해 협상을 계속하기로 동의한다.
3. 당사자들은 본 협정 비준서의 교환일로부터 6개월 이내에 에너지 분야에서 관련 협정을 체결하기로 한다.

제20조

리프트계곡의 개발

당사자들은 요르단 리프트 계곡 지역의 경제, 환경, 에너지 혹은 관광분야의 공동 프로젝트와 같은 통합적 개발에 커다란 의미의 중요성을 부여한다. 이스라엘-요르단-미국 삼자 경제 위원회의 요르단 리프트 계곡 종합 개발계획의 세부사항에 따라 당사자들은 계획의 완성과 그 이행을 위해 활발히 노력할 것이다.

제21조

보건

당사자들은 보건분야에 있어서 협력하고 본 협정 비준서의 교환일로부터 9개월이내의 협정을 체결하기 위한 협상을 계속한다.

제22조

농업

당사자들은 수의학, 농작물보호, 생물공학 그리고 마케팅 등을 포함하는 농업분야에서 협력하기로 한다. 이를 위해 본 협정 비준서의 교환일로부터 6개월 이내에 협정을 체결하기 위한 협상을 한다.

제23조

Aqaba와 Eilat

당사자들은 Aqaba와 Eilat의 공동 개발이 가능하도록 본 협정 비준서의 교환일로부터 1개월 이내에 협상을 시작하기로 한다. 공동개발이라 함은 특히 공동관광개발, 공동세관, 자유무역지역, 항공분야의 협조, 공해의 방지, 해상관련문제, 경찰, 문화와 보건 협력을 의미한다. 당사자들은 모든 관련협정들을 본 협정비준서의 교환일로부터 9개월이내에 체결할 것이다.

제24조

클레임 (Claims)

당사자들은 모든 재정적인 클레임을 함께 해결하기 위한 클레임 위원회를 창설한다.

제25조

권리와 의무

1. 본 협정은 유엔헌장이 언급하는 권리와 의무를 어떠한 방향에서도 영향주지 않으며 영향을 주도록 해석되어서도 안된다.

2. 당사자들은 본 협정에 따라 그들의 의무를 성실히 이행할 것

을 약속한다. 이는 다른 당사자들을 활동 혹은 불활동, 그리고 본 협정과 관련없는 증서들과 무관하다. 본 항목을 위해 당사자들은 서로에게 각자의 해석에 따라 본 협정과 상치된다고 여겨지는 다른 협정들의 의무 조항을 설명한다.

3. 또한 당사자들은 당사자들이 참여하는 여러 다국적 협약의 이행을 위해, 유엔 사무총장과 다른 회의기관에 적절한 보고를 하는 것을 포함해 여러 가지 필요한 조치를 취하기로 한다.

4. 양 당사자들은 그들이 참여하는 모든 다국적 협약에 있어 상대국에 대한 경멸적 어구들를 방지하기 위하여 모든 가능한 조치를 취할 것이다.

5. 당사자들은 본협약의 위반을 수반하는 어떠한 규약도 체결하지 않을 것이다.

6. 유엔헌장 103조에 따라, 본 협약에 의한 의무사항들이 다른 협약에 의무사항들과 상치될 경우 본 협약의 의무사항이 우선시되며 이행되어야 한다.

제26조
입법
당사자들은 본 협정 비준서의 교환일로부터 3개월 이내에 본 협정의 이행을 위한 입법 절차를 마치며 본 협정과 상치되는 모든 국제 규약과 법률을 폐기한다.

제27조
비준
본협정은 각 당사자들의 국가적 절차에 따라 비준될 것이다. 협정은 비준서의 교환일로부터 효력을 발생한다.

본 협정에 추가되는 첨부와 부록 등은 비준과 동시에 발효된다.

제28조
임시 조치
당사자들은, 첨부 V에 명시되어 있듯이, 특정분야에 있어 본 협
정과 관련해 체결될 다른 협정들을 위해 서로 동의된 임시조치들
을 취하기로 한다.

제29조
분쟁의 해결
본 협정의 작용과 해석에서 발생되는 분쟁들은 협상을 통해서 해
결한다. 협상을 통해 해결되지 않는 분쟁은 조정이나 중재소에
회부하여 해결한다.

제30조
등록
본 협정은 유엔헌장 102조에 의해 유엔 사무총장에게 제출되어
등록될 것이다.
1994년 10월 26일 (5775년 Heshvan 21일 혹은 1415년 Jumada
Al-Ula 21일)에 Arava 국경 지역에서 영문과 아랍어로 작성되
었고 이들은 모두 진본이다. 해석의 차이가 있을 경우 영문을 따
른다.

이스라엘 대표 : 국무총리 이츠학 라빈
요르단 하쉬마이트 왕국 대표 : 국무총리 압둘 살람 마잘리
증인 미합중국대통령 윌리엄. J. 클린턴

부록Ⅶ. 인도-중국 접경지역 LAC 일대의 평화와 안정유지에 관한 협정

(1993. 9. 6 북경)

인도와 중국 정부 양측은 주권과 영토에 관한 상호존중, 상호불가침, 내정불간섭, 평등과 상호이익, 인도-중국 국경지역 LAC일대의 평화와 안정의 유지에 입각한 평화공존이라는 5개 원칙에 입각하여 본 협약에 합의한다.

1. 양측은 인도-중국 국경문제가 평화적이고 우호적인 협의를 통해서 해결되어야 한다는 데 견해를 같이 한다. 어느 측도 상대방에 대하여 어떠한 수단의 군사력도 사용하거나 위협해서는 안된다. 양국간 국경문제의 궁극적인 해결을 위해 노력을 기울이면서 양측은 상호간의 현 통제선(LAC)을 엄격하게 존중하고 준수한다. 쌍방은 LAC를 침범하는 어떠한 활동도 해서는 안되며 만약 어느 일방의 인원이 상대방의 경고에도 불구하고 LAC를 월경시는 즉각 복귀토록 한다. 필요한 경우, 양측은 LAC에 관하여 이견이 있을 시 그 부분에 대하여 합동으로 점검하여 결정한다.

2. 양측은 양국간의 우호 선진관계를 유지하는 데 적합한 최소한 수준의 병력을 접경지역에 유지한다. 또한 양측은 호혜적이고 평등한 안보원칙에 부합되도록 상호합의된 범위내에서 접경지역의 병력을 감축하는 데 합의한다. LAC의 일대의 병력 감축의 범위, 정도, 시기는 양측의 협의에 의한다. 병력 감축은 LAC 일대의 상호합의된 지리적 위치 범위내에서 단계적으로

실시한다.

3. 양측은 LAC 일대에 있어서 효과적인 군사적 신뢰조치를 협의한다. 양측의 어느 일방도 상호확정된 지대내에서는 특정수준의 군사훈련을 할 수 없으며 이 협정에서 허용된 LAC 부근에서 특정 수준의 군사훈련을 하기 위해서는 상대측에 사전 통보해야 한다.

4. LAC 일대에서 우발적인 문제가 발생했을 시, 양국의 국경요원들과의 회담과 우호적인 협의를 통해 문제를 해결한다. LAC 일대 국경요원들 사이의 회의와 상호협의는 양측의 합의에 바탕을 둔다.

5. 양측은 LAC 일대에서 서로의 영공침범이 일어나지 않도록 하기 위한 대책 마련에 서로 합의하며 영공침범이 발생하면 상호협의토록 한다. 또한 양측은 LAC 부근의 상호 합의된 지역에서의 공중훈련 제한에 대해 협의한다.

6. 양측은 이 협정상의 LAC 참고문이 국경문제에 있어서 LAC의 현 위치에 대하여 침해를 하지 않는다.

7. 양측은 이 협정에 의해 LAC 일대의 평화와 안정, 그리고 병력 감축에 요구되는 효과적인 검증체제와 감시의 형태, 방법, 규모, 내용에 의하여 협의를 통하여 합의한다.

8. 양측의 합동실무단은 (현재 합의한 조약을 위해서) 양측의 협의를 통해 외교, 군사분야에 대한 전문가를 공식적으로 지원한다. 이 전문가들은 LAC를 둘러싼 양측의 이견을 해결하고, LAC일대 군사력 감축에 대한 양측의 만남을 조율한다. 또한 전문가들은 상호신뢰와 우호적 관계를 바탕으로 해서 LAC일대와 관련된 서로의 입장차이를 줄이고, LAC일대의 군사력 감

축에 관해 조언한다. 그리고 협정을 감시하고 협정간 일어날 수 있는 입장차이를 줄이는 데 역할을 담당한다.

9. 현 협정한 조약은 서명한 즉시 그 효력을 미치며, 그 효력은 양측의 합의로 함을 밝힌다.

인도-중국 접경지역 LAC 일대 군사분야 신뢰구축에 관한 협정

(1996. 11. 29 뉴델리)

인도와 중국정부 양측은 이번 협정이 주권과 영토의 상호존중, 상호불가침, 내정불간섭, 상호이익과 평등, 평화공존의 5원칙을 바탕으로 해서 인도와 중국 양측의 우호적이고 지속적인 관계를 이어가는 데 많은 도움이 될 것을 확신하면서 인도-중국의 기본적인 이익과 관련된 LAC 일대의 평화와 안정유지와 국경선 문제와 관련해서 제기되었던 궁극적인 해결책 마련에 기여할 것을 확신한다. 우리는 군사적 우위를 추구하거나 다른 어떠한 수단으로 상대방에 군사력 위협을 가하는 일이 없을 것임을 재확인하고, 1993. 9. 7일 서명된 베이징 조약으로 양측이 중국-인도 접경지역 LAC 일대의 평화유지와 안정에 관한 양국정부간의 합의에 따라서 양국간 LAC 일대 효과적인 군사적 신뢰구축 필요성을 인식하고, 두 나라간의 접경지역 일대에 조성된 군사적 신뢰추구의 유용성을 주목하면서 군사분야에서 투명성과 상호신뢰증진에 관하여 다음과 같이 서약한다.

제1조

양측은 상대방에 대하여 군사력을 사용할 수 없다. 자신의 현존 군사력의 일부인 LAC 일대 접경지역에 배치된 군사력으로 상대방을 공격하거나 위협해서는 안되며 중국-인도 접경지역 일대의 안정과 평화를 방해하는 군사적 활동할 수 없다.

제2조

 두 나라는 국경문제의 공정하고 합리적이며 상호 합의된 설정 결정을 상기하면서 양국 접경지역내 LAC를 엄격하게 존중하고 준수한다는 우리의 약속을 재확인하고 국경문제의 궁극적 해결을 위해 노력을 기울인다.

제3조

 양측은 인도-중국 접경지역내 LAC 일대 상호 합의된 지대내에서 현존 병력을 감축하거나 제한하는 다음과 같은 조치에 합의한다.

1. 양측은 LAC내 군사적 활동이 허용된 지역에서 두 나라 사이의 우호적이고 안정적인 관계를 해칠수 있는 현존 병력을 축소, 제한할 것을 재확인한다.

2. 양측은 합의된 내용을 바탕으로, LAC내 군사적 활동이 허용된 지역의 야전군, 국경수비대, 준군사부대 및 장비의 수를 제한하는데 합의한다. 축소된 장비는 다음과 같다 : 전차, 장갑차 화기 (75mm이상의 직사화기와 120mm이상의 박격포), 지대지 미사일, 지대공 미사일 및 기타 상호 합의된 무기체계.

3. 양측은 축소되거나 제한된 병력과 장비에 관한 자료를 교환하고 접경지역 LAC내 상호합의된 지역내에서 쌍방이 지켜야 할 병력과 징비의 싱흔선이 유지될수 있도록 한다. 양측의 병력과 장비의 상한선은 지형, 도로망, 기타 병력과 장비의 성능 발휘에 관련된 하부 구조등을 고려한 상호적이고 평등한 안보 원칙의 요구에 따라 결정된다.

제4조

인도 중국 접경지역내 LAC지대의 평화와 안정을 유지하고 상대방의 의도에 대한 오해에 기인한 접경지역의 긴장을 방지하기 위하여

1. 양측은 접경지역내 LAC 부근에서 1개사단 이상 (약 15,000명)의 대규모 군사훈련을 해서는 안된다. 이러한 대규모 군사훈련이 실시되더라도 주력부대의 전략적 방향이 상대편을 지향해서는 안된다.

2. 만일 어느 일방이 접경지대내 LAC 부근에서 여단급 이상 (5,000명)의 주요 군사훈련을 실시할 때는 참가하는 병력의 수, 훈련형태, 수준, 기간 등에 대하여 사전 통보해야 한다.

3. 접경지대에서의 훈련이 해산, 종료되는 날짜는 훈련의 종료 5일 이내에 상대측에게 통보해야 한다.

제5조

인도-중국 접경지대내 LAC를 월경하는 군용기의 영공침범방지와 월경비행 및 착륙에 관하여는 ;

1. 양측은 LAC를 월경하는 영공침범이 발생하지 않도록 적절한 대책을 취해야 한다. 그러하나, 만약 영공침범이 발생될 시에는 전투기를 운용한 측에서 신속히 조사해야 하며, 조사의 결과는 즉시 접경지역 회담과 외교적인 채널 그리고 다른 통로를 통해서 상대측에 알려야 한다.

2. 본 조의 3항 및 4항에 의하여 모든 전투기(요격기, 폭격기, 정찰기, 훈련기, 군용헬기)는 LAC 10km 이내 비행이 금지된다.

3. 만일 어느 측이 LAC 10km 비행이 필요시에는 외교적인 절차

를 거쳐 상대측에 미리 통보해야 한다. (전투기의 기종 및 수, 비행고도, 비행시간, 비행지역)

4. 비무장 수송기, 탐색기, 헬리콥터는 LAC까지의 비행이 허용된다.

5. 사전의 허락없이는 어떠한 비행기도 LAC 부근 영공을 비행할 수 없다. 양측의 전투기들은 자신의 전투기에 관한 세부적인 사항을 상대편에 통보하고 사전 허락을 받은 후에야 LAC 영공을 비행하거나 상대편 영공에 이·착륙하는 것이 가능하다. 이러한 조항이외에도, 상대측의 비행기가 영공을 넘어올 시에 위의 조건 이외에도 다른 구체적인 조건들을 추가시킬 수 있다.

6. 긴급상황시 안전한 비행을 위해서, 인도-중국 당국은 최대한 빠르게 이용가능한 통신수단을 사용해 상호 정보를 주고 받을 수 있다.

제6조

인도-중국 접경지대내의 위험한 군사활동을 방지하는 조항은 다음과 같다.

1. 양국 어느쪽도 LAC의 2km 범위내에서 사격, 생화학제 이용, 폭파작업이나 총이나 폭약을 이용한 사냥을 금지한다.(이러한 금지에는 소규모 화기는 적용되지 않는다)

2. 접경지대 2km 내에서 폭파훈련을 힐 시에는 외교적 통로나 접경지대내의 회담을 개최하여 훈련 5일전에 상대측에 이를 통보한다.

3. 만일 LAC 부근에서 실탄을 이용하는 훈련이 진행될 시, 실탄이나 미사일이 LAC를 상대편 진영으로 떨어져서 안된다.

4. 만일 어떠한 이유로 LAC 경계선을 둘러싼 양측의 이견이 생겨 접경지대내 서로 대치하는 상황이 벌어진다면, 양측은 감정을 자제하고, 상황이 심화·확대되는 것을 피하기 위한 모든 필요한 절차를 밟는다. 또한 긴장완화와 상황 재조명을 위해 외교적이나 다른 가용한 통로로 즉시 상호협의에 들어간다.

제7조

양측의 군사적 교류와 협력, 그리고 접경지역의 LAC의 구축을 위하여 다음과 같이 합의한다;

1. LAC내의 지정된 장소에서, 양측 대표자간의 정기적인 정상회담을 유지하고 확대한다.
2. LAC내의 지정된 장소에서, 정상회담간의 텔레커뮤니케이션을 유지하고 확대한다.
3. 양측의 정상간의 고차원적이고 단계적인 연결망을 구성한다.

제8조

1. 상대측에서 자연재해와 같이 피할 수 없는 상황에 직면하여 LAC를 넘어올 경우에는 가능한 모든 지원을 해주어야 하며, 상대측면에서 LAC를 넘어온 인원에 대해서는 즉각 상대편에 통보해 주어야 하고 넘어온 인원의 회송방법은 양국의 합의를 통해 결정한다.
2. 양측은 상대국에까지 영향을 미칠 수 있는 인접한 경계지역 안에서의 전염병과 자연재해에 관한 정보를 가능한 빠르게 주고 받는다. 정보는 접경지역내의 회담이나 외교적인 통로를 통해 교환한다.

제9조

1. 경계지역 안에서의 의심되는 상황이 발생하거나, 한 쪽이 상대
측의 조약을 준수하는 방법에 대해 의심을 품게 되어 질문을
제기하는 사례가 발생했을 시, 양측은 상대편으로부터 해명을
받을 권리가 있다. 상대편의 투명성 여부를 조사하고 그 결과
를 전달받는 것은 외교적인 통로로 통해서 전달받는다.

제10조

1. 현 조약을 준비하고 완벽히 수행해 내는 것은 양측이 LAC에
대해 공통적인 의견을 같이하고, LAC 내에 투명성과 확실성
을 빠르게 보장하는 것에 대해 상호합의할 때에만 가능하다.
양측은 현 조약을 진행시키는 최초의 절차로써 현 조약 중에
양측이 조금이라도 이견을 갖고 있는 부분에 관해서는 확실히
언급할 수 있어야 한다. 또한 양측은 가능한 LAC에 관한 각각
의 의견이 들어간 지도를 서로 교환하는 데 합의한다.

2. LAC에 관한 투명성과 확실성이 보장이 안되었을 시, 양측은
LAC와 관련된 각각의 입장을 배재하고 협정을 바탕으로 한
상호간의 신뢰구축 대책강구에 노력을 기울인다.

제11조

1조에서 10소까시의 조항을 바탕으로, 요구되는 세부시항은 상호
간의 협의-합동 실무자-를 통해서 이루어진다. 인도-중국 양국의
외교관들과 군사전문가들은 협정의 세부사항이 고안될 수 있도록
합동 실무자들을 보좌한다.

제12조

이 조약은 국회의 비준을 받아야 하며, 비준 후에는 서로 교환한다. 이 조약은 서명 후 6개월 간의 유효기간을 갖는다. 6개월이 지나도록 비준되지 않으면 이 조약은 그 효력을 상실한다.

이 조약은 두 나라사이의 상호합의의 서명에 의해서만 변경되고 추가될 수 있다.

참 고 문 헌

1. 국문자료

가. 단행본

강성학·김태현·유재갑·이춘근·한용섭, 「주한미군과 한미
　　　　안보협력」, 서울: 세종연구소, 1996.

건설부 국립지리원, 「한국지리」, 1980.

경남대학교, "남북한 통합연구 현황 자료집(I): 정치통합,"
　　　　2000. 3

＿＿＿, "남북한 통합연구 현황 자료집(II): 경제통합," 2000. 3.

경남대학교 북한대학원, 「현대북한연구」, 제 4권 2호, 서울: 한
　　　　울, 2001.

고려대학교 아시아문제연구소, 「북한연구자료집」, 1981.

곽태환 외, 「한반도 평화체제 모색」, 서울: 경남대학교 극동문
　　　　제연구소, 1997.

＿＿＿, 「북한의 협상전략과 남북한 관계」, 서울: 경남대학교
　　　　극동문 제 연구소, 1997.

구영록, 「한국의 국가이익: 외교정책의 현실과 이상」, 서울: 법
　　　　문사, 1995.

＿＿＿, 「신세계 질서속의 동북아: 동북아의 신질서와 한반도」,
　　　　국민 대 사회과학연구소, 국제학술대회 자료집, 1992.

국방부, 「국방백서」, 2000.

＿＿＿, 「21세기를 지향하는 한국의 국방」, 1995.

국방참모대학, 「통일독일의 교훈과 우리의 통일안보정책 추진
　　　　방향」, 1992

국토통일원, 「예멘통일 관련 자료집」, 1990.

＿＿＿, 「독일 통일 관련 자료집(II)」,1992.

김국신, 「예멘 통합사례연구」, 서울: 민족통일연구원, 1993.

김달중·문정인·이석수 외, 「새천년 한반도 평화구축과 신지역 질서론」, 서울: 오름, 2000.

김동진, 「국제적 평화보장 사례연구」, 서울: 민족통일 연구원, 1991.

김명기, 「한반도 평화조약의 체결」, 서울: 국제법출판사, 1994.

김상준, 「통일과 국토개발의 과제: 독일 통일의 경우」, 서울: 민족통일연구원, 1995.

김영봉, 「접경지역의 효율적 관리방안」, 서울: 국토개발연구원, 1997.

김인영·김재한 편, 「DMZ」, 서울: 소화, 2000.

김재한 편, 「DMZ Ⅱ」, 서울: 소화, 2000.

김정원, 「한국외교발전론」, 서울: 집문당, 1996.

김학성, 「한반도 평화체제에 대한 이론적 접근」, 서울: 통일연구원, 2000.

김희상, 「중동전쟁」, 서울: 전광, 1998.

리처드 하스 외 지음, 장성민 편역, 「9·11테러 이후 부시행정부의 한반도 정책」, 서울: 김영사, 2002.

박성조·양성철, 「독일 통일과 분단한국」, 서울: 경남대학교 극동문제 연구소, 1991.

박재규, 「북한의 신외교와 생존전략」, 서울: 나남, 1997.

_____ 편, 「북한의 대외정책」, 서울: 경남대학교 극동문제 연구소, 1986.

박종철, 「남북한 군비통제의 포괄적 이행방안: 미·북 관계 및 남북관계 개선 관련」, 서울: 건국대학교 출판부, 2000.

방인영, 「기로에 선 조선민주주의 인민공화국」, 서울: 박영사, 1995.

백영철 편, 「분단을 넘어 통일을 향해」, 서울: 건국대학교 출판부, 2000.

백정남, 「독일, 분단에서 통일까지」, 서울: 강천, 1991.

백종천·이민룡, 「한반도 공동안보론」, 서울: 일신사, 1973.

백종천·김태현·이대우, 「한·미 군사협력」, 서울 ; 세종연구소, 1998.

베르너 바이덴펠트·칼-루돌프 코르테 엮음, 임종헌 외 옮김, 「독일 통일백서」, 서울: 한겨레 신문사, 1997.

동아 국어사전 연구회, 「새동아 국어사전」, 서울: 동아출판사, 1989.

민족통일연구원, 「한반도 평화체제의 구축방안 모색」, 서울: 민족통일연구원, 1995.

서울신문사, 「북한, 어디까지 버틸 수 있나」, 제3회 서울신문 국제포럼, 1997. 9.

세종연구소, 「21세기를 향한 한국의 국가전략」제 1권 2호, 1996.

송대성·이대우, 「평화체제 구축 국제적 경험과 한반도」, 서울: 세종연구소, 2000.

손기웅, 「비무장지대내 유엔 환경기구 유지방안」, 서울: 통일연구원, 2000.

송대성, 「한반도 군비통제」, 서울: 신태양사, 1996.

신정현, 「한반도의 군비통제」, 서울: 예진, 1990.

_____ 외, 「한반도 군비통제의 이론과 실제」, 서울: 예진, 1993.

안병준, 「탈냉전기의 국제정치와 한반도 통일」, 서울: 법문사, 1993.

양성철 외, 「남북 통일이론의 새로운 전개」, 서울: 경남대학교 극동문제 연구소, 1986.

양호민 외, 「남과 북 어떻게 하나가 되나」, 서울: 나남, 1992.

오관치 외, 「남북한 군비통제전략에 관한 연구(Ⅱ)」, 서울: 국방연구원, 1990.

유지호, 「예멘의 남북통일」, 서울: 서문당, 1997.

육군군사연구실, 「클라우제비츠의 전쟁론과 군사사상」, 육군본부, 1995.

이기택, 「한반도 통일과 국제정치」, 서울: 삼영, 1991.

이상우, 「국제관계이론」, 서울: 박영사, 1989.

이서항, 「세계 군축사례와 한반도 관련 군비통제 단계별 추진과업」, 서울: 외교안보연구원, 1994.

이영기, 「독일통일의 해부」, 서울: 국제언론문화사, 1991.

이영민, 「군사전략」, 서울: 송산출판사, 1991.

이용필 외, 「남북한 기능 통합론」, 서울: 신유, 1995.

이호재, 「한국외교정책의 이상과 현실」, 서울: 법문사, 1969.

_____, 「한반도 군축론」, 서울: 법문사, 1989.

일본방위청, 「일본방위백서」, 2000.

임덕순, 「우리국토전체와 각지역(Ⅱ)」, 서울: 법문사, 1996.

전득주, 「분단국 통일의 재인식」, 서울: 대왕사, 1989.

정용길, 「통일로 가는길」, 서울: 고려원, 1993.

_____, 「분단국 통일론」, 서울: 고려원, 1988.

_____ 외, 「독일통일에서 무엇을 배울것인가」, 서울: 연합통신, 1990.

정은숙 편, 「미·중·일·러의 대북정책」, 서울: 삼영, 1991.

제29차 세계지리학대회 조직위원회, 「한국지리」, 서울: 교학사, 2001.

제성호, 「한반도 비무장 지대론」, 서울: 서울프레스, 1997.

_____, 「한반도 평화체제의 모색」, 서울: 지평서원, 2000.

차영구, 「공존 및 통일시대를 지향한 국방정책」, 국방연구원, 1991.

최 강, 「한반도 평화체제의 모색」, 서울: 경남대학교 극동문제 연구소, 1997.

최완규, 「북한은 어디로: 전환기 북한적 정치협상의 재인식」, 마산: 경남대학교 출판부」, 1996.

콘돌리자 라이스 외 지음, 장성민 편역, 「부시 행정부의 한반도 리포트」, 서울: 김영사, 2001.

통일대비 정책연수단, 「동서독 통일과정과 통합실태」, 1993.

통일부, 「통일백서」, 2001.

통일원, 「예멘 통일과정과 부분별 통합실태」, 1996.

하영선, 「한반도의 전쟁과 평화」, 서울: 청계연구소, 1989.

하정렬, 「한반도 통일후 군사통합방안」, 서울: 팔복원, 1996.

한국국방연구원, 「군축환경 및 북한 핵」, 국방논총 제 3집 6권, 1994.

한국외국어대학교 중동문제연구소, 「통일예멘과 남북한」, 제 6 회 세미나 발표자료집, 1992.

한국정신문화연구원, 「한국민족 대백과 사전」, 서울: 정아, 1994.

한국정치학회편, 「21세기 남북한과 미국」, 서울: 삼영사, 2001.

_____, 「현대 한국 정치론」, 서울: 법문사, 1987.

함택영, 「국가안보의 정치경제학」, 서울: 법문사, 1998.

_____ 외, 「남북한 군비경쟁과 군축」, 서울: 경남대 극동문제 연구소, 1992.

헬미트 슈미트, 「독일 통일의 교훈」, 매일경제신문사, 1992.

나. 논문

강원식, "통일한국의 등장에 따른 동북아 안전구도 변화 대응 책," 민족 통일연구원 연구보고서 94-27, 1994.

경기개발연구원, "경기북부·접경지역 발전과 접경지역 지원법 제정을 위한 공청회 자료집," 1999.

경남대학교 극동문제연구소, "남북회담과 남북경협," 경남대 극 동문제연구소 정책보고서 00-05, 2000.

_____, "한미 정상회담 이후 북·미 관계전망," 통일전략 포럼 보고서, 2002-1 (No. 24), 2002. 2

구종서, "예멘통일의 문제점," 민족통일연구원 주최 국내학술대 회 종합 토론 자료, 1994. 5. 17.

권태영, 김수영, "독일 통일의 교훈과 한반도 통일,"「국방논집 」, 제 20 호, 한국국방연구원, 1992.

김명기, "남북한 비무장지대의 국제적 감시,"「국제법학회논총 」, 34권 1호, 1989.

김영봉, "님북협력시대의 개믹과 국도개발진략,"「경기논단」, 2000년 여름호, 제 2권 제 2호, 2000.

김정민, "북한에 존재하는 대인지뢰밭과 그 실태,"「북한」제 331 호, 1999

김집, "정전협정 43년 비무장지대의 어제와 오늘,"「북한」제 295호, 1996.

김태준, "연평해전의 전술적, 전략적 그리고 정치적 의미와 가치
　　　에 관한 연구,"「해양전략」, 제 107호, 해군대학, 2000.

김학준, "DMZ 평화화와 정치적 구상," 김인영, 김재한 편,「
　　　DMZ」, 서울: 소화, 1999.

김현수, "경기도 군사시설 보호구역의 실태와 대책," 대진대학
　　　교, 1998.

＿＿＿, "남북교류시대 전진기지로서의 경기북부 발전방향,"「
　　　경기논단」, 2000년 여름호 제 2권 2호, 2000.

남만권·김명진, "시나이 협정 모델의 한반도 적용가능성에 관
　　　한 연구,"「국방논집」제32호, 1995년 겨울, 한국 국방
　　　연구원, 1995.

＿＿＿·문광건 "시나이 협정 검증체제 연구," KDI 연구보고서,
　　　1995

류길재, "김정일 정권과 북한 개방정책과 안보정책,"「전략논총」
　　　제Ⅵ권 제 1호, 한국전략문제연구소, 1998.

류병화, "NLL은 군사분계선이다,"「통일로」, 2002. 8.

류중석, "접경지역의 평화적 이용과 남북교류협력사업의 구상,"
　　　「경기논단」, 2000년 여름호, 제 2권 2호, 2000.

문석기, "DMZ 개관: 한반도 비무장지대의 현황과 과제," 한국
　　　조경학회,「한반도 비무장 지대의 환경보전과 개발에
　　　관한 국제심포 지움」자료집, 1996.

박명호, "남북철도 연결상황,"「통일로」, 서울: 안보문제연구소,
　　　2002.

박헌옥, "서해교전과 우리군의 NLL 사수,"「북한」제 331호,
　　　1999.

Steven, Cover, "독일 통일: 한반도의 교훈 – 탈냉전시대의 한미관계," 한국국방대학원 주최 제 4회 국제학술회의 발표논문, 1991.

심지연·최완규, "김정일 정권의 내구력과 북한정치체제의 변화전망," 「동북아연구」, 경남대학교 극동문제연구소, 1995.

양성철, "북한의 군부 엘리트와 정치," 「북한연구」제2권 1호, 1991.

온창일, "미·북 평화협정, 과연 만능열쇠인가," 「북한」제 295호, 1996.

유지호, "예멘통일이 한국에 주는 교훈," 외교안보연구원공관장 귀국보고 시리즈93-8, 1993.

이상대·황지욱, "분단독일의 접경지역 정책 및 통일후의 변화실태 조사 보고서," 경기개발연구원, 2000.

이상준, "통일과 국토개발의 과제: 톡일통일의 경우," 국토개발원 연구보고서 97-1, 1997.

이춘근, "미국의 신동아시아 전략과 주한미군," 「주한 미군과 한미 안보협력」, 서울: 세종연구소, 1996.

이희우, "중동평화협상연구," 「국방대학원 논문집」, 1997.

제성호, "비무장지대와 군사적 신뢰구축: 시나이 I와 II를 중심으로," 「국제법학회논총」, 제 41권 2호, 1996.

제정관, "남북한 군사통합방안과 통일국군건설방향," 경남대학교 박사학위논문, 1998.

지대남, "한반도 정전체제의 평화체제로의 전환 방안과 통일방안,"제 3사관학교 충성대 연구소, 1998.

최완규, "남북연방제와 인민민주주의의 혁명 전략," 「경남대 논문집」, 1984.

통일원, "예멘 통일과정과 부분별 통합실태," 1996.

통일교육원, "통일문제 이해," 1997.

한겨례신문사―경남대학교 극동문제연구소, 「남북경협사례집」, 2002.

한국국방연구원, "국방정책 연구", 제49호 2000.

한국조경학회, "한반도 비무장지대의 환경보전과 개발에 관한 국제 심포지움," 자료집, 1996. 6.

한승주, "안보정책과 군사전략," 김준엽, 로버트 스칼라피노 편, 「북한 의 오늘과 내일」, 서울: 법문사, 1982.

함택영 , "남북한 군사력," 『국제정치논총』, 제 37집 1호, 1997.

_____, "남북한의 군사적 신뢰구축과 군축," 백영철 편, 「분단을 넘어 통일을 향해」, 서울: 건국대학교 출판부, 2000

_____, "남북한 군비경쟁 및 군사력 균형의 고찰," 함택영 외, 「남북한 군비 경쟁과 군축」, 서울: 경남대 극동문제연구소, 1992.

홍준형, "구서독 접경지역 지원법 사례와 시사점," 「접경지역 제 정방안에 관한 세미나 자료집」, 경기개발 연구원, 1998.

_____,"경기북부 접경지역 발전전략 수립을 위한 공청회 자료," 경기 개발연구원, 1999.

황진환, "남북경협을 통한 대북한 군비통제 정책: 포괄적 · 간접적 군비통제 정책을 중심으로," 「국제정치논총」, 제36집 3호, 한국국제정치학회, 1997.

_____, "남북한 군비통제: 쟁점과 대책," 대한정치학회 · 육군 제 3사관학교 주최, 「남북한 관계의 현황과 국가안보 전략」, 학술회의(2000. 10. 20) 발표 논문.

_____, "한국의 군비통제 연구: 경향과 과제," 국방부, 「한반도 군비통제」, 군비통제자료 26, 1999. 12.

다. 정기간행물 및 기타

건설교통부, "제4차 국토종합계획: 2000-2020," 2000.

국방부, 「국방소식」, 1999.9~10.

_____, 「한반도 군비통제」, 군비통제자료 28~31.

「국방일보」, 2001년 11월 8일, 2002년 7월 3일, 11월 15일.

「노동신문」, 1991년 1월 1일.

「조선일보」, 2002년 5월 3일, 7월 20일, 7월 27일.

국방부, 「군사시설보호법」법률 제 5270호, 1997. 1. 13.

_____, 「접경지역지원법」법률 제 6185호, 2000. 1. 21.

2. 외국자료

가. 단행본

Alpher, Joseph, *Settlement and Borders*, Tel Aviv: Tel Aviv University Jaffee Center for Strategic Studies, 1994

Bidwell, Robin, *The Two Yemens*, Boulder: Westview Press, 1983.

Boulding, Kenneth, *Stable Peace*, Austin & London: University of Texas Press, 1978.

Clauzewitz, Carl Von, *On War*, edited Michael Howard and Peter Paret, Princeton: Princeton University, 1976.

Goldman, Emily, "Arms control in the Information Age," In Nancy W. Gallagher, ed. *Arms Control , New Approaches to Theory and Policy*, Portland, OR: Frank Cass, 1998.

Hall, Siobhna, *Yemen: The Politics of Unity*, London: Gulf Centre Strategic, October 1991.

Joy, C. Turner, *How Communist Negotiate*, New York: The Maecmillan Company, 1995.

Krepon, Michael *et al*, eds., *A Handbook of Confidence-Building Measures for Regional Security*, 3rd ed. Washington D.C.: The Henry L. Stimson Center, 1998.

Kristof, Nicholas. D."The Rise of China", *Foreign Affairs*, 1993.

Kwak, Tae Hwan, *The Search for Peace and Security in Northwest Asia toward the 21st Century*, Seoul: Kyung Nam University Press,1997.

Lapidoth, Ruth, *The Arab-Israel conflict and Its Resolution: Selected Document*, London: Martinus Nijhoff Publishers Dordrecht, 1992.

Mandell, Brian S., *The Sinai Experience: Lesson in Multimethod Arms Control Verification and Risk*

Management, Ottawa: Carleton University, 1998.

Moore, John Norton, ed. The *Arab—Israeli Comflict, Vol. IV; TheDifficult Search for Peace (1975~1988)*, Princeton: Princeton Univ. Press, 1991.

Morgenthau, Hans J.,*Politics among Nations*, Fifth Edition, New York: Aplfred A.Knopf, 1973.

Puchala, Donald J., *Internaltional Politics Today*, New York, Dodd and Mead, 1971.

Rosenne, Shabtai, *Israel's Armistice Agreement with Arab States*, Tel Aviv, Blumsteins, 1951.

S. Fisher, Cathleenand Seabright, Jefferson B., *Divided States and Confidence—Building Measure: The German and Korean Experiences*, Washington, D.C.: The Henry L. Stimson Center, 1992.

Smathers, Douglas, *Monitoring Options for Exclusion Zone Monitory* Cooperation Monitoring Center Sandia National Laboratories, Nov. 22, 1995.

Vannoni, Michael G., *Sensors in the Sinai (1976—1980), Sinai Disengagement: A Successful Cooperation Monitoring System*, Sondia National Laboratory, 1995.

나. 논문 및 간행물

Alpher, Joseph, Shai Feldman, ed., "CBMs in the Israeli—Palestinian—Jordanian Security Context," *Confidence Building and Verification: Prospects in the*

Middle East, Tel Aviv: The Jaffee Center for Strategic Studies(JCSS), 1994.

Armitage, Richard, "Option for Cooperation Monitoring of Conventional Forces," Conference by Council on U. S-Korean Security Studies, Oct. 27. 1995.

Bloomfield, Lincoln P., "Arms Control," in Walter R. Fisher and RicharDean Burns, (eds.), *Armamanent and Disarma ment: The Continuing Dispute*, Califonia, Belmont Publishing Company, Inc., 1962.

Bowker, Bob, "Jordan and Israeli: The Problem of Bring-ing Peaceto Fruiton," *Pacific Research: Peace in the Middle East ?* Austailia: ISSN February, 1995.

Brauch, Hans Gunter, "Confidence-Building and Disarma ment-Supporting Measures," Willaim Epstein and Bernard T. Feld, eds., *New Directions in Disarma-ment*, New York: Pareger Publishers, 1981.

Burrowes, Robert D.,"Oil Strikes and Leadership struggle in south Yemen: 1986 and Beyond, "*The Middle East Journal*, Vol.43, No. 3, 1989.

Devabhaktuni, Sony, Matthew C. J. Rudolph, and Amit Sevak, "Key Development in the Sino-Indian CBM Process," in Michael Krepon et al, eds., *A Hand-book of Confidence - Builing Measures for Regional Security*, 3rd ed. Washington D.C.: The Henry L. Stimson Center, 1998.

Dunbar, Charls, "The Unification of Yemens: Process, Politics and Prospects", *The Middle East Journal*, Vol. 46. No. 3, 1992.

Galtung, John, "Peace Research : Past Experience and Future," Peace and Social Structure Essays in Peace Research, Vol.1 (Atlantic Highland : Humanities Press 1995 / 1980), *International Legal Materials*, Vol. No. 2. 1979.

Leonard, James,"The Perceptions in the Middle East: A Summary," *National Threat Perceptions in the Middle East*, United Nations Institute for Disarmament Research, Genova: United Nations Publications, September 1995.

Magid, Alvin, "Contemplating Survivalist North Korea," *Asian Perspective*, Vol. 24. No. 1, 2000.

Sisco, John, "The U.S Role in the Peace Process," Barry Rubin, Joseph Ginat, Moshe Ma'oz(eds.), *From War to Peace: Arab-Israeli Relations 1973-1993*, Washington Square: New York University Press, 1994.

Steinberg, Gerald, M., "Israeli Security and the Peace Process.", *Security Dialogue*, Vol 25, No. 1, Published by the International Research Insitute, Oslo, Ramet Gam: BESA center for Strategic Studies, Bar-Ilan University, 1994.

저자약력

◆ 장용운(張龍雲)

· 경남 창녕 출생(1948년)
· 부산상고 졸업(54회)
· 육군사관학교 졸업(28기)
· 고려대학교, 정치학 석사
· 경남대학교, 정치학 박사
· 한국군사사학회 사무총장
· (현) 경남대학교 법정대 부교수, 군사경호학부장/군사학과장

접경지역 평화지대론

초판인쇄 / 2005년 1월 3일
초판발행 / 2005년 1월 10일

저   자 / 장 용 운
발 행 인 / 이 정 수
발 행 처 / 연경문화사
등록번호 / 제1-995호
주   소 / (110-470) 서울시 종로구 연지동 1-24 원석빌딩(2F)
대표전화 / (02)3675-1471
팩   스 / (02)745-2494
이 메 일 / ykmedia@korea.com

값 20,000원
ISBN 89-8298-074-1 (93300)

본서의 무단 복제를 금하며, 잘못된 책은 바꾸어 드립니다.